LE MONDE DES ORCHIDÉES

LE MONDE DES ORCHIDÉES

Wilma et Brian Rittershausen

avec des photographies de Derek Cranch

Traduit de l'anglais par Gisèle Pierson

Édition originale 2000 en Grande-Bretagne
par Lorenz Books sous le titre *The Practical
Encyclopedia of Orchids*

© 2000, Anness Publishing Limited
© 2001, Manise, une marque des Éditions Minerva
(Genève, Suisse) pour la version française

Toute reproduction ou représentation intégrale
ou partielle de l'ouvrage, par quelque procédé
que ce soit, est strictement interdite sans
l'autorisation écrite de l'éditeur.

Responsable éditoriale **Joanna Lorenz**
Éditrice **Caroline Davison**
Maquettiste **Ruth Hope**
Responsable de fabrication **Ann Childers**
Relecture **Kate Sillence**
Photographes **Derek Cranch et Helen Fickling**
Styliste **Gilly Love**

Traduit de l'anglais par **Gisèle Pierson**

ISBN 2-84198-168-1
Dépôt légal : avril 2001
Imprimé à Singapour

Distribué par
Sélection Champagne Inc.
Montréal, Québec
(514) 595-3279

Page 1 *Paphiopedilum insigne*
(à gauche), *P.* Jersey Freckles (au centre)
et *P.* Leeanum (à droite).
Page 2 *Odontocidium* La Moye.
Page 3 *Gongora maculata*.
Page 4 *Phalaenopsis* Silky Moon.

SOMMAIRE

Le monde des orchidées	6
Pourquoi cultiver les orchidées ?	8
Les premiers pas	8
Établir une collection	10
Les orchidées dans la nature	12
L'évolution des orchidées	12
Les types d'orchidées	16
Les habitats tropicaux	22
Les habitats tempérés	26
Histoire des orchidées	30
Les premiers temps	31
L'âge d'or	32
Les grands collectionneurs	34
L'hybridation	36
Biologie végétative des orchidées	40
Les pseudo-bulbes	40
Les feuilles	42
Les racines	44
Les fleurs	46
Les familles d'hybrides	50
Où cultiver les orchidées	52
Culture des orchidées en intérieur	54
Emplacement des orchidées	54
Les orchidées dans toutes les pièces de la maison	56
Exposer les orchidées	58
Couleur et parfum	62
Culture des orchidées en extérieur	66
Régions tempérées en été	66
Régions tropicales toute l'année	70
Soins à donner aux orchidées en extérieur	72
Culture des orchidées en serre	74
Culture en serre	74
Bonnes conditions	76
Chauffage	78
Aération	80
Ombrage	82
Bassinage	84
Soins et culture	86
Outils et matériel	88
Outils de base	89
Substrats	90
Composts	90
Changer le substrat	93
Rempotage et tuteurage	94
Orchidées en contenants	94
Orchidées en paniers suspendus	100
Orchidées sur écorce	102
Multiplication	104
Multiplication végétative	104
Culture des orchidées à partir de semis	110
Soins réguliers	120
Engrais	120
Arrosage	122
Périodes de repos	124
Température	126
Lumière	128
Maintenir les plantes à une certaine taille	130
Calendrier des soins	132
Traitement des problèmes courants	134
Prédateurs	134
Maladies et autres problèmes	140
Tableau des problèmes courants	143
Répertoire des orchidées	144
Orchidées populaires	146
Brassia	146
Alliance Cattleya	148
Coelogyne	154
Cymbidium	160
Dendrobium	168
Encyclia	174
Epidendrum	177
Laelia	180
Alliance Lycaste	184
Masdevallia	188
Maxillaria	191
Miltoniopsis	194
Alliance Odontoglossum	198
Alliance Oncidium	206
Paphiopedilum	208
Alliance Phalaenopsis	212
Phragmipedium	218
Pleione	220
Stanhopea	221
Alliance Vanda	222
Zygopetalum	225
Orchidées de spécialistes	226
Acineta	226
Aerangis	227
Angraecum	228
Bifrenaria	229
Bulbophyllum	229
Calanthe	230
Cirrhopetalum	232
Cyrtochilum	234
Dendrochilum	235
Eulophia	236
Gongora	236
Jumellia	237
Lockhartia	238
Ludisia	238
Mexicoa	239
Miltonia	240
Neofineta	241
Pleurothallis	242
Rossioglossum	242
Sarcochilus	243
Thunia	244
Trichopilia	245
Orchidées terrestres tempérées	246
Anacamptis	246
Dactylorhiza	246
Ophrys	247
Orchis	247
Platanthera	247
Glossaire	248
Adresses utiles	252
Index	254

LE MONDE DES ORCHIDÉES

Dactylorhiza fuchsii

Les orchidées sont cultivées pour leur étonnante beauté et la variété de leurs fleurs. Les plus belles sont les superbes cattleyas d'Amérique du Sud, avec leurs fleurs rose pourpre et mauves, souvent immenses, étincelantes, les aristocrates du monde des orchidées. D'autres ont un charme différent, étrangement maléfique, et leur odeur est parfois désagréable, en particulier chez les bulbophyllums. Entre ces deux extrêmes, on trouve un grand nombre de ravissantes orchidées, enchanteresses et captivantes. C'est cette multitude de variétés qui constitue la base de la plupart des collections.

Pour relever le défi posé par la culture des orchidées, il faut comprendre la structure de la fleur et de la plante. Cet ouvrage vous livre le monde des orchidées depuis leur évolution dans la nature, l'histoire de leur découverte et leur culture, ainsi que les nombreuses variétés disponibles aujourd'hui pour les amateurs. Leur culture y est étudiée en détail, et le lecteur y trouve tous les renseignements sur les conditions de pousse de chaque plante.

Phalaenopsis Culiacan

Vuylstekeara Cambria 'Lensings Favorit'

POURQUOI CULTIVER LES ORCHIDÉES ?

Les orchidées peuvent charmer et désespérer, fasciner et frustrer. Leur culture vous procurera un plaisir infini, créant un lien spécial entre vous et ces plantes qu'il faudra nourrir et soigner de façon régulière : les bassinages quotidiens, l'arrosage et les engrais hebdomadaires et l'attention constante à leurs conditions de pousse, telles que lumière, chaleur et confort, constituent une démarche gratifiante. Vous souhaiterez alors agrandir votre collection, avec des orchidées rares mais aussi des plantes plus courantes. Avec le temps, vous deviendrez un expert et passerez des heures merveilleuses à admirer le résultat de vos soins attentifs.

CI-DESSUS *De nombreux et charmants hybrides, comme* Phalaenopsis Sweet Sunrise, *ont été obtenus à partir de l'espèce de Bornéo,* Phalaenopsis violacea. *Il en est souvent résulté des fleurs de coloris extrêmement riches, portées sur de courtes hampes, très près de la plante.*

LES PREMIERS PAS

Les orchidées sont des plantes fort accommodantes qui poussent dans presque toutes les situations, avec une relative facilité, ce qui étonne toujours l'amateur qui ouvre la porte de ce monde étrange. L'apparition des futures fleurs, ces petites pousses vertes à la base de votre première orchidée, est un événement passionnant, que seule la floraison surpasse. Ces fleurs, qui s'épanouissent souvent durant des semaines, ne vous laisseront aucun doute quant au plaisir éprouvé à cultiver les orchidées.

Une orchidée est la plante d'une vie, elle restera avec vous jusqu'à la fin de vos jours et même après, pour peu qu'elle ne subisse pas une mort accidentelle ou un manque de soins. Toujours de bonne composition, les orchidées continuent à fleurir dans les conditions les plus extrêmes, et sacrifient même – si la situation devient intolérable – leur propre vie dans un dernier éblouissement de couleurs, ultime tentative pour se perpétuer par des graines.

Au siècle dernier, quand les plus beaux spécimens valaient une fortune, et étaient ainsi réservés aux gens aisés, la culture des orchidées était jugée difficile et affaire de spécialistes, requérant l'atmosphère chaude et humide des serres.

De nos jours, les orchidées sont dans toutes les jardineries, chez les fleuristes ainsi que chez les horticulteurs spécialisés où l'on en trouve une grande variété. Elles prospèrent sur les appuis de fenêtres des appartements, bureaux et hôtels, et dans les petites serres des amateurs passionnés.

Trois orchidées populaires

S'il est une orchidée courante, c'est bien la délicieuse espèce *Phalaenopsis*, mouchetée ou tachetée, aux teintes douces, à rayures multicolores ou unie. Très à la mode ces dernières années, elle est aujourd'hui la plus populaire des orchidées d'appartement. Association de couleurs – blanch, rose et jaune, le phalaenopsis produit trois ou quatre belles et larges feuilles vert plus ou moins foncé, incurvées horizontalement, avec d'épaisses racines blanc argenté, qui ont fortement tendance à s'évader de leur pot. Le phalaenopsis

À GAUCHE *Les superbes fleurs de* Miltoniopsis *Faldouet ont des pétales rouge bordeaux et un labelle blanc, bordé de mauve, rayé et tacheté de bordeaux.*

est généralement acheté en fleurs, et ces dernières vont durer des semaines, les prémices d'une autre fleur apparaissant à la base avant que la première soit fanée, future floraison des mois à venir. Ces plantes sont parfaites pour la culture en appartement, chaud et confortable, où elles ne risquent guère d'être exposées au soleil direct, à un vent coulis ou au gel d'une nuit froide, qui ne conviennent pas à ces orchidées épiphytes tropicales.

Une autre orchidée très admirée est *Cymbidium*. À l'intérieur – serre ou appartement –, ces robustes orchidées produisent de longues feuilles étroites en forme de lanières légèrement retombantes sous les fleurs portées par des hampes dressées, au nombre de douze et plus. Les couleurs sont presque illimitées, les variétés également, seul le bleu ayant échappé à l'hybridation. Les cymbidiums fleurissent pour la plupart en hiver et au printemps, floraison qui éclate à une époque où leurs teintes vibrantes et leurs coloris pastel forment un contraste bienvenu avec la nudité du jardin. Les fleurs restent parfaites pendant plusieurs mois.

Beaucoup d'autres orchidées peuvent prospérer en appartement avec un minimum de soins, mais bien peu d'entre elles peuvent être comparées aux belles miltoniopsis, aux fleurs de pensée. La plante de petite taille et les grandes fleurs décoratives forment un tableau estival au délicat parfum. Cherchez ces orchidées dans votre jardinerie, et rapportez-en un ou deux spécimens chez vous, vous ne serez pas déçu.

Vous apprendrez rapidement à reconnaître ces variétés populaires, mais il faut une vie entière pour étudier les orchidées en général, tant elles sont nombreuses, et cette enquête jamais terminée, pour comprendre la plus grande famille de plantes qui soit au monde, fait de la culture des orchidées une occupation totalement absorbante.

À DROITE *Les pétales latéraux de* Cymbidium erythrostylum, *délicieuse espèce du Vietnam, enserrent le labelle. Les fleurs parfaites, d'un blanc immaculé, ont donné d'excellents hybrides.*

ÉTABLIR UNE COLLECTION

Vous pouvez commencer avec une ou deux orchidées sur un appui de fenêtre, mais votre intérêt pour ces fleurs ne s'arrêtera sans doute pas là. Elles sont si présentes que vous n'en aurez jamais assez, il y aura toujours une plante qu'il vous faudra absolument. En très peu de temps, la petite collection s'enrichira, et quand toutes les fenêtres seront utilisées, il sera temps de donner à cette collection d'orchidées sans cesse grandissante une place bien à elle dans une véranda ou une serre spécialement étudiée pour leur confort.

Les amateurs passionnés résistent rarement à la tentation d'acquérir une plante de plus à chaque occasion, comme on peut le constater aux expositions d'orchidées. N'oubliez pas que cette plante achetée dans un petit pot peut devenir un monstre en quelques années, occupant plus du double de l'espace initial.

Si vous avez la patience d'élever de jeunes plantes, les flacons de culture *in vitro* sont un substitut bon marché aux plantes prêtes à fleurir. Ce sont des flacons stériles contenant environ une

CI-DESSUS À GAUCHE *Oncidium tigrinum du Mexique est rarement cultivé de nos jours, mais il a légué ses qualités à plusieurs beaux hybrides, dont cet Odontocidium Tiger Brew, qui a hérité sa teinte jaune et ses multiples motifs.*

À GAUCHE *Les stanhopeas, comme* Stanhopea tigrina, *sont d'extraordinaires orchidées aux fleurs très texturées et très parfumées, à la base de la plante. Ces fleurs fugaces ne fleurissent que quelques jours avant de mourir.*

douzaine de plants de 2 ou 3 cm de haut, grâce auxquels vous pourrez essayer d'amener les orchidées à floraison, processus qui peut s'étendre sur quelques années. Douze jeunes plants prennent beaucoup moins de place que douze orchidées en fleurs, et il est tentant de les garder tous au lieu de les éclaircir en conservant les plus beaux pour vous. Les plants éliminés feront des cadeaux appréciés par vos amis, qui seront enchantés de ce présent inhabituel et deviendront peut-être eux-mêmes collectionneurs. Les flacons *in vitro* peuvent contenir des plants issus de graines qui seront tous différents à la floraison, ou des plants obtenus par méristèmes, qui eux seront identiques. Demandez au vendeur lors de l'achat.

Collections de spécialistes

Après avoir établi votre première collection d'orchidées avec ces espèces faciles à cultiver, vous déciderez peut-être de vous spécialiser dans telle ou telle variété. Chacun a ses préférées et vous deviendrez de plus en plus sélectif à mesure que vous découvrirez la vaste gamme d'orchidées disponibles. Certains amateurs préfèrent se concentrer sur les plantes de petite taille, aux floraisons délicieuses et fascinantes mais minuscules, comme les pleurothallis et apparentées, où l'on trouve des petits joyaux qui demandent un espace minimum. Si les grandes fleurs vous font peur, cherchez les nombreuses variantes des paphiopedilums, ces élégants sabots-de-Vénus aux coloris spectaculaires, dont les fleurs offrent la « babouche » caractéristique. Les paphiopedilums, à floraison hivernale de longue durée, aiment l'ombre et la chaleur.

Que votre collection soit abritée dans votre appartement ou dans une serre, il existe différentes façons de cultiver les orchidées. Beaucoup d'épiphytes (espèces grimpant sur des arbres, comme les coelogynes et les encyclias) s'adaptent fort bien à la culture sur écorce, ou sur une grande branche d'arbre installée dans un coin de la serre et formant un décor spectaculaire. À une plus petite échelle, un aquarium inutilisé, où vous pourrez recréer le microclimat humide approprié, peut faire un abri parfait pour des orchidées.

À mesure que grandira votre intérêt pour les orchidées, vous éprouverez le besoin de partager votre savoir avec d'autres amateurs. Vous trouverez facilement des informations sur les sociétés d'orchidées de votre région, et, en assistant aux rencontres et aux conférences, il vous sera possible d'élargir vos connaissances.

En outre, de nombreux ateliers et journées « portes ouvertes » sont régulièrement organisés par les principaux pépiniéristes, et les expositions vous apporteront de nouvelles occasions d'apprendre et d'acheter. Quelques plantes auront suffi à vous ouvrir un monde nouveau.

CI-DESSUS Paphiopedilum spicerianum, *élégante espèce venue des Indes, est à l'origine de nombreux hybrides complexes. Le sépale dorsal empêche l'eau d'atteindre la « babouche ».*

LES ORCHIDÉES DANS LA NATURE

Les orchidées représentent la plus grande famille de plantes à fleurs du monde ; leur diversité et leur distribution sont pratiquement sans rivales dans le royaume végétal. Chaque habitat terrestre peut abriter des orchidées. Elles prospèrent sur les montagnes balayées par les vents et dans la moiteur des jungles tropicales. Elles s'accrochent dans les anfractuosités des régions glaciales arctiques ou dans les déserts les plus chauds et les plus secs.

L'ÉVOLUTION DES ORCHIDÉES

Une vaste gamme d'environnements, du bord de mer au sommet des montagnes alpines, offre des habitats aux orchidées indigènes. Dans l'ensemble, quelque 25 000 à 30 000 espèces ont été découvertes. Depuis les débuts de la classification moderne des plantes, inventée en 1758 par le naturaliste suédois Linné, les taxinomistes ont classé et reclassé les espèces existantes, tout en décrivant les nouvelles. Chaque année, du monde entier, arrivent des espèces d'orchidées auparavant inconnues. Certaines sont si belles qu'il est difficile de comprendre comment elles ont pu rester si longtemps dans l'ombre, d'autres sont si peu intéressantes qu'il n'y a rien d'étonnant à ce qu'on les ait oubliées. La Chine, par exemple, est un pays immense ouvert depuis peu aux explorateurs occidentaux, ce qui a permis de découvrir quelques espèces *Paphiopedilum* incroyables.

Outre le nombre considérable d'espèces, il existe près de 100 000 hybrides créés par l'homme, nombre qui augmente chaque année, mais qui peut à peine satisfaire l'insatiable demande de variétés nouvelles à travers le monde. Il y a tant de variantes qu'il paraît incroyable qu'elles puissent toutes appartenir à la même famille de plantes, lesquelles sont classées par la structure de leurs fleurs et leur ressemblance.

Distribution des orchidées

Ce sont leurs graines, minuscules grains de poussière, qui permettent aux orchidées de voyager sur d'aussi grandes distances. Portées par le vent à travers les continents et les océans, elles ont aidé les orchidées à coloniser le monde. Les cypripediums, par exemple, encerclent le sommet du globe, sur une ligne juste en dessous du cercle polaire arctique.

Ces habitats lointains ont contribué à l'émergence de nombreuses espèces différentes. Les conditions étant souvent difficiles, certaines poussent très lentement, mais une fois établies en vastes populations, elles subsistent pendant des années.

CI-DESSUS *De nouvelles espèces d'orchidées sont sans cesse découvertes. Dans la seconde moitié du XXe siècle, on vit apparaître en Chine de remarquables paphiopedilums, comme* Paphiopedilum armeniacum, *espèce jaune d'or, totalement différente du genre.*

CI-DESSUS *La belle espèce colorée et rayée* Paphiopedilum micranthum *porte une grosse « babouche » bulbeuse atypique du genre et est une autre découverte récente venue de Chine, qui a donné toute une nouvelle gamme d'hybrides.*

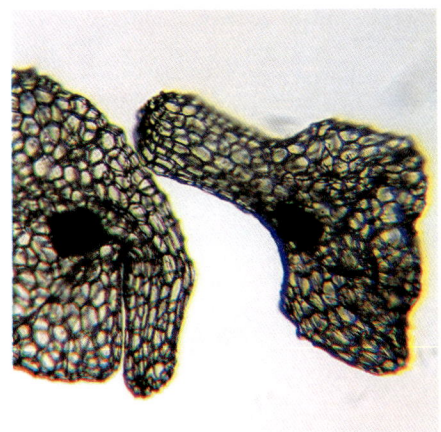

CI-DESSUS *Les graines d'orchidées sont minuscules. On peut voir, grossi des centaines de fois, l'embryon fertile de ces graines de* Liparis unata *à l'intérieur de leur carapace protectrice. Les capsules peuvent contenir jusqu'à un demi-million de graines.*

À GAUCHE *Bien que les petites fleurs aux vives couleurs de* Liparis unata *ne mesurent que 1 cm, elles sont portées par des hampes de 30 cm de long. Une grande plante avec plusieurs hampes fleuries est un spectacle ravissant.*

À GAUCHE Coelogyne mooreana 'Brockhurst' FCC/RHS *est une superbe espèce du Vietnam. Rien n'égale ses fleurs d'un blanc immaculé, rehaussé par un labelle jaune d'or sombre. Ces plantes faciles à cultiver descendent toutes d'un seul clone importé en Grande-Bretagne au début du siècle.*

Il y a dix mille ans, la dernière époque glaciaire enserrait une grande partie du globe dans ses tenailles glacées. Cet énorme bouclier d'eau gelée s'étendait du pôle Nord sur presque tout l'hémisphère Nord, ce qui obligea les orchidées à se retirer. Au cours des quelques derniers milliers d'années, alors que la calotte de glace reculait, les orchidées avancèrent à nouveau pour reconquérir les territoires qu'elles avaient occupés auparavant. C'est ainsi que les orchidées du nord se sont déplacées, à reculons puis en avançant, en suivant ces changements climatiques spectaculaires qui eurent un impact direct sur leur évolution. Cependant, les orchidées tropicales des forêts proches de l'équateur ne furent pas touchées par les changements de climat. La forêt équatoriale est restée pratiquement la même depuis des millions d'années, ce qui a permis aux orchidées d'évoluer sans interruption, en donnant l'immense diversité que l'on trouve dans ces régions.

CI-DESSUS *De nombreuses orchidées pourraient rentrer dans un dé à coudre.* Schoenorchis pachyrachis, *une espèce de Malaisie, produit une myriade de minuscules fleurs et est, par sa petite taille, parfaite pour la culture sur écorce.*

Les orchidées et les autres organismes

Afin de pouvoir survivre aux changements climatiques, les orchidées ont développé d'étranges associations avec d'autres organismes vivants. Coexistant à l'intérieur des racines de la plupart des orchidées, se trouve un champignon microscopique (mycélium). Cette alliance forme une relation symbiotique, par laquelle l'orchidée et le champignon deviennent interdépendants. Le mycélium libère en effet des nutriments qui sont absorbés par l'orchidée qui, à son tour, devient l'hôte du champignon. La plupart des orchidées ayant leur microchampignon spécifique, il doit exister autant de champignons différents que d'orchidées. Pour germer, la graine doit être en contact avec le champignon. Pour cette raison, on trouve souvent de vastes colonies d'orchidées plutôt que des plantes individuelles, la présence de l'indispensable champignon étant ainsi assurée.

Les épiphytes tropicaux vont aussi pousser sur des espèces d'arbres particulières. Dans la forêt équatoriale dense que rien n'est venu troubler depuis des siècles, seuls certains arbres accueillent les orchidées. Les grandes plantes encombrantes sont confinées au tronc principal ou à la première fourche d'un très grand arbre, et les petites espèces vont s'accrocher aux branchettes près des cimes. À mesure que le feuillage devient plus dense, les orchidées produisent des spécimens plus vigoureux au feuillage plus sombre, mais fleurissent moins que les plantes poussant sur les côtés ; profitant des vents rafraîchissants et de la

CI-DESSOUS À GAUCHE *Une mouche bleue est attirée vers cette espèce* Bulbophyllum, *par le labelle rouge sang qui ressemble à la blessure ouverte d'un animal. Lorsque la mouche s'enfonce, le labelle articulé la catapulte contre les pollinies.*

CI-DESSOUS *Cette mouche est attirée vers une* Gongora *par son aspect particulier. Notez le mécanisme élaboré qui va entraîner la mouche vers les pollinies.*

À DROITE *Ce colibri est attiré par le nectar de* Hexisea bidentata *d'Amérique du Sud et non par de riches couleurs, ce qui explique sa teinte uniformément rouge.*

lumière, elles fleurissent mieux, mais souvent avec des pseudo-bulbes ratatinés et des feuilles jaunissantes.

Pour que la pollinisation puisse se faire, les fleurs d'orchidées ont aussi établi des relations spéciales avec les insectes, les colibris et même les petites chauves-souris. Dans le premier cas, la relation se forme avec un groupe d'insectes ou une espèce spécifique. L'insecte est attiré par la fleur, en quête du nectar qui lui est donné en retour pour avoir permis la pollinisation. La couleur, la forme et la taille de la fleur font partie de la séduction. Beaucoup pratiquent l'art du déguisement pour attirer une abeille ou une mouche particulière, comme chez les espèces européennes *Ophrys*, où le labelle de la fleur ressemble à l'insecte femelle ; le mâle, croyant avoir trouvé l'âme sœur, essaye de s'accoupler, mais ne réussit qu'à féconder la fleur. Chez l'orchidée abeille (*Ophrys apifera*), l'orchidée fait coïncider l'éclosion de ses fleurs avec l'arrivée des abeilles mâles qui apparaissent environ trois semaines avant les femelles. Après la venue de ces dernières, le mâle perdra tout intérêt pour les fleurs. Le calendrier de la floraison est donc crucial pour la pollinisation.

Il existe des orchidées, en particulier parmi l'espèce *Bulbophyllum*, qui répandent une forte odeur de putréfaction. Ces plantes possèdent des sépales ou un labelle de teinte rougeâtre foncé ressemblant à de la viande pourrie, endroit rêvé pour qu'une mouche verte ou bleue ponde ses œufs. Par contraste, d'autres orchidées, comme *Brassavola nodosa*, qui dépendent des papillons de nuit et autres insectes nocturnes pour leur pollinisation, dégagent la nuit un délicieux parfum. Les extraordinaires angraecums, aux fleurs surtout blanches, n'exhalent leur parfum qu'en début de journée, au moment où leur insecte spécifique est actif. D'autres espèces, comme *Oncidium flexuosum*, produisent des fleurs en bouquets serrés au bout d'une longue hampe mince, dont le balancement, à la moindre brise, attirera les petits insectes volants.

La relation unique entre les orchidées et leurs pollinisateurs spécifiques s'est développée sur une période extrêmement longue, mais elle peut facilement disparaître si l'homme interfère avec l'ordre naturel des choses en employant des insecticides, en abattant des arbres et en étendant l'agriculture.

À GAUCHE *Les sphinx sont attirés vers les fleurs de l'orchidée terrestre* Anacamptis pyramidalis. *Les fleurs sont légèrement parfumées mais ne possèdent pas de nectar.*

LES TYPES D'ORCHIDÉES

Il existe plusieurs types d'orchidées. Ces dernières sont classées d'après leur manière de vivre et de survivre, portées par des arbres ou des rochers ou poussant dans la terre. Certaines se sont adaptées pour survivre dans des conditions différentes.

Épiphytes

Les orchidées qui ont évolué pour vivre dans les arbres s'appellent épiphytes. Contrairement aux parasites, elles ne se nourrissent pas de la sève de l'arbre et ne tirent rien de leur support, mais se contentent simplement de profiter de l'air et de la lumière que la haute taille de l'arbre leur permet d'atteindre, au-dessus de la végétation du sol. Ce mode de vie aérien n'est pas réservé aux orchidées ; elles le partagent avec les broméliacées, les fougères, les mousses et autres plantes qui grimpent le long des branches, en créant leur propre microclimat très haut, à la cime de l'arbre. Un autre avantage de cette position est l'abondance des insectes, indispensables pour féconder les fleurs. Les orchidées ont trouvé de nombreuses façons d'attirer les insectes spécifiques à leur pollinisation.

Les épiphytes tirent leurs nutriments de l'humidité de l'air et des débris accumulés aux creux des branches et sous les mousses où pénètrent leurs racines. Le terreau de feuilles et les déjections des oiseaux ou des animaux suffiront à compléter leur maigre régime. Diverses orchidées épiphytes utilisent toutes les parties de certains arbres. Certaines s'accrochent aux grosses branches près du tronc ou enserrent le tronc lui-même, atteignant souvent d'énormes proportions et encerclant complètement l'arbre. Parfois, le poids d'une orchidée géante de deux tonnes (*Grammatophyllum speciosum*) peut casser l'arbre. D'autres orchidées, appelées épiphytes de branchettes, grimpent de façon instable jusqu'aux extrémités des branches, d'autres encore, comme *Psygmorchis pusilla*, germent et poussent sur les feuilles de certains arbres d'Amérique centrale.

Les orchidées étant dépendantes de leur support, elles adoptent un mode de vie similaire. Quand, au début de la saison sèche, les arbres perdent leurs feuilles pour conserver leur eau, de nombreuses orchidées font de même. Leurs racines aériennes cessent de pousser et les bourgeons se couvrent du voile blanc qui les protège de tout dommage et de la déshydratation. Leur saison de pousse finie, les orchidées restent en état de dormance jusqu'aux premières pluies, les plantes redevenant alors actives. Pendant leur repos, les orchidées se maintiennent en vie grâce à l'eau contenue dans

À GAUCHE *Dans les montagnes qui dominent ces profondes vallées luxuriantes, les orchidées épiphytes s'accrochent aux brindilles. Les conditions climatiques peuvent être difficiles et les orchidées doivent supporter vents, averses et basses températures de la saison des pluies brésilienne.*

CI-DESSUS *Les fleurs écarlates de l'épiphyte* Sophronitis coccinea *brillent comme des joyaux sur les arbres des montagnes de la forêt côtière brésilienne, parfois noyés pendant des jours sous les nuages.*

CI-DESSUS À GAUCHE *Le sommet des montagnes de haute altitude, comme ici dans la forêt côtière brésilienne, peut être caché par les nuages pendant plusieurs jours. La région est constamment humide de la rosée qui se forme sous les nuages.*

CI-DESSOUS *L'espèce épiphyte* Scuticaria hadwenii *est une jolie orchidée à découvrir haut dans les arbres, avec ses longues feuilles pendantes. Elle se dissimule parmi les autres plantes de la forêt.*

leurs pseudo-bulbes. Après des périodes prolongées de sécheresse, ces pseudo-bulbes commenceront à rétrécir, processus annuel normal pour de nombreuses orchidées.

Avec le début de la saison des pluies commence la nouvelle pousse, bientôt suivie par de nouvelles racines. Celles-ci absorbent l'humidité pour remplir à nouveau les pseudo-bulbes. Les pousses neuves puisent leur énergie dans les vieux pseudo-bulbes adultes jusqu'à ce que leurs propres racines puissent les nourrir. Les pseudo-bulbes vieillissants alimentent les nouvelles pousses jusqu'à ce qu'ils s'épuisent et finissent par mourir. De nombreux pseudo-bulbes nouveaux les auront alors remplacés, et c'est ainsi que les orchidées peuvent, en théorie, vivre éternellement. Dans la pratique, elles prospèrent des centaines d'années, aussi longtemps que leur support reste en vie.

Pour des raisons encore peu claires, de nombreux épiphytes choisissent un arbre spécifique comme support, peut-être en raison de la texture de l'écorce dans laquelle ils s'enracinent, ou à cause des nutriments qu'elle contient. De même, certaines espèces ne pousseront que sur un côté de l'arbre, peut-être pour se protéger des vents dominants.

À GAUCHE *La belle espèce épiphyte* Rodriguezia bractiata *du Brésil pousse abondamment sur les arbres fruitiers et donne des cascades de fleurs neigeuses au début du printemps.*

Si les épiphytes habitent sur des arbres vivants, d'autres orchidées, comme l'espèce *Catasetum*, sont saprophytes et vivent sur des arbres pourrissants, leurs racines pénétrant les tissus tendres sous l'écorce. Leur durée de vie est plus limitée que celle des épiphytes, les arbres morts, sous les tropiques, étant en quelques années la proie des champignons et des termites. Les saprophytes doivent donc pousser vite et produire rapidement des graines pour que la génération suivante puisse se déplacer vers d'autres habitats.

Orchidées terrestres

Ces orchidées poussent dans la terre et il est difficile de trouver une région où elles ne se sont pas adaptées. Il en existe dans des endroits aussi divers que les déserts secs et brûlants de l'Australie et les prairies et forêts tempérées au climat plus doux. En Amérique du Nord, des orchidées comme la délicieuse *Cypripedium calceolus* poussent dans les forêts fraîches, et d'autres espèces *Cypripedium* apparaissent dans des régions de Russie s'étendant jusqu'au bord du cercle polaire arctique.

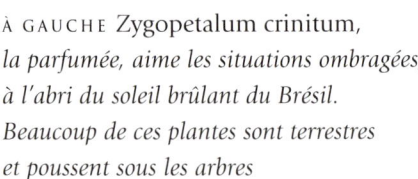

À GAUCHE *Zygopetalum crinitum*, *la parfumée, aime les situations ombragées, à l'abri du soleil brûlant du Brésil. Beaucoup de ces plantes sont terrestres et poussent sous les arbres*

On trouve des orchidées terrestres isolées dans leur splendeur ou en petits groupes, mais elles peuvent aussi pousser par milliers, teintant de pourpre ou de rose une prairie herbue avec leurs bouquets de fleurs (espèces *Orchis* et *Dactylorhiza*). Parmi les orchidées terrestres, il existe autant de variantes que chez les épiphytes tropicaux. Cependant, comme elles sont moins faciles à cultiver et moins flamboyantes, le collectionneur leur préfère les épiphytes.

Les orchidées terrestres forment typiquement une seule tige feuillue qui sort d'un ou de deux tubercules souterrains ou d'une masse de rhizomes. Ces derniers poussent juste en dessous de la surface de l'herbe naturelle ou plus profondément dans le sol, selon les conditions. La tige se termine par le bouquet fleuri, qui peut avoir une ou plusieurs fleurs. Si certaines espèces poussent dans les sols sableux et les régions arides, d'autres prospèrent dans les marais, où leurs tubercules restent submergés presque toute l'année. En hiver, seules les parties souterraines de la plante survivent pour réactiver la nouvelle pousse au printemps. D'autres orchidées terrestres, comme *Phaius* et les calanthes persistantes, produisent un rhizome rampant avec des pseudo-bulbes au niveau du sol. Le système radiculaire

À GAUCHE *Cette* Gongora bufonia, *qui pousse à la base d'un grand arbre, sera superbe quand ses onze épis floraux s'ouvriront pour attirer des essaims d'abeilles qui la féconderont.*

À DROITE *Scène typique sur une crête montagneuse couverte de broméliacées, dans la forêt atlantique brésilienne. Les broméliacées sont d'immenses plantes qui poussent sur les arbres et sur le sol. Leur cœur est rempli d'eau, source capitale d'humidité. Une* Scuticaria hadwenii *fleurit au centre.*

pénètre loin dans le sol pour trouver l'eau et les nutriments.

Les orchidées terrestres à rhizomes souterrains ne vivent pas toutes dans les régions froides. De nombreuses espèces tropicales adoptent cette façon de vivre, en devenant totalement caduques pendant la saison sèche et en état de dormance sous la surface du sol, leurs parties vertes apparaissant quand les conditions sont adéquates. Ces différents habitats se mêlent souvent et les épiphytes qui tombent de leur arbre se trouvent, si le milieu s'y prête, parfaitement à leur aise sur le sol. De même, les graines d'orchidées terrestres qui ont atterri sur des branches moussues peuvent y trouver un enracinement favorable et s'y établir. Ces orchidées sont de grandes opportunistes et pousseront facilement si les conditions sont appropriées. Stanhopeas et acinetas sont des épiphytes qui produisent des épis de fleurs pendantes. Si elles se retrouvent sur le sol, les plantes poussent mais sont incapables de fleurir, les fleurs pénétrant dans la terre où elles meurent.

Quelques orchidées terrestres, comme *Bletia*, produisent des pseudobulbes ; d'autres du genre *Pleione* sont

À DROITE *Des zones marécageuses se sont formées sur ce rocher constamment inondé d'eau courante. Maintenues par des herbes coriaces, se trouvent de grandes touffes d'*Epidendrum aquaticum *en boutons, qui aime plonger ses racines dans l'eau.*

considérées comme terrestres, bien qu'elles donnent aussi des pseudobulbes qui restent à la surface du sol ou qui sont recouverts par les mousses et les lichens.

Alors que les espèces terrestres d'Europe partagent de nombreuses caractéristiques, il existe en Australie certains types étranges que l'on ne peut comparer à aucun autre. Les terrestres australiennes méritent d'être étudiées séparément, mais ces plantes sont rarement cultivées et les connaissances à leur sujet ne peuvent être glanées que dans les revues spécialisées.

Bien que les orchidées terrestres ne soient pas cultivées, elles ont de fervents admirateurs qui chaque année partent à leur recherche dans leur habitat propre pour les dénicher dans les marais, sur les pentes et partout où elles peuvent surgir. Ces fans ne sont pas armés de bêches mais d'appareils photographiques pour les immortaliser individuellement et établir leur

À DROITE *Ces jeunes plants d'*Oncidium blanchetii *ont été réintroduits dans la nature au sud-est du Brésil, d'où l'espèce est originaire, pour essayer de la sauver de l'extinction. Ces plants se sont développés et révèlent leurs épis floraux.*

propre calendrier de floraison. Si pour de nombreux amateurs enthousiastes la possibilité de partir pour un « safari » d'orchidées reste du domaine du rêve, l'observation des orchidées terrestres se révèle beaucoup plus facile et tout aussi fascinante.

La nécessité de partir chaque année à la recherche de ces orchidées vient de la fluctuation dans le nombre des plantes fleuries. Dans une région où elles fleurissent par centaines, il sera difficile d'en trouver une douzaine la saison suivante. Les orchidées terrestres sont connues pour surgir sporadiquement au fil des saisons, et certaines espèces peuvent rester sous terre en état de dormance pendant des années avant de soudain réapparaître. Dans les jardins négligés, les pelouses non tondues abritent parfois de nombreuses orchidées, là où leurs fleurs étaient auparavant décapitées par la tondeuse. Si elles sont empêchées de fleurir, elles se développent sous la surface de l'herbe, en devenant plus vigoureuses, et quand l'occasion se présente, elles produisent un véritable festival de fleurs. Si cela vous arrive, évitez de traiter la pelouse avec un désherbant sélectif afin de ne pas les perdre.

De nombreuses orchidées terrestres se déguisent pour attirer les insectes qui fécondent leurs fleurs. Dans le genre *Ophrys*, appelé communément orchidée araignée ou orchidée abeille, le labelle de la fleur de certaines espèces ressemble assez à une abeille ou une araignée pour tromper le mâle en lui faisant croire qu'il s'agit d'une femelle. Quand l'abeille ou l'araignée monte sur la fleur pour tenter de s'accoupler, il reçoit ou dépose du pollen qu'il va ensuite porter de fleur en fleur.

Les orchidées terrestres se trouvent dans le monde entier, mais beaucoup, comme les épiphytes, sont de plus en plus rares dans la nature, leurs habitats étant détruits par l'urbanisation, l'avancée de l'agriculture, des mines ou des carrières, ou par les engrais qui profitent aux prairies.

CI-DESSUS *Certaines plantes, telle l'orchidée terrestre* Paphiopedilum gratrixianum *du Laos, ont développé des « sacs » pour capturer les insectes fécondateurs.*

CI-DESSUS Cypripedium calceolus, *l'orchidée sabot-de-Vénus, est une vivace terrestre originaire d'Europe et d'Amérique du Nord.*

LES ORCHIDÉES DANS LA NATURE

CI-DESSUS À GAUCHE *L'espèce* Cytopodium andersoniae, *superbe avec ses longues feuilles en pointe, prospère sur la surface lisse et plate de ce rocher.*

CI-DESSUS Rodriguezia bractiata *pousse ici de façon inhabituelle, sur un gros rocher sur lequel elle est tombée de l'arbre situé au-dessus. Entourée de lichens, elle a continué à pousser sans problème.*

Lithophytes

À mi-chemin entre les épiphytes des arbres et les terrestres au sol, se situent les lithophytes. Ces orchidées établissent leur séjour sur la face des falaises rocheuses, parfois sur des pentes presque verticales, où les conditions sont trop extrêmes pour la plupart des autres plantes. Ce sont souvent des falaises de calcaire près du bord de mer, ou des rochers couverts de mousse qui permettent aux racines de s'abriter. Les plantes trouvent une petite crevasse où elles peuvent s'installer et s'y agrippent avec leurs racines vigoureuses. Ces habitats inaccessibles ont permis à quelques orchidées intéressantes comme *Phragmipedium bessae*, visibles seulement du ciel, de rester inconnues jusqu'à récemment.

Les lithophytes se nourrissent comme les épiphytes, brouillards et pluies leur apportant de l'eau, bien qu'ils aient à subir aussi des périodes de sécheresse extrême. L'eau et les nutriments sont également absorbés par les racines qui s'insinuent dans les crevasses des rochers ou sous le tapis de mousse. Les pleiones et quelques espèces de *Paphiopedilum* font partie de ce type d'orchidées. Souvent, des espèces qui sont épiphytes près des arbres ou autour de leur base, deviennent lithophytes quand l'occasion se présente. De même, les espèces terrestres de *Paphiopedilum* peuvent coloniser les rochers environnants, où le manteau de mousse ou d'humus est suffisant pour que leurs racines restent couvertes.

Les lithophytes cultivés sont traités comme les épiphytes. Il existe de nombreux exemples parmi les hybrides, entre autres avec les paphiopedilums et les phragmipediums, d'espèces épiphytes croisées avec des orchidées lithophytiques ou terrestres, appartenant au même genre.

CI-DESSUS Stenoglottis fimbriata *est une orchidée terrestre d'Afrique du Sud.*

LES HABITATS TROPICAUX

Les forêts équatoriales du monde entier forment l'habitat naturel de la majorité des espèces d'orchidées épiphytes, qui s'y sont développées depuis qu'elles existent. Des milliers de genres différents se sont adaptés au mode de vie aérien qui leur donne l'avantage sur les plantes poussant au niveau du sol. Elles s'accrochent fermement aux arbres de la forêt, souvent très haut dans les cimes, où elles ont accès à la lumière tamisée qui filtre à travers les feuilles en saison de pousse, et à la pleine lumière quand les arbres perdent leurs feuilles à la saison sèche. À ce moment les orchidées perdent aussi leurs feuilles et entrent dans un état de semi-dormance, en calquant leur rythme sur celui de l'arbre, jusqu'à ce que les pluies activent une nouvelle pousse et de nouvelles feuilles.

Pour affronter les conditions extrêmes des périodes pluvieuses et sèches, les orchidées ont développé leurs propres méthodes de survie, avec des organes appelés pseudo-bulbes où elles stockent l'eau, et des racines aériennes qui leur permettent d'absorber l'humidité. Pendant la plus grande partie de l'année, les averses tropicales ou de fréquents brouillards bas apportent assez d'humidité pour les besoins de l'orchidée.

Les forêts équatoriales s'étendent autour du monde, s'étalant, au sud de l'équateur, jusqu'à l'Australie et la Nouvelle-Zélande, où elles deviennent des forêts tempérées, plus fraîches, et représentent les limites méridionales des orchidées épiphytes. Au nord de l'équateur, les épiphytes s'étendent de l'Amérique du Sud au Mexique et de la Malaisie aux Philippines et à l'Asie du Sud-Est, jusqu'à la base de l'Himalaya, au Népal. Les conditions varient considérablement dans ces différentes régions et les orchidées se sont adaptées à chaque environnement. Les déserts arides ou les mangroves des marécages n'arrêtent pas ces plantes intrépides et l'on en trouve dans chaque habitat offert par la nature.

Les forêts diffèrent selon leur altitude, de même que les conditions de végétation qu'elles présentent. Au niveau de la mer, les forêts sont denses, luxuriantes et assez obscures, alors que plus haut les arbres se raréfient, jusqu'aux pentes des hautes montagnes arides qui offrent très peu de protection contre les éléments.

CI-DESSUS *Seidenfadenia mitrata prospère dans la forêt sèche du parc national de Phu Kradung en Thaïlande du Nord, où elle pousse sur des arbres qui sont caducs pendant la saison sèche. Juste avant les pluies, apparaît une profusion de fleurs, créant des taches de couleur dans le fouillis de branches, par ailleurs sans intérêt.*

À DROITE *Ce* Cymbidium aloifolium *poussant dans la fourche d'un grand arbre en plein soleil, dans le parc national Phu Kradung en Thaïlande, est une plante très adaptable. Elle tolère le soleil des tropiques et produit rapidement de grandes feuilles pendant la saison de la mousson.*

CI-DESSUS ET À GAUCHE **Eria albidotomentosa** *est une espèce de haute altitude qui pousse sur le sol ou sur des rochers, comme un lithophyte. Dans leur habitat naturel, le brouillard qui s'insinue à travers les arbres tôt le matin apporte à ces plantes une épaisse rosée qui les maintient pendant la saison sèche. Ces orchidées savent se créer une niche là ou d'autres plantes ne pourraient survivre.*

CI-DESSUS **Coelogyne nitida** *peut pousser en épiphyte au sommet d'un très grand arbre ou comme orchidée terrestre sur le sol. Si l'orchidée tombe de son arbre, elle survivra aussi longtemps qu'elle n'a pas à lutter trop férocement avec d'autres plantes terrestres et que les conditions du sol lui conviennent. Elle va prospérer et fleurir autant que lorsqu'elle était épiphyte.*

Effets de l'altitude

On trouve à toutes les altitudes des orchidées qui se sont parfaitement adaptées à leur environnement. Quand elles sont cultivées, c'est l'altitude de leur habitat naturel qui définit la température de leurs conditions de culture. Il est plus important de connaître l'altitude de son milieu naturel que son pays d'origine.

Près du niveau de la mer, on trouve les orchidées aimant l'ombre, comme les phalaenopsis. Leurs larges feuilles charnues sont conçues pour capter le plus de lumière possible dans l'ombre des forêts denses.

En allant vers de plus hautes altitudes et jusqu'à la ligne des neiges dans les Andes d'Amérique du Sud, on rencontre des orchidées qui aiment l'ombre et la fraîcheur, comme les odontoglossums et les masdevallias. En raison de la raréfaction de l'air vers 3 000 m, les gelées de la nuit ne leur causent aucun mal, mais en culture, une baisse de la température à 0 °C les affecterait certainement. À une altitude de 1 250 m, dans les monts Khasia en Inde, la belle *Vanda coerulea*, aux fleurs bleu ciel, s'établit sur des chênes noueux qui sont en plein soleil une partie de l'année et exposés aux éléments d'un environnement aride. À l'autre extrême, les lycastes épiphytes poussent souvent sur l'envers de troncs d'arbres couchés sur les cours d'eau, dans des zones très ombragées. Leurs feuilles y deviennent très larges, avec une texture veloutée, afin de tirer le maximum de bénéfice de la maigre lumière disponible.

Certaines régions arides du monde peuvent subir des températures extrêmement élevées ; en Australie par exemple, on trouve d'extraordinaires orchidées terrestres capables de supporter des températures de fournaise pendant une partie de l'année.

À DROITE
Bulbophyllum blepharistes est une petite espèce insignifiante. Elle est cependant intéressante pour ses habitudes végétatives, car elle réussit à pousser sur des rocs nus et inhospitaliers. Elle s'étale ici sur un rocher couvert de lichen. Ses pseudobulbes ont de longs entre-nœuds.

À GAUCHE
Quand elle est en fleur, l'espèce Dendrobium trigonopus *crée des taches jaunes spectaculaires parmi les branches nues des arbres.*

À DROITE
Vanda pumila est une espèce monopodiale maintenue sur l'arbre par un système radiculaire étendu.

À GAUCHE
Dendrobium primulinum est l'un des plus jolis dendrobiums de Thaïlande, que l'on trouve dans les régions très boisées du district de Pai. En culture, cette orchidée est délicatement parfumée.

À GAUCHE
L'espèce Dendrobium pulchellum *pousse ici en épiphyte, dans la fourche d'un gros arbre. Cette orchidée développe ses feuilles sur les nouvelles pousses, mais fleurit sur les pousses de la saison précédente. Elle aime les forêts d'arbres à feuilles caduques des régions sèches et se voit d'assez loin quand elle est en pleine floraison.*

LES HABITATS TEMPÉRÉS

Dans les régions tempérées plus fraîches, les orchidées poussent dans le terreau de feuilles qui recouvre le sol des forêts. Les arbres de ces forêts ne peuvent cependant servir de support aux épiphytes. En effet, leurs racines aériennes auraient tôt fait de succomber au froid. En Europe, les orchidées colonisent les pentes des montagnes et abondent particulièrement en Grèce, à Chypre et en Turquie, où l'agriculture est moins intensive qu'ailleurs. Les terres marécageuses en friche forment aussi l'habitat favori de nombreuses espèces européennes.

On sait que les orchidées indigènes, une fois établies, n'aiment pas être dérangées et ne peuvent prospérer dans des champs enrichis d'engrais. Ainsi beaucoup ont disparu de prairies nouvellement cultivées, où elles poussaient par milliers depuis près d'un siècle. Il est donc surprenant de constater que dans les chantiers de construction de routes, l'orchidée est l'une des premières plantes à coloniser la terre qui vient d'être bouleversée.

En Grande-Bretagne et ailleurs, les orchidées se sont imposées en bordure des nouvelles routes, où le sol pauvre en nutriments est incapable de nourrir beaucoup d'autres plantes sauvages à fleurs. Ces zones sont devenues leur paradis et, comme de nombreuses routes ont été construites dans la seconde moitié du XXe siècle, les orchidées pourpres Orchis mascula,

À DROITE *La grande orchidée papillon à floraison estivale* (Platanthera chlorantha) *est une élégante espèce aux grands épis fleuris. On la trouve dans les landes et les terres couvertes de fougères.*

LES ORCHIDÉES DANS LA NATURE **27**

CI-DESSUS *Les zones formées des déchets des sites industriels comme cet ancien marécage, peuvent être rapidement colonisées. Il est difficile d'expliquer comment certaines orchidées, ici l'orchidée abeille (Ophrys apifera), à droite, arrivent dans ce genre d'endroits et, en quelques années, établissent de vastes colonies.*

fleurissant en grand nombre sur leurs bords, sont devenues un spectacle familier du début de l'été.

Les berges des chemins de fer et des routes sont des zones entretenues où arbres et arbustes – qui étoufferaient vite les petites plantes à fleurs – ne peuvent s'installer pour longtemps. Ces zones régulièrement nettoyées restent des endroits herbus où les orchidées

peuvent prospérer. Ce genre d'habitat devient bientôt une réserve naturelle à part entière, où beaucoup de plantes rares, autrefois inconnues dans les régions d'agriculture ou de construction intensive, prospèrent à côté du développement urbain. Les terrains industriels d'où ont disparu les usines et qui restent en friche peuvent devenir

CI-DESSUS *L'orchidée abeille (Ophrys apifera) est un exemple bien connu de la façon dont les orchidées se déguisent pour attirer un insecte fécondateur, ici une espèce spécifique d'abeille.*

les habitats de nombreuses fleurs sauvages, dont les orchidées, souvent les premières à coloniser ces zones de non-droit. Les carrières et les argilières désaffectées et les espaces situés entre les dunes près des côtes sont aussi rapidement colonisés par les orchidées.

Grâce à une meilleure connaissance de leurs besoins en substrats, certaines orchidées sont devenues populaires dans nos jardins. Les espèces *Dactylorhiza* et *Orchis* se propagent facilement et peuvent être cultivées à partir de graines par les spécialistes. Il fut un temps où ce mode de propagation paraissait impossible à réaliser, mais les techniques modernes ont permis de relever le défi. On cultive même certains cypripediums, notoirement connus pour leur lenteur à fleurir. Comme pour les épiphytes tropicaux, les orchidées terrestres ont une relation spéciale avec leurs insectes fécondateurs (les *Ophrys* abeilles ne sont fécondées que par une certaine espèce d'abeille) et une relation symbiotique avec un champignon poussant dans le sol.

Les orchidées colonisent les habitats tempérés presque partout dans le monde, y compris les régions tropicales de haute altitude, ce qui montre que celles venues de régions différentes peuvent être cultivées ensemble.

Les orchidées qui poussent dans les régions tempérées sont presque toujours terrestres, souvent plus petites et moins flamboyantes d'aspect que les épiphytes tropicaux. On trouve cependant parmi elles quelques joyaux, dont le plus beau, l'orchidée sabot-de-Vénus (*Cypripedium*), est souvent cultivé dans les serres de plantes alpines dont la température est maintenue hors gel tout l'hiver.

CI-DESSUS *Le sabot-de-Vénus* (Cypripedium calceolus) *est une orchidée terrestre des régions tempérées; bien que moins flamboyante que les épiphytes tropicaux, elle possède une beauté délicate.*

À GAUCHE ET À DROITE *Cet habitat débordant d'orchidées était autrefois une carrière d'argile. Ces plantes sont parmi les premières à coloniser ce genre de terrain. Cette orchidée commune des marais* (Dactylorhiza praetermissa) *est l'une des plus hautes espèces de Grande-Bretagne. Elle forme de vastes colonies, souvent en compétition avec des plantes plus robustes comme le genêt et le saule, qui finissent par l'étouffer. Privées de lumière, les orchidées disparaissent alors.*

HISTOIRE DES ORCHIDÉES

La préhistoire des orchidées est sporadique et partiellement répertoriée. En 500 avant J.-C., les empereurs chinois recherchaient pour leur délicieux parfum les espèces indigènes de Cymbidium, *comme* C. ensifolium *et* C. virescens. *Confucius y fait allusion, et elles tenaient une grande place dans les jardins chinois et japonais. D'autres orchidées, comme le Dendrobium moniliforme parfumé, étaient cultivées pour leurs fleurs aux vives couleurs. L'espèce indigène Neofineta falcata était particulièrement prisée des Japonais. Leur fascination pour cette belle espèce à fleurs blanches s'est perpétuée à travers les siècles jusqu'à nos jours. Cette orchidée est très appréciée pour son feuillage panaché, avec une préférence pour les plantes qui portent les plus larges rayures. Au Japon, le contenant est aussi important que la plante, et les orchidées sont généralement exposées dans des pots au décor élaboré.*

À DROITE
L'orchidée à l'homme pendu (Aceras anthropophorum) était autrefois considérée comme aphrodisiaque en raison de la forme du labelle qui ressemble à une silhouette humaine.

CI-DESSOUS
Les Aztèques se servaient des graines de vanille pour se parfumer et pour aromatiser leurs aliments.

LES PREMIERS TEMPS

En Europe, les Grecs et les Romains montraient déjà un intérêt pour les orchidées. À cette époque seules étaient connues les orchidées terrestres, très différentes des épiphytes tropicaux. Comme souvent dans l'Antiquité, les Grecs utilisaient les ressources de la nature, et les tubercules et racines de la plupart des orchidées terrestres européennes étaient prisés pour diverses raisons médicales. Pour les Anciens, les formes variées des curieuses fleurs d'orchidées révélaient les effets bénéfiques de la plante. On pensait par exemple que l'orchidée à l'homme pendu (*Aceras anthropophorum*) était aphrodisiaque, à cause de son labelle en forme de silhouette humaine. Le mot « orchidée » vient en fait du grec *orchis*, qui signifie testicules et se rapporte aux tubercules que l'on trouve par paires dans certaines espèces.

Dans le Nouveau Monde, les indigènes utilisaient les orchidées bien avant la venue des Européens. Vingt ans après l'arrivée de Christophe Colomb en Amérique du Sud en 1498, Fernand Cortez débarqua au Mexique, renversa l'Empire aztèque et proclama le Mexique espagnol. Il trouva une espèce de *Vanilla* cultivée pour son parfum et son usage culinaire. Les Aztèques récupéraient de cette orchidée-liane – qu'ils appelaient *Tlilxochitl* – ses capsules de graines, puis les écrasaient et mélangeaient avec les graines brunes du cacaoyer pour produire une boisson amère, base de notre chocolat. Les gousses de vanille sont toujours utilisées en cuisine, mais l'essence de vanille artificielle a ralenti la culture de ces plantes. Aujourd'hui, la principale production de vanille vient de Madagascar.

L'ÂGE D'OR

À la fin du XVIIIe siècle, l'Empire britannique s'étendait sur le monde. Les navires marchands revenaient du Nouveau Monde chargés d'espèces de plantes et d'animaux inconnues auparavant. C'est alors que fut inventé l'ancêtre de notre serre moderne pour accueillir les nouvelles plantes tropicales, en particulier les orchidées. Ces serres étaient de vastes structures en acier et en verre munies d'un système de chauffage par tuyaux en fonte et de grandes chaudières alimentées par des combustibles solides. L'acier étant produit en quantité par les fonderies, la construction des serres devint une industrie florissante qui fournissait les jardins botaniques et les grands domaines privés. Les orchidées furent alors un symbole social de richesse, entraînant un commerce prospère.

Les pépiniéristes et les collectionneurs privés financèrent leurs propres expéditions à la recherche d'orchidées inconnues à ajouter à leurs collections. De nombreux récits relatent les exploits, mais aussi les difficultés, les maladies et parfois la mort des Occidentaux partis dans les forêts tropicales reculées. Cependant, cela ne stoppa nullement l'engouement porté aux orchidées.

Quelques histoires de cette époque sont passées dans le folklore de l'orchidée. Le récit le plus souvent entendu est celui de l'espèce malgache *Angraecum sesquipedale* et la prédiction de Charles Darwin. Le nom commun de cette espèce est l'orchidée comète, en référence au long éperon à l'arrière de la fleur. Son nom spécifique se traduit par « un pied et demi », ce qui est exagéré mais décrit fort bien cet extraordinaire appendice. À première vue, aucune explication logique ne pouvait être donnée pour la longueur de l'éperon mais, après avoir étudié la fleur, Darwin décréta qu'il devait exister un papillon sphinx nocturne dont la langue avait la même taille, le nectar se trouvant au fond de l'éperon. Il fallut attendre quelques années après sa mort pour découvrir ce papillon nommé *Xanthopan morganii praedicta*. Cet exemple montre également la relation fragile qui existe entre une orchidée et son fécondateur : si la nature voit disparaître une espèce, l'autre est condamnée à mourir. Et pourtant, de nombreuses associations semblables, insectes/orchidées, existent depuis des milliers d'années, presque sans changement.

À GAUCHE *À la fin du XVIIIe siècle, les navires marchands revenaient du Nouveau Monde chargés de plantes et d'animaux inconnus, dont les orchidées.*

CI-DESSUS *L'orchidée comète malgache (*Angraecum sesquipedale*) possède un éperon incroyablement long à l'arrière de la fleur, ce qui lui permet d'être fécondée grâce au papillon sphinx nocturne dont la langue a exactement la même longueur.*

À GAUCHE *Les phalaenopsis, d'une beauté spectaculaire, sont prisés des collectionneurs depuis l'âge d'or de la chasse aux orchidées. Ici*, Phalaenopsis *Flare Spots.*

Le roi de l'orchidée

Un des pépiniéristes les plus connus du XIXe siècle fut Frederick Sander, que l'on appelait le « roi de l'orchidée ». Sa serre était l'une des plus vastes de Grande-Bretagne et il se vantait d'envoyer des chercheurs d'orchidées aux quatre coins du monde. Quand il entendit parler d'une légendaire orchidée, *Phalaenopsis* rouge, il envoya immédiatement à sa recherche un de ses hommes appelé Robbelin.

En 1881, Robbelin accosta dans la petite île de Davao, aux Philippines, après avoir fouillé sans succès l'île proche de Mindenoa. Alors que son bateau approchait du rivage de cette île auparavant inconnue, les indigènes manifestèrent quelque hostilité. Des guerriers effrayants aux cheveux teints en jaune d'or et au corps peint de rayures colorées faisaient des gestes menaçants. Robbelin s'apprêtait à faire demi-tour quand il remarqua parmi les têtes jaunes des fleurs de l'orchidée si recherchée. Il fit alors des signes d'amitié et fut autorisé à débarquer. En échange de cadeaux, les indigènes lui montrèrent l'endroit où poussent les phalaenopsis rouges et il quitta l'île avec sa précieuse cargaison. Les plantes finirent par arriver en Angleterre où elles furent nommées *Phalaenopsis sanderiana*. Leurs fleurs ne furent cependant jamais rouges, mais d'un rose pâle tendre.

Un autre collectionneur employé par Sander fit des découvertes en Nouvelle-Guinée. Il se rendit dans un village dont la tribu enterrait traditionnellement ses morts en les décorant des plus belles orchidées qu'ils pouvaient trouver. Ainsi, des spécimens de *Dendrobium schroderianum* furent vendus à Londres attachés à des crânes humains et accompagnés de deux sculptures d'idoles censées protéger les âmes des défunts dans leur voyage vers l'au-delà. C'était la condition à laquelle les indigènes acceptaient de se séparer des restes de leurs défunts, les échangeant contre des miroirs, des perles et des rouleaux de fils de cuivre. Ainsi présentées, les orchidées furent acquises par Walter Rothschild, qui les garda dans sa collection de nombreuses années. *D. schroderianum* tire son nom de celui du baron Schroeder, l'un des patrons de Frederick Sander.

LES GRANDS COLLECTIONNEURS

Au XIXe siècle, l'on commença à cultiver la grande majorité des orchidées tropicales. Pendant plus de cinquante ans, des dizaines de milliers de nouvelles espèces arrivèrent par bateau en Grande-Bretagne, des zones entières de forêt tropicale étant dépouillées de leurs trésors. À l'arrivée, de nombreuses pertes étaient constatées. Les orchidées pourrissaient dans les cales des navires ou étaient mangées par les rats et les cafards, et seules quelques-unes survivaient. Les naufrages, assez courants à cette époque, faisaient disparaître des cargaisons entières.

Les plus belles variétés des plantes rescapées étaient vendues aux enchères à des prix incroyablement élevés et la concurrence entre les collectionneurs aisés était féroce. C'est ainsi que furent créées les premières collections d'orchidées, prodigieuses, et jamais égalées depuis. La fièvre des orchidées tropicales s'étendit à travers l'Europe et jusqu'à la côte Est des États-Unis, et, au début du XXe siècle, on cultivait les orchidées des deux côtés de l'Atlantique. À Londres, la Royal Horticultural Society créa un Orchid Committee pour définir les critères permettant de juger et de récompenser les meilleurs clones, et la Grande-Bretagne continua à tenir le premier rang pour l'introduction des nouvelles espèces.

À GAUCHE *Sir Harry Veitch (1840-1924) représentait la deuxième génération de la célèbre pépinière Veitch, dans le Devon, en Angleterre. La pépinière avait été fondée par son père, James Veitch. Harry Veitch fut le seul pépiniériste d'orchidées à être anobli, pour services rendus à l'horticulture, et en particulier pour avoir organisé la Great Horticultural Exhibition de 1812, précurseur de la Chelsea Flower Show.*

CI-DESSUS *Cette espèce,* Odontoglossum harryanum, *fut découverte en Colombie et sa culture commença en 1886 ; elle fut baptisée du nom de sir Harry Veitch qui acquit les premières plantes.*

Premières pépinières d'orchidées

La première pépinière à se spécialiser dans les épiphytes tropicaux et autres plantes exotiques fut celle de Conrad Loddiges, qui l'installa dans le quartier de Hackney, à Londres. En 1812, il avait établi la plus grande collection de plantes tropicales de l'époque. Il édita un journal, *The Cabinet*, dans lequel il décrivait de nombreuses plantes parmi les nouvelles arrivées. D'autres pépiniéristes suivirent et les entreprises de B.S. Williams & Sons (Upper Norwood, Londres) et de William Bull (King's Road, Chelsea, Londres) furent les premières à fournir des orchidées aux propriétaires de grands domaines.

Au XIXe siècle, la pépinière de James Veitch & Sons à Exeter, dans le Devon, employait de très nombreux botanistes, sillonnant le monde en quête de nouvelles espèces d'arbres, arbustes et autres plantes de jardin, outre les orchidées. La firme de Sander's & Sons de St. Albans s'installa ultérieurement mais ne fut pas longue à rivaliser avec les établissements commerciaux les plus influents.

Créée par Frederick Sander, cette entreprise fut florissante pendant trois générations de la même famille avant de fermer en 1962. À son apogée la pépinière employait plus de cent hommes, dont la principale activité consistait à déballer les boîtes qui arrivaient presque quotidiennement, puis à trier et rempoter les nouvelles espèces. L'entreprise ouvrit une filiale à Bruges, en Belgique, et plus tard à New York.

Quelques pépinières d'orchidées créées au XIXe siècle sont encore prospères aujourd'hui, dont McBeans Orchids of Cooksbridge (Sussex), créée en 1879 par l'Écossais Alexandre McBean, et Mansell & Hatcher à Leeds (Yorkshire), fondée vers 1890. En France, Vacherot et Lecoufle, créée en 1886, est la plus ancienne pépinière du monde à être dirigée par la même famille.

Au XIXe siècle, le monde des orchidées était centré autour de quatre personnages clés : le chercheur, le botaniste, le pépiniériste et l'acheteur. Initialement, il dépendait des « chasseurs » d'orchidées qui parcouraient la terre pour les amateurs et les pépiniéristes. Ces derniers créèrent le marché

CI-DESSUS *Dendrobium loddigesii, originaire de Chine, fut mentionné en 1833 dans le Botanical Cabinet de George Loddiges. Son nom d'origine était D. pulchellum. George Loddiges (1784-1846) était le fils de Conrad Loddiges.*

À GAUCHE *L'orchidée* Cattleya skinneri *fut nommée d'après George Ure-Skinner en 1838. C'est la fleur nationale du Costa Rica. Pendant plus de cent ans, elle a été cultivée intensivement pour produire la multitude d'hybrides existant aujourd'hui.*

et acquirent les connaissances nécessaires pour cultiver une large gamme d'orchidées de toutes les régions du monde. La plupart des horticulteurs professionnels commençaient leur apprentissage dans les pépinières et étaient ensuite employés chez les grands collectionneurs. Les jardins botaniques appointaient des botanistes et des taxinomistes pour classer et baptiser les nouvelles espèces. Les classes aisées d'Europe constituaient une clientèle prête à payer les énormes sommes souvent demandées pour les dernières orchidées à sensation. Par la taille et le nombre de leurs serres, certaines collections privées rivalisaient avec les pépinières de leurs fournisseurs.

Premières collections privées

L'une des plus importantes collections privées d'orchidées fut créée par Earl Spencer Cavendish, sixième duc de Devonshire, dont le nom est immortalisé dans des plantes telles *Cymbidium devonianum* et *Oncidium cavendishianum*. Le duc fit construire d'immenses serres, comme celles que l'on peut encore voir au Royal Botanic Gardens de Kew, près de Londres, imposantes structures en fer forgé, avec de petits panneaux vitrés et une entrée assez vaste pour laisser passer un cheval et son véhicule. Le jardinier du duc, Joseph Paxton, connut également la gloire et fut plus tard anobli pour services rendus à l'horticulture et en particulier pour la construction du fameux Crystal Palace, lors de l'Exposition universelle de 1852. Grâce à sa connaissance des orchidées et de leur culture, Paxton devint une autorité.

James Bateman réunit une immense collection d'orchidées chez lui, dans le Staffordshire. Il publia en 1843 plusieurs ouvrages notables sur les orchidées, dont *Orchidaceae of Mexico and Guatemala*, et en 1867 *Monograph of Odontoglossum*. Il engagea également des chercheurs comme George Ure-Skinner, qui explora le Honduras, Panamá et le Guatemala.

Quand Bateman vendit sa collection, les enchères durèrent trois jours. Les prix des plus beaux spécimens dépassèrent souvent le salaire d'une vie entière de pépiniériste. Bateman est immortalisé avec le genre *Batemannia*.

L'HYBRIDATION

Même si chaque espèce nouvelle était accueillie avec enthousiasme, les premiers hybrides provoquèrent stupéfaction et scepticisme devant une réalisation que l'on pensait impossible. Le berceau des hybrides fut la pépinière James Veitch & Sons, à Exeter, Devon. Un visiteur assidu de cette pépinière était un chirurgien, John Harris, qui se mit à explorer les secrets de la pollinisation des orchidées. Il expliqua sa théorie au jardinier de Veitch, John Dominy. Le premier hybride, résultat de ses expériences, fleurit en 1856. C'était une *Calanthe* persistante, qui fut nommée *C. Dominyi*, d'après son inventeur.

Ces premiers hybrides entraînèrent de nombreuses expériences de croisements, en donnant aux botanistes une meilleure compréhension des familles d'orchidées et des possibilités de croisements. Les orchidées sont extrêmement généreuses en graines, mais ces masses de graines blondes se révélèrent très réticentes à germer ou à pousser. Les progrès furent lents, jusqu'au jour où les botanistes réalisèrent que les orchidées poussaient en symbiose avec un champignon microscopique, sans lequel la graine ne pouvait germer. À la suite de cette découverte, vers 1903, le Français Noël Bernard isola le champignon et le plaça dans des bocaux stériles sur une base de gélose, sur laquelle les graines furent semées. Les premiers résultats furent stupéfiants et les graines germèrent en masse. Si auparavant un pour cent seulement des graines germaient, le taux était désormais de presque cent pour cent.

Le début du XXᵉ siècle vit une explosion de l'hybridation et de la culture des graines. Vers 1920, un nouveau pas fut franchi par L. Knudsen, un savant américain, qui produisit artificiellement les nutriments grâce à une technique toujours en usage aujourd'hui, quoiqu'un peu modifiée. Les méthodes de culture se sont tant améliorées qu'il est maintenant possible de faire fleurir des jeunes plants en trois ou quatre ans alors qu'il fallait jusqu'à sept ans.

CI-DESSUS *John Harris était un chirurgien du Devon & Exeter Royal Hospital, en Angleterre. Il portait un grand intérêt aux orchidées et fut le premier à imaginer un moyen de féconder la fleur de l'orchidée. Ses observations conduisirent à la création des premiers hybrides d'orchidée.*

À GAUCHE Paphiopedilum *Harrisianum fut le premier hybride de* Paphiopedilum *à voir le jour. Enregistré en 1869, il fut obtenu par John Dominy, à la pépinière Veitch, dans le Devon, en Angleterre, en suivant les conseils du Dr John Harris.*

La Première Guerre mondiale interrompit le développement de cette nouvelle science de l'hybridation, les changements de société ayant grandement affecté la marche en avant de la culture des orchidées. Les nombreux domaines qui abritaient les grandes collections privées se virent négligés par manque de main-d'œuvre, les hommes étant mobilisés et beaucoup ne revenant pas. L'âge d'or de la culture de l'orchidée en Europe se termina brutalement.

Dans les années d'après-guerre, la région côtière de Californie, de Los Angeles à San Francisco, devint un paradis pour les orchidées. Dans ce climat chaud elles pouvaient prospérer à l'extérieur, simplement protégées du soleil direct, loin des froids hivers européens. Cattleyas et phalaenopsis réussissaient à merveille sous ces climats et pouvaient être cultivés sans dépenses excessives de chauffage. Il en était de même en Nouvelle-Zélande et dans certaines régions d'Australie, sous un climat favorable aux cymbidiums, qui leur permettait de pousser sans chauffage artificiel.

L'Europe se mit à exploiter ce nouveau filon et des pépinières commerciales apparurent en Allemagne, en Hollande, en Belgique et au Danemark. La plupart se consacraient à la production de nouveaux hybrides, en profitant des techniques les plus récentes qui apportaient des possibilités illimitées. De plus en plus, les pépiniéristes venaient des classes moyennes des banlieues tentaculaires des grandes

CI-DESSUS *Au début du XXe siècle, Noël Bernard (1874-1911) réussit à isoler le champignon mycorhize sans lequel la graine d'orchidée ne peut germer. Son œuvre déboucha sur la culture massive des orchidées à partir de graines.*

CI-DESSUS *La culture des orchidées en bocal à partir de graines est une méthode moderne de multiplication, due à Noël Bernard, qui date de près de cent ans.*

villes et cultivaient leurs orchidées dans des serres de 10 m de long au plus. Des grands domaines, où peu de propriétaires pouvaient encore entretenir pour leur simple plaisir des collections aussi importantes, l'intérêt pour les orchidées s'était déplacé à toute la population.

Les sociétés d'amateurs consacrées au développement de la culture des orchidées commencèrent à apparaître, et aux États-Unis l'American Orchid Society fut fondée en 1921. Cette petite organisation devint rapidement la plus grande société mondiale d'orchidées.

Vingt ans après le premier conflit mondial, l'industrie de l'orchidée était à nouveau prospère quand fut déclarée la Seconde Guerre mondiale, qui anéantit tous les espoirs de progrès futurs. Les amateurs chauffaient difficilement leurs serres et les pépinières commerciales durent se reconvertir dans la culture de denrées alimentaires. Le manque de pépiniéristes

CI-CONTRE À GAUCHE *John Dominy (1816-1891) était un jardinier de la pépinière de James Veitch, dans le Devon, en Angleterre. Assisté de John Harris, il fut le premier à obtenir artificiellement des hybrides d'orchidées. Son premier hybride, Calanthe* Dominyi, *fleurit en 1856.*

À GAUCHE Cattleya *Hybrida fut l'un des premiers hybrides de* Cattleya *obtenus par John Dominy.*

CI-DESSOUS À GAUCHE *L'espèce* Miltoniopsis roezlii *fut trouvée en 1873 par Benedict Roezl; originaire de Colombie, elle fut l'une de ses plus remarquables découvertes. Elle est cultivée aujourd'hui dans les collections, avec les nombreux hybrides qui en sont issus.*

expérimentés précipita la fin des dernières grandes collections. Au début de la guerre, par sécurité, on envoya en Californie, en Afrique du Sud et en Australie les meilleures souches britanniques, qui étaient les plus belles de leur espèce dans le monde entier. Les hybrides de Cymbidium, en particulier, se révélèrent essentiels pour les pépinières nouvellement créées dans ces pays, en donnant un sang neuf bienvenu à leurs propres souches. Les plus convoitées étaient *C.* Alexanderi 'Westonbirt' FCC/RHS (blanc), la plus célèbre des *Cymbidium*; *C.* Burgundian 'Château' FCC/RHS (bronze) et *C.* Rosanne 'Pinkie' FCC/RHS (rose).

Les années 1950 virent une nouvelle prospérité et une prolifération de pépinières d'orchidées pour jardiniers amateurs. Ces pépiniéristes se firent une place en créant un nouveau marché d'orchidées pouvant être cultivées en appartement ou dans une petite serre. Des sociétés d'orchidées apparurent, où les amateurs se rassemblaient pour discuter de leur passion et exposer

À GAUCHE *Charles Vuylsteke (1844-1927) avait une pépinière d'orchidées en Belgique. Il obtint le premier hybride bigénérique, entre* Odontoglossum *et* Cochlioda, *qui fut nommé* Odontioda Vuylstekea. *Le genre* Vuylstekeara *porte également son nom.*

leurs plantes fleuries. Aujourd'hui elles jouent un rôle important dans de nombreuses sociétés à travers le monde. Elles organisent des réunions mensuelles, des expositions et des conférences, dans le but d'encourager l'intérêt pour les orchidées. Les manifestations mondiales sont aujourd'hui si nombreuses que chaque semaine de l'année voit la sienne. Les voyages en avion s'étant démocratisés, ces manifestations attirent des amateurs de tous les pays. L'intérêt est peut-être plus grand au Japon, où les expositions d'orchidées sont suivies par des centaines de milliers d'amateurs et où les prix offerts pour les plus belles plantes commencent avec une voiture. Tous les trois ans, le World Orchid Conference Committee organise une manifestation qui se partage alternativement entre les hémisphères Nord et Sud.

Cet intérêt soutenu pour les orchidées a débouché sur la publication de nombreux volumes pour le débutant comme pour le pépiniériste qualifié. La plus ancienne revue du monde est l'*Orchid Review* de la Royal Horticultural Society à Londres, créée en 1893 et paraissant six fois par an.

Vous trouverez des sites individuels sur l'Internet, où vous pourrez échanger vos idées sur une base mondiale.

Aujourd'hui, l'hybridation est fort éloignée des premiers essais de John Dominy dans la pépinière de Veitch. La Royal Horticultural Society de Londres, autorité mondiale pour l'enregistrement des hybrides d'orchidées, en répertorie plus de cent mille. Ce chiffre stupéfiant continue à augmenter de plus de trois mille par an. La plupart de ces nouvelles variétés sont produites pour le commerce de la plante en pot, qui réclame des orchidées peu coûteuses et faciles à cultiver. Beaucoup d'autres sont produites et vendues anonymement dans les marchés aux fleurs du monde entier, le temps manquant pour l'enregistrement quand la vente est si rapide. Cette augmentation en masse du nombre des hybrides doit être bien accueillie car elle détourne l'attention des espèces sauvages. Celles-ci ne sont plus arrachées à leur habitat naturel pour satisfaire l'amateur qui, à son tour, obtient de sa jardinerie des plantes de meilleure qualité. Les espèces cultivées sont conservées dans les jardins botaniques et les collections des spécialistes qui peuvent les entretenir pour la postérité.

CI-DESSOUS Vuylstekeara *Cambria 'Yellow' est un genre multigénérique qui reçut en 1911 le nom de Charles Vuylsteke. Il contient les genres* Odontoglossum, Cochlioda *et* Miltonia.

BIOLOGIE VÉGÉTATIVE DES ORCHIDÉES

Les orchidées sont principalement des vivaces herbacées ou persistantes. Leur taille va de Dendrophylax, *qui se réduit simplement à des racines, à l'énorme* Arundina *aux allures de bambou. Les orchidées se distinguent des autres familles de plantes par leurs habitudes végétatives différentes et par la structure particulière de leurs fleurs.*

CI-DESSUS *Si vous ouvrez un pseudo-bulbe, vous verrez une masse de matière fibreuse, réservoir de nourriture qui permet à la plante de supporter la sécheresse.*

LES PSEUDO-BULBES

De nombreuses orchidées produisent des pseudo-bulbes. Pour cela, elles développent chaque année une excroissance de type sympodique, sur un rhizome s'allongeant constamment. De cette façon, la plante fabrique une série de pseudo-bulbes en chapelet. Celui-ci peut se diviser quand deux excroissances ou plus se développent en un an à partir du dernier pseudo-bulbe. C'est ainsi que peuvent se former de larges touffes sur plusieurs années.

Il est difficile de comparer le pseudo-bulbe à d'autres structures ou d'autres plantes. Il ne ressemble ni à un bulbe de jonquille ou d'oignon, qui consiste en plusieurs écailles imbriquées se recouvrant complètement, ni à la pomme de terre qui est un tubercule farineux. La structure la plus proche est peut-être le rhizome formé par les membres de la famille des *Iris*.

L'intérieur d'un pseudo-bulbe est fait d'une matière fibreuse qui peut retenir une grande quantité d'eau, constituant la réserve de la plante. Dans la nature, ce système permet à la plante de survivre pendant la saison sèche. En culture, la saison sèche correspond à l'hiver, la plante entrant alors en état de semi-dormance jusqu'à ce que les jours plus longs du printemps activent la nouvelle pousse. Les pseudo-bulbes sont la partie de la plante qui vit le plus longtemps et qui reste en état de dormance longtemps après que les feuilles sont tombées. Dans les types persistants, comme les cymbidiums, une plante en bonne santé possède plus de pseudo-bulbes à feuilles que de pseudo-bulbes sans feuilles. Avec les types caducs, comme les lycastes, un amas de pseudo-bulbes sans feuilles, dont seul le premier est feuillu, est normal.

Les pseudo-bulbes peuvent avoir des morphologies différentes, longs et minces comme des crayons, arrondis ou même aplatis. Ils peuvent avoir la taille d'un pois, être ronds et brillants, ravissants quand ils viennent de se former, comme dans les petits coelogynes et bulbophyllums, ou au contraire atteindre la taille d'une balle de tennis, comme chez les cymbidiums. Chez les cattleyas et les genres de la même famille, ils forment de grandes massues, s'enflant à partir d'une base étroite sur un vigoureux rhizome, avec une ou deux feuilles dans le haut.

Les dendrobiums produisent certains des plus longs pseudo-bulbes parmi les orchidées cultivées, qui dans certaines espèces s'allongent tant qu'on les appelle des « bambous ». Dans ce genre, ils sont presque toujours feuillus sur toute leur longueur, comme

À GAUCHE *Un pseudo-bulbe comme celui de ce* Cymbidium *pousse au-dessus de la surface du sol ou sur un arbre, comme un épiphyte.*

BIOLOGIE VÉGÉTATIVE DES ORCHIDÉES 41

Dendrobium pierardii. De nombreux dendrobiums étant caducs, ils restent dénudés, en état de dormance la plus grande partie de l'année. Les plus longs pseudo-bulbes appartiennent peut-être à l'espèce *Grammatophyllum speciosum*. Cette orchidée géante est connue sous le nom d'orchidée canne à sucre, en référence à ses tiges feuillues qui peuvent atteindre 5 m et pendent sous leur propre poids. Entre ces deux extrêmes, on trouve de nombreuses orchidées qui poussent jusqu'à une hauteur de 1,20 m ou qui n'atteignent pas 30 cm.

Les plus étranges sont *Schomburgkia tibicinis* et *Caularthon bicornutum*, deux espèces qui présentent des « trous » à la base de leurs pseudo-bulbes creux. Il est difficile de comprendre pourquoi ces pseudo-bulbes ont ainsi évolué puisqu'ils ne peuvent plus servir de réserve. Généralement occupés dans la nature par une espèce de fourmi, ils peuvent avoir une fonction qui génère, en retour, leur propre protection : ils offrent un abri aux insectes qui, en échange, débarrassent l'orchidée de ses parasites et prédateurs indésirables.

À GAUCHE *Cet* Odontoglossum *florissant offre un groupe de pseudo-bulbes se supportant mutuellement, et une nouvelle pousse qui produira un autre pseudo-bulbe. Les orchidées progressent ainsi, en développant de nouveaux pseudo-bulbes à chaque saison de pousse.*

À GAUCHE *La tache de lumière à l'extrémité de ce pseudo-bulbe creux témoigne du petit trou qui se trouve à sa base. Dans la nature, ces orchidées sont infestées par de vastes colonies de fourmis qui vivent à l'intérieur du pseudo-bulbe. La fourmi a ainsi une maison confortable et la plante est débarrassée des parasites. La question est posée : « Qui a commencé, le pseudo-bulbe creux ou la fourmi ? »*

À GAUCHE *Si vous coupez en deux ce pseudo-bulbe vert et charnu, vous vous apercevrez qu'il est complètement creux, phénomène naturel de Schromburgkia tibicinus.*

CI-DESSUS *Certaines orchidées, comme les dendrobiums, offrent des pseudo-bulbes allongés sans ressemblance avec les gros pseudo-bulbes des autres plantes. Ces longues tiges, ou « bambous », peuvent atteindre 1 à 2 m de haut.*

LES FEUILLES

Les feuilles des orchidées sympodiques partent du pseudo-bulbe. Il peut y avoir une ou plusieurs feuilles. Chez les cymbidiums, plusieurs longues feuilles étroites sortent du fourreau qui recouvre la base du pseudo-bulbe et se détachent de la plante sur une ligne de séparation qui évite tout dommage quand la feuille tombe. Les cattleyas ne produisent qu'une ou deux larges feuilles semi-rigides partant du sommet du pseudo-bulbe. La couleur des feuilles peut varier considérablement, du vert plus ou moins clair au vert très foncé. Toutes les orchidées ne produisent pas de pseudo-bulbes. Les paphiopedilums et phragmipediums, par exemple, forment des éventails de feuilles à partir d'un rhizome de base.

Les orchidées monopodiales offrent un seul rhizome vertical d'où les feuilles partent à angle droit, par paires. Les vandas et phalaenopsis sont les meilleurs exemples d'orchidées monopodiales en culture. Si les vandas peuvent devenir extrêmement grandes et doivent être réduites à un moment ou à un autre, les phalaenopsis sont des orchidées autorégulatrices et ne se développent jamais vraiment en hauteur,

CI-DESSUS À GAUCHE *Ce* Paphiopedilum *présente des feuilles tesselées sur l'endroit, et mouchetées sur l'envers de petits points denses, violet foncé.*

À GAUCHE *Les longues rayures d'*Oncidium incurvum *var.* variegatum *ne sont pas dues à un virus. C'est un phénomène naturel présent chez beaucoup d'orchidées. Quand les feuilles sont panachées, il doit rester, pour la santé de la plante, suffisamment de pigment vert ou chlorophylle pour nourrir l'orchidée. Une feuille entièrement blanche est condamnée à mourir.*

CI-DESSUS *Certaines orchidées, comme* Trichotosia ferox, *produisent des plantes couvertes de fins poils bruns, dont l'utilité est mal connue. On pense qu'ils peuvent constituer une couche protectrice dans les climats froids.*

CI-DESSUS *Les tiges, les nouvelles pousses et la base des boutons floraux de* Dendrobium infundibulum *sont couvertes d'épais poils noirs, assez rugueux. Quand la nouvelle pousse vieillit, les poils deviennent moins apparents.*

CI-DESSUS *Certaines orchidées ont un feuillage naturellement panaché. Les nouvelles pousses de* Phaius maculatus *sont d'un beau vert pâle, tacheté de jaune.*

les vieilles feuilles tombant à mesure que les nouvelles apparaissent.

Les feuilles des vandas et autres orchidées monopodiales sont semi-rigides, alors que celles des phalaenopsis sont larges et plates. Dans la nature, ces dernières n'ont pas à subir de températures extrêmes ou une lumière vive, et leur large surface est conçue pour capter le maximum de lumière filtrée. Certaines vandas, en revanche, possèdent des feuilles rondes, ce qui diminue la surface exposée, pour les plantes qui peuvent survivre en plein soleil.

Les feuilles larges, douces et parcheminées, comme celles des lycastes, ne vivent qu'une ou deux saisons, alors que les feuilles dures et coriaces vivent plus longtemps.

Les feuilles contiennent de la chlorophylle qui permet la photosynthèse de la lumière en énergie. Certaines orchidées terrestres restent sans feuilles pendant de longues périodes, et ne produisent du feuillage que très peu de temps, lors de la saison de pousse. Quelques orchidées, comme l'espèce *Rhizanthella*, sont souterraines, sans aucune partie verte, et dépendent entièrement du champignon microscopique

avec lequel elles vivent en symbiose et qui leur fournit les nutriments nécessaires. Il existe des orchidées monopodiales dépourvues de feuilles, telle l'espèce *Chilochista*, qui sont un amas de racines contenant la chlorophylle qui permet aux plantes de réaliser la photosynthèse. Quelques orchidées présentent de chaque côté du feuillage des poils épais dont on ne connaît pas exactement l'utilité ; peut-être est-ce une protection contre les insectes ou un moyen d'empêcher l'eau de rester sur le feuillage, ce qui pourrait l'endommager par les nuits froides. Sur d'autres monopodiales, dont les vandas, la pointe des feuilles est dentelée, afin que la plante se débarrasse de l'humidité en excès absorbée par les racines.

À GAUCHE Dendrobium senile *présente des pseudo-bulbes et des feuilles couvertes de fins poils blancs, qui forment une couche protectrice pour la plante dans son habitat naturel.*

LES RACINES

Les racines des orchidées sont uniques dans le royaume des plantes. Épaisses et le plus souvent blanches, elles sont moins abondantes que chez les autres plantes. Elles sont formées d'un cœur mince recouvert d'un tissu absorbant fait de couches de cellules mortes, appelé voile, qui absorbe l'eau par sa surface et se trouve derrière les pousses vertes. La pointe des racines d'orchidée est très vulnérable et se casse facilement si les racines sortent du pot. Les racines de la plupart des orchidées restent dans le contenant, mais, étant naturellement aériennes, elles vont souvent s'allonger par-dessus le bord du pot et continuer à pousser, suspendues dans l'air ou en se fixant sur tout ce qu'elles touchent.

Les racines ne sont pas des structures permanentes mais sont fabriquées chaque année, et sortent de la base peu après le début de la nouvelle pousse. De même que les feuilles tombent après une ou deux années, les racines meurent naturellement pour être remplacées par celles de la nouvelle pousse.

Chez les orchidées monopodiales comme les vandas, les racines, produites

CI-DESSUS À GAUCHE *Les racines des orchidées épiphytes comme* Encyclia radiata *sont importantes. Non seulement elles fournissent ses nutriments à la plante, mais elles la fixent également à son arbre.*

À GAUCHE *Un certain nombre d'épiphytes produisent des masses de petites racines dressées, comme celles de cette* Stanhopea. *Elles poussent comme des stalagmites et se terminent en pointe. Elles servent à récolter l'humidité ou les feuilles mortes et autres détritus de la forêt pour former du compost à la base de la plante.*

à intervalles le long du rhizome, ont rarement besoin de s'enterrer. Chez beaucoup d'orchidées, la photosynthèse se fait par les racines, et il existe même plusieurs petites espèces épiphytes totalement dénuées de feuilles, qui comptent uniquement sur un amas d'épaisses racines pour leur fournir la chlorophylle nécessaire.

Les racines sont parfois très jolies, comme celles de phalaenopsis, blanc argenté hors du pot.

Quelques orchidées, comme les gongoras et l'espèce *Ansellia*, produisent de courtes racines latérales, en biais, près de la base de la plante. Elles durcissent avec l'âge, en devenant pointues comme des aiguilles, et forment une barrière impénétrable, protection contre les prédateurs qui pourraient attaquer leurs pseudo-bulbes.

Si les racines meurent par excès d'arrosage, elles ne seront remplacées que si la plante fait une nouvelle pousse, ce qui peut prendre plusieurs mois, pendant lesquels elle devra survivre sans racines pour absorber l'humidité. Les pseudo-bulbes vont alors se ratatiner et le feuillage s'amollir jusqu'à ce que de nouvelles racines permettent aux réserves d'eau de se reconstituer. Entre deux, des bassinages réguliers ralentiront la déshydratation.

CI-DESSUS À DROITE *Ansellia africana est un épiphyte tropical d'Afrique produisant des masses de racines aériennes raides et échevelées, qui ne sont pas forcément une indication de rempotage.*

À DROITE *Les racines de* Phalaenopsis *poussent ici dans un pot transparent, ce qui encourage l'orchidée à les produire dans le contenant plutôt qu'aériennes, en restant en contact avec le compost et la nourriture. Cela permet aussi au jardinier de vérifier la croissance de la plante.*

LES FLEURS

Les orchidées en tant que plantes sont extrêmement variées, mais en tant que fleurs elles ne connaissent aucune limite dans la diversité. Les fleurs, si différentes et souvent incroyablement belles, forment un contraste étonnant avec la plante elle-même, cette dernière étant assez ordinaire. On reste stupéfait devant la beauté de ces fleurs poussant sur une plante souvent considérée comme laide et sans attraits. Mais pour l'amateur passionné, tout est beau dans l'orchidée.

À DROITE *L'étonnant* Paphiopedilum Eustacenum *est une orchidée sabot-de-Vénus élégante, à haute tige, chez laquelle le labelle typique s'est modifié pour former un sac ou « babouche ». Au-dessus de ce sac, de chaque côté du staminode se trouvent deux anthères.*

BIOLOGIE VÉGÉTATIVE DES ORCHIDÉES

Les fleurs d'orchidée ne sont cependant pas toujours belles. Si les plus prisées et les plus courantes sont indéniablement ravissantes, il en existe beaucoup dont les fleurs sont curieuses, bizarres et même grotesques d'aspect. Le genre contenant le plus grand nombre d'espèces est *Bulbophyllum*, mais parmi ses mille espèces (environ), très peu peuvent être considérées comme plaisantes.

Si toutes les orchidées suivent un schéma de base, celui-ci a été répété et modifié des milliers de fois, chaque variante étant étudiée pour satisfaire l'habitat ou le mode de croissance

À GAUCHE *Zygopetalum intermedium porte ses fleurs aux pétales étroits sur de grandes hampes et possède un grand labelle proéminent, formant une piste d'atterrissage pour les insectes fécondateurs, qui les guide vers les pollinies.*

particulier d'une seule orchidée. Une partie de la fleur est alors toujours exagérée, pétales ou labelle dominant l'ensemble. Toutes ces modifications ont pour but d'attirer un pollinisateur spécifique et pour cela certaines orchidées se sont donné beaucoup de mal.

Les orchidées sont surtout fécondées par les insectes, ce qui se reflète dans la structure de la fleur. Chaque fleur est formée de six segments, trois pétales et trois sépales, connus sous le nom collectif de tépales. Les trois extérieurs sont les sépales, les trois intérieurs les pétales. Le troisième pétale s'est développé en labelle, parfaite piste d'atterrissage pour l'insecte fécondateur. Souvent le labelle est légèrement articulé afin que l'insecte puisse s'y placer correctement, et pour permettre que seul l'insecte de taille adéquate pénètre dans la fleur.

Chez de nombreuses orchidées, le labelle est large, très coloré et porte un motif distinct du reste de la fleur. Au centre, plusieurs lignes, généralement jaunes (les « guides du miel »), dirigent l'insecte vers la fleur. Au-dessus du labelle se trouve la colonne, structure simple en forme de doigt qui porte les masses polliniques de la fleur. Le pollen est dans le fond de la colonne, généralement en deux, quatre ou six masses. Ces masses polliniques contiennent les grains de pollen, ou pollinies, qui, contrairement aux autres fleurs, ne sont pas sous forme de poudre. Ils sont maintenus au fond de la colonne sous un « chapeau » protecteur appelé anthère. Les masses polliniques sont jaune d'or et fixées à un disque adhésif par deux minces fils. Lorsqu'un insecte sort d'une fleur, le disque adhésif fixé aux pollinies adhère à sa tête ou à son thorax. L'anthère tombe quand l'insecte s'envole, en portant les pollinies à la fleur suivante.

Sur l'envers de la colonne se trouve un disque collant, surface du stigmate sur lequel sont déposées les pollinies. Les grains de pollen allongent leur caudicule à travers la colonne pour atteindre les ovaires situés directement derrière la fleur, où ils rencontrent les milliers de graines non fertilisées. Lorsque la fertilisation est terminée, les ovaires seront gonflés en une large capsule contenant jusqu'à un million de graines jaune d'or minuscules et mûrissantes.

La plus grande de toutes les fleurs d'orchidée est produite par l'orchidée sabot-de-Vénus, *Phragmipedium grande*. Dans cette espèce, les pétales peuvent mesurer 45 cm et la fleur 1 m de large. À l'opposé, il existe une espèce miniature de *Stelis*, dont les fleurs seraient recouvertes par une tête d'épingle. Entre les deux, on trouve des milliers de fleurs merveilleuses de 3 cm et plus.

Miltoniopsis

sépale dorsal
anthère
colonne
stigmate
pétale
ovaires
sépale latéral
labelle

À DROITE *Thunia marshalliana est une charmante espèce qui produit des fleurs très rapprochées. Le labelle très poilu permet à l'insecte fécondateur de s'accrocher pour atteindre les pollinies.*

LES FAMILLES D'HYBRIDES

Aucune autre famille de plantes ne s'hybride comme les orchidées. Ces dernières ont subi une évolution importante et beaucoup évoluent encore, ce qui, associé à leur dépendance des insectes pour la pollinisation, a influencé leur capacité à être hybridées, avec peu de restrictions. Dans la nature, les hybrides sont relativement courants, la preuve en étant faite quand un croisement artificiel produit des fleurs identiques à l'espèce. *Laelia gouldiana*, par exemple, est considérée comme un hybride naturel entre *L. anceps* et *L. autumnalis*.

En culture, l'hybridation se pratique depuis le milieu du XIXe siècle, après que l'on eut compris la structure unique de la fleur d'orchidée. De nombreux essais antérieurs échouèrent, les jardiniers de cette époque n'ayant aucune idée de la compatibilité entre les orchidées. On s'aperçut cependant que la plupart des espèces s'hybridaient sans problème avec d'autres appartenant au même genre, pour produire des hybrides interspécifiques. On découvrit aussi que les croisements intergénériques pouvaient être réalisés si les genres étaient suffisamment apparentés. C'est cette faculté de produire des hybrides entre genres qui met les orchidées à part.

Certaines orchidées, comme les cymbidiums, ne produisent que des hybrides interspécifiques, et les essais pour les croiser avec d'autres orchidées apparentées ont toujours échoué. Cependant on peut hybrider des espèces *Cymbidium* originaires de régions du monde espacées de milliers de kilomètres, ce qui indique entre elles une proche parenté, conservée malgré la longue séparation de l'ancêtre commun. *Cymbidium devonianum*, espèce originaire de l'Himalaya, peut être croisée avec *C. madidum* du nord de l'Australie, l'hybride obtenu produisant des fleurs qui sont à mi-chemin entre les deux espèces.

Parmi les orchidées sabots-de-Vénus, les paphiopedilums et phragmipediums paraissent semblables. L'hybridation des premiers a produit des résultats fantastiques. Cependant, il n'existe pas d'hybrides avec les phragmipediums sud-américains. Bien que les deux genres paraissent avoir des points communs, des chemins d'évolution parallèles les ont menés sur des voies différentes, en séparant leurs genres qui, apparemment, ne peuvent être mariés. Cela est surprenant si nous considérons que plusieurs espèces *Paphiopedilum* à fleurs multiples et longs pétales, comme *P. rothschildianum* et *P. parishii*, ressemblent plus à des phragmipediums comme *P. caudatum* et *P. pearcei* qu'aux autres paphiopedilums.

Du nombre immense d'hybrides obtenus, ont émergé plusieurs alliances

À DROITE *Cet hybride*, Wilsonara *Bonne Nuit, est très influencé par* Oncidium, *avec ses fleurs aux sépales et pétales très décorés, produites sur de grandes hampes.*

À GAUCHE Odontoglossum *Violetta von Holm présente en automne de grandes fleurs aux vives couleurs. Cet élégant hybride provient des espèces* O. bictoniense *et* O. rossii.

À DROITE *De nombreuses générations de croisements avec des espèces spécifiques ont créé* Brassolaeliocattleya *Nuance 'Élégie', aux jolies fleurs vert tilleul et au labelle jaune foncé. L'hybride moderne fleurit à l'automne.*

CI-CONTRE À DROITE Laeliocattleya *Elizabeth Fulton 'Histoire' est un hybride unifolié qui produit une seule feuille par pseudo-bulbe et des fleurs colorées spectaculaires, avec sépales et pétales jaunes et un labelle rouge magenta.*

À DROITE *Des hybrides comme* Dendrobium *Emma White et Trakool Red sont cultivés en Asie du Sud-Est pour le commerce de la plante en pot et de la fleur coupée, et envoyés dans le monde entier. Les fleurs ont une durée exceptionnelle.*

CI-CONTRE À DROITE Phalaenopsis *Brother Wild Thing fait partie d'une nouvelle gamme de remarquables hybrides aux fleurs multicolores dont les sépales et pétales portent de jolis motifs. Exceptionnellement florifères, ils fleurissent plusieurs fois dans l'année.*

CI-DESSUS Laeliocattleya *Chinco est un hybride aux superbes couleurs qui produit des fleurs pourpres, avec un labelle plus foncé à taille raisonnable. La plante fleurit en automne.*

qui contiennent beaucoup de genres apparentés. Parmi celles-ci, les plus prisées sont l'alliance *Cattleya*, l'alliance *Odontoglossum* et l'alliance *Vanda*. Entre ces trois genres naturels on peut trouver des alliances formées de deux (*Laelia* × *Cattleya* = *Laeliocattleya*) à six genres naturels (*Cattleya* × *Brassavola* × *Broughtonia* × *Laelia* × *Schomburgkia* × *Sophronitis* = *Mooreara*), et dans quelques cas neuf genres (*Cattleya* × *Brassavola* × *Broughtonia* × *Cattleyopsis* × *Diacrium* × *Epidendrum* × *Laelia* × *Schomburgkia* × *Sophronitis* = *Sallyyeeara*). Les multiples semblent n'avoir ici aucune limite, et ils ont débouché sur des résultats parfois étonnants.

Les vandas spectaculaires de l'Asie du Sud-Est paraissent, à première vue, être compatibles avec les nombreuses orchidées angraecoïdes d'Afrique et de Madagascar. Le feuillage d'*Angraecum sesquipedale*, par exemple, ressemble plus à celui des vandas que ces autres monopodiales, les phalaenopsis. Cependant, les vandas sont plus proches des phalaenopsis en termes d'évolution, et les deux peuvent s'hybrider, ainsi que beaucoup d'autres qui forment cette alliance, mais paraissent totalement différents.

Nous ne pouvons que spéculer sur ce que serait l'issue d'une union entre les angraecums et les phalaenopsis, union actuellement refusée. Quelques hybrides provenant du croisement entre angraecums et vandas ont été obtenus, mais sans grands résultats.

Coelogyne Intermedia

OÙ CULTIVER LES ORCHIDÉES

Parce qu'il est facile de se les procurer et que de nombreux hybrides sont cultivés spécialement pour la plante en pot, surtout en Europe et en Asie, la culture des orchidées se répand de plus en plus. Les phalaenopsis et les miltoniopsis prennent la première place, en raison de leur facilité d'adaptation et de leur aptitude à fleurir. Ces orchidées produites en grand nombre répondent à une demande grandissante pour les plantes d'intérieur originales. Avec leurs bouquets de fleurs individuelles pouvant durer jusqu'à huit semaines et plus, comparées à d'autres plantes en pot, elles représentent un bon investissement. Pour l'amateur d'orchidées passionné, la serre permet un choix beaucoup plus grand et pour le spécialiste qui préfère se concentrer sur un genre ou un groupe particulier, elle devient indispensable. Compromis entre le rebord de la fenêtre et la serre, la baie vitrée et la véranda peuvent accueillir quelques spécimens. Que l'espace que vous leur consacrerez soit petit ou grand, les orchidées vous procureront le même plaisir pendant des années.

Dactylorhiza fuchsii

CULTURE DES ORCHIDÉES EN INTÉRIEUR

La culture des orchidées dans la maison offre plusieurs avantages. Si vous disposez du chauffage central dans toutes les pièces, vous n'aurez pas à engager de dépenses supplémentaires pour leur apporter la chaleur nécessaire. Un matériel réduit sera suffisant si vous vous contentez de quelques plantes pour commencer, et vous pourrez le compléter à mesure que grandira votre collection.

CI-DESSUS *Une grande orchidée, comme* Cymbidium Jocelyn, *formera le pôle d'attraction du living-room.*

EMPLACEMENT DES ORCHIDÉES

Les orchidées cultivées dans la maison bénéficient d'attentions régulières. Tout comme le chat familier pelotonné dans son fauteuil favori reçoit une caresse au passage, les orchidées se font admirer chaque fois que vous passez à côté. Vous remarquez aussitôt la nouvelle pousse, l'apparition d'un nouveau bouquet de fleurs, ou la sécheresse du substrat, en apprenant rapidement à évaluer leurs besoins à mesure que s'accroît votre expérience. Plus vous passerez de temps avec vos orchidées, plus vous leur accorderez d'attention. En été, gardez un vaporisateur à proximité et aspergez régulièrement les feuilles. Vous vous apercevrez peut-être alors qu'elles reçoivent trop de lumière et que leur feuillage change de couleur, et vous les déplacerez avant qu'elles soient endommagées. Vos orchidées deviendront ainsi vos compagnes de tous les jours, et vous serez surpris de constater combien vous vous y attachez, veillant à leurs moindres besoins, et vous enthousiasmant pour l'apparition d'une feuille ou de racines.

Inspectez votre maison pour décider de la meilleure place pour vos premières orchidées. Une fenêtre ensoleillée le matin ou le soir, mais non pendant les heures les plus chaudes de la journée, est parfaite pour les espèces à pousse estivale, et la plupart des espèces d'intérieur se satisfont de cette situation. Les orchidées qui préfèrent l'ombre, comme les phalaenopsis et les paphiopedilums, seront aussi très bien près d'une fenêtre peu ensoleillée en été. Cattleyas et dendrobiums, par exemple, sont des orchidées qui ont besoin de beaucoup de lumière et se trouveront bien près d'une fenêtre très ensoleillée, à condition qu'il y ait un peu d'ombrage entre les plantes et la vitre. Stores ou voilages sont suffisants pour empêcher les brûlures du soleil direct, tout en laissant aux plantes la lumière nécessaire à leur croissance et au mûrissement des pseudo-bulbes. En hiver, la plupart des orchidées apprécieront une fenêtre bien éclairée, le soleil étant alors trop bas pour provoquer des brûlures. L'époque à risque est le début du printemps, quand le soleil commence à monter dans le ciel, chaque jour plus haut et plus fort. Certaines plantes devront alors être déplacées vers un coin moins ensoleillé.

Quelle que soit la pièce où se trouvent les orchidées, elles doivent être placées près d'une fenêtre et de la lumière. À l'intérieur, cette lumière vient généralement d'une seule direction et vous devez l'utiliser au maximum. L'arrière de la plante doit toujours regarder la fenêtre, les nouvelles pousses étant dirigées vers la pièce, ce qui les empêchera de brûler accidentellement et permettra aux pseudo-bulbes de mûrir. Tournez les plantes en hiver, pour que les nouvelles pousses reçoivent à leur tour la lumière. La

CULTURE DES ORCHIDÉES EN INTÉRIEUR **55**

plupart des orchidées poussent mieux près de la fenêtre qu'au milieu de la pièce, à moins que celle-ci soit particulièrement bien éclairée, avec un haut plafond et des murs blancs, ce qui conviendrait alors parfaitement aux phalaenopsis. Quand les orchidées sont en fleur, elles peuvent être exposées dans la pièce le temps de la floraison, avant de retourner à leur emplacement habituel.

Ne disposez pas les orchidées trop près de la fenêtre, leurs feuilles ne doivent pas toucher la vitre. Les doubles vitrages sont parfaits, le froid ne pouvant alors atteindre les plantes. Stores ou doubles rideaux empêcheront que les plantes soient trop près de la fenêtre. Par les nuits d'hiver, assurez-vous que les lourds rideaux sont bien fermés derrière les orchidées et non devant. En été, vous pouvez laisser les fenêtres ouvertes chaque fois que le temps est assez chaud pour donner aux orchidées une bouffée d'air frais, mais en évitant les courants d'air froid.

Certains emplacements sont nocifs pour les orchidées. Ne les mettez pas devant ou sur la cheminée si le feu y crépite, elles succomberaient rapidement à la chaleur et à la déshydratation. Le réfrigérateur à la cuisine et la télévision dans le salon dégagent de la chaleur, ce qui déplaît aux orchidées placées à côté. Évitez aussi les endroits exposés aux courants d'air, en face d'une porte d'entrée ou de toute autre source d'air froid. Enfin, veillez à ce que vos orchidées ne risquent pas d'être renversées par les animaux ou les enfants.

À DROITE Paphiopedilum insigne *fera beaucoup d'effet sur un appui de fenêtre. Protégez la plante du soleil direct, avec des stores ou des voilages.*

LES ORCHIDÉES DANS TOUTES LES PIÈCES DE LA MAISON

Dans la cuisine, un large appui de fenêtre peut accueillir plusieurs orchidées, mais elles ne doivent pas être exposées à la vapeur chaude de l'évier ou, pire, d'une bouilloire. Vous trouverez peut-être plusieurs emplacements adéquats dans le salon ou la salle à manger, si la température est suffisante. Les chambres, souvent plus fraîches, conviendront aux orchidées qui préfèrent la fraîcheur et ont besoin la nuit d'une baisse de température pour bien pousser et bien fleurir. Les chambres d'amis sont moins conseillées, le chauffage y étant souvent éteint, les plantes pourraient être oubliées pendant plusieurs jours à une température trop basse. Ces pièces peu fréquentées n'offrent pas les conditions nécessaires pour que les orchidées y prospèrent. La salle de bains est souvent considérée comme l'emplacement idéal, à cause de la vapeur fournie par les bains ou l'eau de la douche. Cependant, les trop grandes variations de température et d'humidité déplaisent aux plantes. En outre, la salle de bains est le plus souvent la pièce la moins éclairée de la maison. Généralement, la lumière qui vient d'une petite fenêtre en verre cathédrale est insuffisante pour la plupart des orchidées. Les orchidées installées dans les salles de bains sont souvent reconnaissables à la légère couche de poudre de talc recouvrant leurs feuilles. Cette couche bouche les pores des feuilles et empêche l'aération normale. Dans les maisons, l'emplacement idéal serait une fenêtre à mi-hauteur de la cage d'escalier.

En fait, les orchidées se plaisent chaque fois que la lumière et la chaleur sont suffisantes.

La culture en sous-sol se pratique dans les pays comme le Canada, où les hivers sont trop rudes pour utiliser les serres. Afin d'adapter le sous-sol, généralement chauffé, à la culture des orchidées, il faut un éclairage électrique suffisant et des tablettes munies de plateaux pour recueillir l'eau, avec un système permettant de récupérer l'eau en excès qui est recyclée ou évacuée. Ce système fonctionne bien dans ces pays froids, où les orchidées sont cultivées à l'extérieur en été de façon conventionnelle. Ailleurs cependant, le coût et les efforts impliqués sont trop élevés et inutiles, les plantes ainsi cultivées survivant en hiver surtout grâce à leur pousse d'été.

Culture des orchidées dans une véranda

De nombreuses maisons possèdent aujourd'hui une véranda, laquelle offre un habitat très satisfaisant aux orchidées. Des meubles de jardin y sont souvent installés, afin de profiter du moindre rayon de soleil quand il fait trop froid pour s'asseoir dehors. Vous pouvez y créer un espace pour les orchidées comme vous l'avez fait pour celles qui sont dans la maison, la place disponible étant sensiblement plus importante, cela vous permettra de cultiver de plus grandes plantes comme les cymbidiums. Si la véranda est vitrée de haut en bas, les orchidées peuvent être placées au niveau du sol mais devront être protégées par des

À GAUCHE *Dendrochilum glumaceum* (*à gauche*), *Encyclia cochleata* var. *'Yellow Burnham'* (*centre*), et *Coelogyne Intermedia* (*à droite*) *forment un bel arrangement.*

ORCHIDÉES ADAPTÉES À LA CULTURE EN INTÉRIEUR

Brassia verrucosa
Coelogyne cristata
Cymbidiums (petite taille)
Dendrobium infundibulum
Encyclia radiata
Laelia anceps
Lycaste aromatica
Lycaste skinneri
Miltoniopsis (toutes)
Odontoglossums (intergénériques)
Oncidium ornithorhynchum
Paphiopedilums (toutes)
Phalaenopsis (toutes)
Pleiones (toutes)

ORCHIDÉES ADAPTÉES À LA CULTURE EN VÉRANDA

Anguloa clowesii
Angulocaste hybrides
Brassia verrucosa
Cattleyas (toutes)
plus genres alliés
Coelogyne cristata
Cymbidiums (petite et grande tailles)
Dendrobium infundibulum
Encyclia radiata
Laelia anceps
Lycaste aromatica
Lycaste skinneri
Miltoniopsis (toutes)
Odontoglossums (intergénériques)
Oncidium ornithorhynchum
Paphiopedilums (toutes)
Phalaenopsis (toutes)
Phragmipediums (toutes)
Pleiones (toutes)

À GAUCHE *La chambre à coucher est l'emplacement idéal pour une orchidée, telle* Phalaenopsis Little Skipper 'Zuma Nova', *avec ses délicates fleurs roses.*

stores sur le côté, et par un produit spécial passé sur les panneaux vitrés du toit pour donner de l'ombre, cela n'étant nécessaire qu'afin d'empêcher les rayons du soleil de tomber directement sur les feuilles. Posez les orchidées sur le sol s'il est en ciment ou en carrelage qui peut être mouillé sans problème, avec une possibilité d'évacuer l'eau en excès. Si le sol est recouvert de moquette, il vaut mieux utiliser les tablettes que l'on trouve dans les serres. Vous pouvez installer le même système de plateaux pour augmenter l'humidité ambiante et apporter aux orchidées le microclimat qui leur est indispensable. Vous devez pouvoir vaporiser le feuillage sans vous inquiéter de l'eau qui coule.

La température devra être contrôlée pour éviter une surchauffe pendant la journée ou un coup de froid les nuits d'hiver. Si vous n'avez pas de chauffage dans la véranda, il sera nécessaire de compléter d'un radiateur le chauffage central de la maison, ce qui n'aura guère d'incidence sur votre facture. Le chauffage devra être maintenu toute la nuit en hiver pour garder une chaleur constante. Vous pouvez aussi installer un radiateur électrique soufflant pour chauffer la véranda en hiver, et qui pourra devenir un ventilateur en été. Comme pour les serres, plus l'espace est réduit, plus les fluctuations de température sont importantes et rapides et, en été, il sera sans doute nécessaire de laisser la porte ouverte si elle constitue la seule entrée d'air frais. Les vérandas ombragées par de grands arbres du jardin sont les plus conseillées, le danger de surchauffe y étant nettement moindre.

EXPOSER LES ORCHIDÉES

Vous pouvez ne placer qu'une seule orchidée à l'emplacement choisi ou au contraire en exposer plusieurs. Cependant, une orchidée isolée, sans rien autour d'elle pour stimuler sa croissance, ne réussira pas. Un appui de fenêtre nu peut ressembler à un désert, à moins de le rendre habitable. Un autre, trop étroit, devra sans doute être élargi par une étagère en bois qui donnera plus d'espace pour les plantes.

Soucoupes ou plateaux

Ces emplacements peuvent être utilisés avec des soucoupes ou des plateaux que vous trouverez dans les jardineries, sous diverses formes et tailles, peu profonds et sans trous, destinés à recueillir l'eau. Posez une couche de billes d'argile dans le plateau sur 2 ou 3 cm environ ou arrivant juste en dessous du rebord, et emplissez partiellement d'eau. Sur les billes, vous disposerez vos orchidées qui

bénéficieront ainsi de la légère humidité provenant de l'évaporation de l'eau ; de plus, la plante étant au-dessus de l'eau, les racines resteront humides sans être immergées.

Vous pouvez multiplier ces plateaux, selon la place dont vous disposez, en

À GAUCHE *Encyclia cochleata var.* 'Yellow Burnham' *est une orchidée extrêmement populaire, qui pousse bien à l'intérieur. Elle peut atteindre 30 cm de haut.*

mettant quelques orchidées sur chacun d'eux, suffisamment espacées pour que l'air puisse circuler. Placez quelques petits pots de fougères ou autres plantes vertes entre les orchidées, ces pots pouvant être posés directement sur les billes d'argile. Les plantes vertes, qui peuvent être des impatiens colorées ou des petites plantes rampantes qui ne grandiront pas suffisamment pour étouffer les orchidées, vont créer un bon environnement en augmentant autour d'elles l'humidité et en donnant de la couleur au décor. Un tradescantia peut être conduit autour du plateau, mais sa croissance rapide nécessite une taille régulière. Ajoutez de l'eau de temps en temps dans les plateaux, en vous assurant que les orchidées sont toujours au-dessus de l'eau ainsi que la base des pots, pour ne pas noyer les racines,

À GAUCHE *Un groupe d'orchidées sera placé sur un plateau recouvert d'une couche de 3 cm de billes d'argile, et partiellement empli d'eau. L'évaporation apportera une légère humidité aux orchidées.*

CI-DESSUS *Vous pouvez mettre des petites plantes vertes parmi les orchidées. Elles aideront à créer un bon environnement en augmentant l'humidité. Cette collection de paphiopedilums comprend* Paphiopedilum Leeanum *(cartouche du haut),* P. Jersey Freckles *(cartouche du centre) et* P. insigne *(cartouche du bas).*

ce qui serait très dommageable pour l'orchidée. Retirez les orchidées du plateau pour les arroser. Le meilleur endroit pour l'arrosage est la paillasse de l'évier dans la cuisine. En raison de la nature du compost de culture (substrat), vous devez utiliser beaucoup d'eau pour l'arrosage et, à moins de disposer de tout un système de récupération, ce qui est pratiquement impossible à l'intérieur, il vaut mieux transporter les plantes à l'endroit réservé à l'arrosage.

Si vous décorez une petite fenêtre, par exemple, avec une seule plante spectaculaire, il est encore plus important de lui apporter de l'humidité, et le plateau ou la soucoupe avec billes d'argile devient indispensable. Ajoutez d'autres plantes ou disposez de gros galets ou des coquillages pour créer un joli décor avec l'orchidée comme élément central.

Présentoirs sur roulettes

Si vous n'avez pas d'appuis de fenêtres, vous pouvez cultiver vos orchidées sur des présentoirs à roulettes, petite charrette ou autre, conçus pour les plantes d'intérieur et que vous trouverez dans la plupart des jardineries. Ils offrent l'avantage de pouvoir être déplacés sans difficulté vers la fenêtre dans la journée et roulés à leur place le soir. Ils évitent aussi la corvée de transporter les plantes une par une à la cuisine pour les arroser. Certaines orchidées peuvent cependant devenir très lourdes, en particulier quand elles sortent de leur pot, et il vaut mieux les manipuler seules que risquer de les faire basculer en les roulant dans le présentoir. Une table volante, genre table à thé, placée devant la fenêtre peut également

À GAUCHE *Les orchidées peuvent être présentées dans un contenant original comme ce pot mural. Vuylstekeara Cambria 'Lensings Favorit' offre des fleurs rouge et rose aux pétales mouchetés.*

servir de présentoir, et éviter l'installation d'une tablette.

Culture des orchidées miniatures

Certains jardiniers se passionnent pour les orchidées miniatures, qui poussent dans des pots de 3 cm de diamètre. Ces petits joyaux du monde des orchidées sont très appréciés et tout aussi intéressants que les espèces plus spectaculaires. Cependant, en raison de leur petite taille, il est parfois difficile de les maintenir assez humides et de prévenir un dessèchement rapide, surtout en été. Une méthode efficace est de les mettre dans un récipient en verre. Un aquarium pour poissons tropicaux sera parfait, et vous trouverez sûrement à un prix raisonnable un vieil aquarium qui n'est plus étanche.

Commencez par vérifier l'étanchéité et, s'il fuit, posez un plateau sur le fond. Mettez des galets ou des billes d'argile sur la base. Vous créerez ainsi un jardin d'orchidées miniatures pour abriter ces minuscules plantes qui, sans cette protection, auraient tôt fait de se dessécher. Mettez votre jardin dans un endroit bien éclairé, mais pas trop près d'une fenêtre où la température pourrait devenir trop élevée.

À GAUCHE *Un ancien aquarium fera très bien l'affaire pour cultiver des variétés miniatures. Mettez quelques galets dans le fond avec de l'eau, pour créer un environnement assez humide pour les orchidées. Ajoutez quelques fougères et autres plantes vertes.*

> **ORCHIDÉES ADAPTÉES À LA CULTURE EN AQUARIUM OU EN PETIT CONTENANT EN VERRE**
>
> *Coelogyne corymbosa*
> *Cirrhopetalum guttulatum*
> *Dendrobium cuthbertsonii*
> *Encyclia polybulbon*
> *Ludisia discolor*
> *Masdevallia tovarensis*
> *Masdevallia* Whiskers
> *Mexicoa ghiesbrechtiana*
> *Neofineta falcata*
> *Oncidium cheirophorum*

À DROITE *Si vous souhaitez cultiver quelques orchidées dans la maison, installez un contenant vitré juste assez grand pour recevoir les plantes en fleur. La porte peut être ouverte pour apporter de l'air frais et contrôler la température.*

Un thermomètre minimum/maximum à l'intérieur de l'aquarium vous permettra de vérifier les écarts de température. Pendant l'été, l'aquarium peut être laissé ouvert sur le dessus ; fermez-le seulement quand la chaleur doit être conservée. Si vous installez un tube fluorescent horticole au-dessus des plantes, vous pourrez placer l'aquarium dans un coin sombre qui, sans cela, ne saurait convenir à la culture des orchidées. Cette idée peut être adaptée à plus ou moins grande échelle. Pour une seule ou deux très petites plantes, prenez un grand verre, genre verre à cognac, posez-le sur le côté, et créez un paysage miniature à l'intérieur.

Vous pouvez aussi fabriquer vous-même votre contenant, à la taille de votre choix, en lui ajoutant un éclairage électrique. Ce genre d'abri peut accueillir de façon permanente les plantes qui n'ont pas besoin de beaucoup de lumière, dont les phalaenopsis et paphiopedilums. L'éclairage sera contrôlé afin que les plantes reçoivent jusqu'à douze heures de « lumière du jour », pendant toute l'année, ce qui encouragera les orchidées à fleurir pendant les périodes peu ensoleillées.

Votre contenant peut être une simple structure montée sur un appui de fenêtre existant ou une construction très élaborée, avec aération par ventilateur incorporé et éclairage pour stimuler les plantes en hiver.

Vous pouvez placer le contenant choisi dans un endroit de la maison où il attirera l'œil. Le nombre et la taille des plantes seront d'autant plus importants que le contenant sera de plus grande taille.

COULEUR ET PARFUM

Vous désirez peut-être choisir les coloris de vos orchidées selon certains critères. La gamme de couleurs et de nuances est telle que vous pourrez trouver des combinaisons de couleurs qui correspondent à vos goûts personnels ou qui sont assortis à chaque pièce de la maison.

Les tableaux qui suivent vous renseigneront au premier coup d'œil. Ainsi pourrez-vous choisir vos couleurs préférées en fonction de l'endroit où vous avez décidé d'exposer ces merveilleuses plantes. Quand elles sont fleuries – et la plupart des orchidées restent plusieurs semaines en fleurs –, installez-les de façon à les mettre en valeur. L'emplacement ne réunira peut-être pas les meilleures conditions de culture, mais une plante en fleur trônant seule dans un joli cache-pot peut être extraordinairement spectaculaire. Si vous choisissez des orchidées qui fleurissent à différentes époques, vous pourrez avoir des plantes en fleurs pendant la plus grande partie de l'année, et fleurir de façon permanente votre emplacement favori.

Pour mieux la mettre en valeur, exposez votre plante là où elle produira le plus bel effet, sans oublier de l'arroser comme indiqué précédemment. Si elle n'est pas posée sur un lit de billes d'argile et d'eau, vous devrez la déplacer pour l'arroser et la remettre en place quand le pot sera égoutté.

Les fleurs de certaines orchidées peuvent aussi être très parfumées, ce qui ajoute à leur charme. Les fleurs richement colorées de *Zygopetalum maxillare*, par exemple, sont très odorantes. *Brassavola cuculata*, parfois appelée orchidée fantôme, offre des fleurs tombantes d'aspect spectral. Elle fleurit en automne et exhale la nuit une fragrance intense.

CI-DESSUS *Phalaenopsis Mad Milva aux jolies fleurs rouge cerise, élément central d'un arrangement d'orchidées, ne pourra prospérer que s'il est abrité du soleil direct.*

À DROITE *Les orchidées peuvent décorer la plupart des pièces. Phalaenopsis Barbara Moler × Spitzberg, jaune citron pâle, éclaire cette salle de bains bleue.*

À GAUCHE *Des associations de couleurs bien choisies peuvent produire un ravissant effet, comme ici avec* Phalaenopsis schilleriana, *rose pâle (à gauche), et P. Mad Milva, rose foncé (à droite).*

ORCHIDÉES CHOISIES POUR LEUR PARFUM

Anguloa clowesii
Brassia verrucosa
Cattleyas et genres alliés
Coelogyne ochracea
Dendrochilum cobbianum
Encyclia radiata
Gongora galeata
Lycaste aromatica
Maxillaria ochroleuca
Maxillaria picta
Miltoniopsis
Odontoglossum laeve
Oncidium ornithorhynchum

ORCHIDÉES À FLEURS DE COULEURS VIVES

Rouge et orange
Cattleyas
Cymbidiums
Encyclia vitellina
Epidendrum radicans
Lycastes
Masdevallia Copper Wing
Miltoniopsis
Oncidium Sharry Baby 'Sweet Fragrance'
Phragmipedium besseae
Sophrolaeliocattleya Jewel Box 'Dark Waters'
Sophronitis coccinea
Vuylstekeara Cambria 'Lensings Favorit'

Oncidium Sharry Baby 'Sweet Fragrance'

Phalaenopsis Mad Milva

Masdevallia Copper Wing

Rose foncé
Angulocaste
Cattleyas et genres alliés
Cymbidiums
Dendrobium nobile hybrides
Laelia anceps 'Guerrero'
Laelia purpurata
Lycastes
Miltoniopsis
Odontoglossums
Phalaenopsis Mad Milva
Phalaenopsis Purple Valley
Pleiones

Violet foncé
Ascocendas
Cattleyas et genres alliés
Odontoglossums

Jaune vif
Anguloa clowesii
Cattleyas et genres alliés
Oncidium Boissiense
Oncidium sphacelatum
Phalaenopsis

Vuylstekeara Cambria 'Lensings Favorit'

Phalaenopsis Purple Valley

Vert
Brassia verrucosa
Coelogyne Green Dragon 'Chelsea' AM/RHS
Cymbidium Mini Ice 'Antarctic'
Epidendrum Orchid Glade
Paphiopedilums
Paphiopedilum Clair de Lune
Phragmipedium pearcei
Trudelia cristata

Cymbidium Mini Ice 'Antarctic'

Epidendrum Orchid Glade

ORCHIDÉES À FLEURS DE COULEURS PÂLES

Rose pâle
Cattleyas et genres alliés
Cuitlauzina pendula
Cymbidiums
Dendrobium nobile hybrides
Laelia anceps
Lycastes et angulocastes
Lycaste skinneri
Miltoniopsis
Odontoglossums et genres alliés
Phalaenopsis Brother Stripe
× *Phalaenopsis amboinensis*
Phalaenopsis Little Skipper
'Zuma Nova'
Pleiones

Blanc et crème
Aerangis luteo alba var. *rhodostricta*
Angraecum sesquipedale
Anguloa eburnea
Cattleyas et genres alliés
Coelogynes
Cymbidiums
Dendrochilum glumaceum
Dendrobium nobile hybrides
Lycastes et angulocastes
Masdevallia tovarensis
Maxillaria ochroleuca
Miltoniopsis
Odontoglossums et genres alliés
Phalaenopsis

Orchidées bicolores
Calanthes
Cattleyas et genres alliés
Cymbidiums
Epidendrum pseudepudendrum
Gongora maculata
Lycastes
Miltoniopsis
Phalaenopsis
Rossioglossum Rawdon Jester
Thunia Gattonense

Orchidées multicolores
Dendrobium nobile hybrides
Odontoglossums et genres alliés

Lilas et lavande
Cattleyas et genres alliés
Miltoniopsis
Phalaenopsis

Jaune citron pâle
Cattleyas et genres alliés
Cymbidiums
Dendrobium nobile hybrides
Lycastes et angulocastes
Miltoniopsis
Odontoglossums et genres alliés
Phalaenopsis

Phalaenopsis Little Skipper 'Zuma Nova'

Cuitlauzina pendula

Masdevallia tovarensis

Phalaenopsis Brother Stripe × *Phalaenopsis amboinensis*

Gongora maculata

Lemboglossum (*Odontoglossum*) *bictoniense*

CULTURE DES ORCHIDÉES EN EXTÉRIEUR

Les soins à donner aux orchidées cultivées à l'extérieur sont à peu près les mêmes que pour les orchidées d'intérieur. Vous devrez cependant surveiller les variations des conditions climatiques et traiter vos orchidées en conséquence.

RÉGIONS TEMPÉRÉES EN ÉTÉ

Dans les régions tempérées, les orchidées qui poussent normalement à l'intérieur ou en serre peuvent être placées à l'extérieur pendant la saison de pousse estivale. En choisissant soigneusement l'emplacement, vous pourrez recréer l'habitat naturel de vos plantes.

Les orchidées qui se plaisent à l'extérieur sont les variétés aimant la lumière et la fraîcheur comme les cymbidiums, les odontoglossums, les coelogynes, les encyclias et les dendrobiums, lesquels présentent un feuillage robuste pouvant se tacheter ou se marquer légèrement en quelques mois, mais sans dommage pour la plante.

Les orchidées à larges feuilles souples, telles que lycastes, anguloas et les calanthes caduques, seraient, elles, très vite abîmées par les caprices de la météo. Seules les variétés de pléiones aimant la fraîcheur font exception. Ces plantes poussent toujours mieux dans un environnement plus frais pendant l'été, et leur feuillage ne se tache habituellement qu'en fin de saison, juste avant que les feuilles brunissent et tombent.

Les masdevallias et autres genres apparentés de petite taille sont des plantes d'ombre qui n'apprécient pas du tout le plein air, leurs feuilles charnues tombant alors en très peu de temps. Leur culture est plus spécialisée et également difficile à réussir en serre.

Parmi les genres intermédiaires, les membres de la vaste alliance *Cattleya* réussissent bien dans les jardins tropicaux, mais dans les régions tempérées le feuillage est toujours marqué par les rigueurs du temps. Les cattleyas gardent leurs feuilles pendant plusieurs années, et si elles sont endommagées dès leur apparition, vous devrez supporter une plante abîmée pendant fort longtemps. Bien qu'elles aiment la chaleur, les cattleyas peuvent être facilement brûlés par le soleil direct et il vaut donc mieux les protéger des caprices de l'été. Dans les régions tropicales cependant, ces orchidées prospèrent sous le couvert des feuillages, en bénéficiant du plein air mais sans être exposées aux rayons du soleil.

Les encyclias aux feuilles coriaces et plusieurs d'espèces d'*Oncidium*, dont les espèces résistantes comme *Oncidium splendidum*, acceptent plus de lumière que beaucoup d'autres, leurs feuilles prenant alors une teinte rouge.

Les phalaenopsis amateurs d'ombre et plusieurs paphiopedilums font partie des orchidées qui aiment la chaleur. Généralement, aucune de ces plantes

À GAUCHE
Comme beaucoup de cymbidiums, Cymbidium Bethlehem 'Ridgeway' *peut passer l'été dehors dans les régions tempérées.*

CI-DESSUS *Dans de nombreuses régions tempérées du globe,* Dendrobium nobile, *une espèce de l'Himalaya, peut pousser dans les jardins, accroché aux arbres dans de grandes suspensions. La température nocturne doit descendre assez bas pour lui permettre de fleurir.*

ne peut pousser à l'extérieur, sauf sous les tropiques. Les températures de la nuit sont trop froides pendant la plus grande partie de l'été et le feuillage luxuriant des phalaenopsis en souffrira, entraînant une chute prématurée des feuilles, et la mort de la plante dans les cas extrêmes. Les feuilles des paphiopedilums sont trop molles pour supporter les conditions extérieures, et il est impossible d'empêcher la pluie de remplir le cœur des pousses qui vont alors pourrir en peu de temps. Ces orchidées ne sont pas adaptées au climat tempéré, même en été. Avec une collection mixte de diverses orchidées, vous apprendrez par l'expérience à connaître les plantes qui apprécient de passer l'été dehors.

N'essayez pas de mettre à l'extérieur de très jeunes plantes ni celles qui poussent dans de petits pots et qui, exposées aux éléments, sont très difficiles à maintenir humides ; au mieux, elles seront mouillées un jour et sèches le lendemain. Il devient alors impossible de garder les racines constamment humides, condition indispensable à la bonne santé des plantes. Les petits pots risquent aussi d'être emportés par le vent ou même piétinés par les animaux de compagnie. Les orchidées sorties de leur pot deviennent trop lourdes et sont facilement renversées et endommagées. Ces mêmes orchidées sont très difficiles à arroser, et lorsqu'elles ont séché il est presque impossible de mouiller leurs racines sans les faire longuement tremper dans un seau d'eau.

Parmi les autres orchidées qu'il vaut mieux laisser où elles sont, se trouvent celles qui fleurissent en été. Bourgeons et fleurs sont les premiers à souffrir de l'humidité, de la pluie et du vent. Il est difficile aussi d'empêcher les pucerons et les limaces de s'y attaquer. Les orchidées nouvellement rempotées ne doivent pas être sorties avant d'avoir établi leur nouveau système radiculaire.

Une plante malade peut parfois s'améliorer à l'extérieur. Les cymbidiums, par exemple, qui demandent peu de lumière, produisent un feuillage abondant et souple, avec de très longues feuilles molles vert foncé, affaiblies par le manque de lumière. Dans une serre ou une véranda, les températures élevées de l'été peuvent produire une réaction similaire, et la plante affaiblie ne fleurit pas. On remarque aussi ces signes chez d'autres orchidées aimant la lumière, qui apprécieront un séjour à l'extérieur.

Elles peuvent d'abord réagir de façon spectaculaire en perdant toutes leurs feuilles. Cependant, lorsque la plante s'est habituée et qu'une nouvelle pousse s'annonce, on note un changement complet dans l'épaisseur et la longueur des feuilles ; l'orchidée s'adapte et devient beaucoup plus luxuriante et plus vigoureuse. À la fin de la saison de pousse, elle paraîtra tout autre, avec des pseudo-bulbes différents par leur forme des pseudo-bulbes antérieurs, ce qui montre que vos orchidées ont prospéré et apprécié l'environnement plus naturel que vous leur avez donné. Lorsque les cymbidiums regagneront leurs quartiers d'hiver, ils seront couverts de hampes fleuries.

Les types Odontoglossum en particulier refléteront le changement d'environnement et le surplus de lumière par une coloration rouge de leurs feuilles. Si la lumière n'est pas trop intense et si elles ne sont pas exposées directement aux rayons du soleil, cette teinte rouge ne leur fera aucun mal ; on peut la comparer à un hâle et non à un coup de soleil. Au cours de l'hiver suivant, ces feuilles reprendront la couleur vert moyen.

Si vous n'avez pas de jardin, vos orchidées peuvent malgré tout profiter du plein air en été. Elles se trouveront aussi bien sur une terrasse ou même sur un balcon, à condition d'être abritées du plein soleil pendant la plus grande partie de la journée. Essayez de trouver un emplacement qui soit au soleil tôt le matin ou tard l'après-midi, ce qui permettra aux plantes d'être à l'ombre pendant les heures les plus chaudes. En les plaçant devant un mur blanchi à la chaux, elles recevront la lumière reflétée par le mur. Une terrasse sur un toit peut offrir les mêmes conditions.

Dans un jardin, vous trouverez plusieurs emplacements appropriés pour l'été, le long d'une clôture, d'un mur ou d'une haie par exemple, qui protégeront les plantes du soleil. Les arbres peuvent aussi offrir de l'ombre, mais les arbres fruitiers sont déconseillés, les fruits mûrs qui tombent risquant de casser les plantes. De plus, ils abritent des pucerons et autres prédateurs tout prêts à envahir les orchidées. Ne placez pas vos plantes sur le passage d'une tondeuse ou près d'une haie qui doit être régulièrement taillée, vous vous lasseriez vite d'avoir à les déplacer.

Après avoir choisi l'emplacement idéal, faites un support pour les poser à bonne hauteur afin de pouvoir les arroser et les soigner facilement. Installez les orchidées sur des billes d'argile ou des graviers étalés sur un plateau à demi empli d'eau. Elles bénéficieront ainsi de toute l'humidité requise. Vous n'aurez aucun débordement, l'eau coulant simplement sur le sol environnant. Les orchidées poussant sur un balcon devront être rentrées pour les arroser si l'écoulement de l'eau pose un problème.

Évitez de mettre les orchidées directement sur le sol, les pots risquant d'être rapidement infestés par les prédateurs habitant dans la terre. Pour empêcher qu'elles soient renversées par le vent quand celui-ci souffle fort, entourez le support d'une petite rambarde. Si le jardin ne présente aucun endroit assez ombragé, installez un auvent en toile de store au-dessus des plantes, en laissant les côtés ouverts pour laisser l'air circuler.

Les orchidées qui poussent sur écorce peuvent être accrochées dans les arbres, mais vous devrez les arroser quotidiennement pour qu'elles restent humides. Vandas, stanhopeas et autres orchidées des paniers suspendus doivent être traitées de même. Les racines aériennes doivent rester actives pendant tout l'été et elles pousseront régulièrement si vous les maintenez humides.

Quand faut-il sortir les orchidées ?

Dans les pays à climat tempéré, les orchidées qui peuvent supporter le plein air seront sorties à la fin du printemps ou au début de l'été. Les gelées ne seront plus à craindre et le choc thermique entre intérieur et extérieur sera

CETTE PAGE Encyclia brassavolae *(en haut)*, E. alata *(à gauche)*, E. cochleata *(au centre)* et E. radiata *(à droite)*.

CETTE PAGE Cymbidium *Cotil Point* (à gauche), C. *Sleeping Lamb* (au centre), C. *Candy King* (à droite) et C. *Baltic Starlight* (en bas).

Culture en pleine terre

Dans les régions tempérées du monde, notamment en Europe et en Afrique du Nord, on s'aperçoit de plus en plus qu'il est possible de cultiver certaines orchidées terrestres au jardin, et cela toute l'année. Les orchidées, qui autrefois abondaient, avant de devenir très rares en raison d'une « chasse » excessive et de la destruction de leurs habitats naturels, sont aujourd'hui cultivées artificiellement en plantes de jardin, telles la jolie *Cypripedium reginae* et l'orchidée sabot-de-Vénus rose et blanche. De même, C. *calceolus*, autrefois commune en Europe et en Amérique du Nord, est cultivée commercialement avec succès comme plante en pot et de jardin, en même temps qu'on essaye de réintroduire en Grande-Bretagne ses belles fleurs jaunes et brunes, dans la nature d'où elle avait pratiquement disparu.

supportable. Choisissez une journée calme, sans menace de pluie ou de vent. Surveillez de près les orchidées et notez tous les changements qui pourraient se produire. Toute plante qui perd rapidement une quantité de feuilles n'est probablement pas adaptée à la vie en plein air et il est préférable de la rentrer. La perte de quelques feuilles est normale et indique que la plante s'habitue à son nouvel environnement.

À la fin de l'été généralement ou au début de l'automne, quand les nuits deviennent plus froides et que le temps se détériore, c'est le moment de rentrer vos orchidées. Faites-le avant les premières gelées, à moins que les plantes soient bien protégées par le feuillage d'un arbre, auquel cas elles peuvent rester un peu plus longtemps dehors, en particulier si les hampes florales ne sont pas encore apparues.

Avant de rentrer les plantes, faites la chasse aux prédateurs tels que perce-oreilles et cloportes qui pourraient se cacher sous les bractées. Vérifiez aussi que le substrat ne contient aucun nid de fourmis et aucun charançon (ou leurs larves). Détruisez ces bêtes en faisant tremper la plante dans un seau d'eau pendant une heure. Recherchez également les prédateurs faciles à détecter, tels les limaces et les escargots, mais n'oubliez pas les insectes plus difficiles à éliminer comme les araignées rouges et les pucerons. Profitez-en pour nettoyer les cymbidiums de leurs vieilles bractées et coupez les feuilles brunes ou cassées. Arrachez les mauvaises herbes, mousses et fougères qui auraient pu s'installer dans le substrat et qui, même si elles complètent joliment les orchidées, risquent de boucher le compost en rendant l'arrosage plus difficile. Une fois les plantes vérifiées, vous pouvez les réinstaller dans leurs quartiers d'hiver confortables, après avoir apprécié leur séjour à l'extérieur.

Les orchidées seront mieux préparées à fleurir, et vous serez merveilleusement surpris de la qualité de leurs fleurs.

D'autres orchidées européennes sont dans les jardineries, comme les *Dactylorhiza* hybrides avec leurs hautes hampes de fleurs mauves. Plantées dans une terre spécialement préparée, elles pourront former de vastes colonies pendant de nombreuses années.

ORCHIDÉES D'EXTÉRIEUR EN RÉGIONS TEMPÉRÉES

Orchidées qui peuvent passer l'été dehors :
Coelogynes
Cymbidiums
Dendrobiums
Encyclias

Orchidées terrestres qui peuvent être cultivées dehors :
Cypripedium calceolus
Cypripedium reginae
(orchidée sabot-de-Vénus)
Dactylorhiza

RÉGIONS TROPICALES TOUTE L'ANNÉE

Sous les climats tropicaux qui englobent certaines parties des États-Unis, l'Amérique centrale et du Sud, certaines régions d'Australie, d'Afrique du Sud et de l'Asie du Sud-Est, les orchidées poussent à l'extérieur de façon permanente. Les genres d'ombre peuvent être cultivés sous des serres ombragées par de la toile de store, mais ouvertes sur les côtés pour laisser l'air circuler, méthode utilisée par les pépinières commerciales. Les plantes peuvent être aussi naturalisées sur les arbres, dans le jardin, où une fois en place elles deviennent de magnifiques spécimens avec un minimum de soins. Les orchidées poussant ainsi naturellement doivent pouvoir supporter les changements de températures des diverses saisons. Les orchidées froides poussent mal dans le jardin tropical, qui risque d'être trop chaud pour elles et même pour les orchidées chaudes. Pour fleurir, certaines réclament une température nocturne plus basse et doivent être rentrées dans la maison, où l'air conditionné maintient une fraîcheur relative.

Les cattleyas se naturalisent très bien sur les arbres. Dans leur Amérique centrale native, on en voit souvent dans les jardins fleurir parmi les troncs et les branches. Quand les conditions leur conviennent, leurs racines aériennes sont vigoureuses et actives et leur

À DROITE *Cette belle* Promenaea xanthina *jaune a été réintroduite sur cet arbre dans son Brésil natal, où elle pousse naturellement sur les troncs, à haute altitude dans les forêts équatoriales humides et traversées de nuages.*

apportent la plus grande partie des nutriments nécessaires.

Les conditions ne sont cependant pas toujours parfaites sous les tropiques, et les plantes peuvent y souffrir des extrêmes plus souvent que dans un jardin tempéré. Les ouragans risquent de les arracher de leur arbre et le vent de les emporter. Si un arbre tombe, il est urgent de sauver toutes les orchidées qui poussent dans ses branches.

> **ORCHIDÉES POUR RÉGIONS TROPICALES TOUTE L'ANNÉE**
> Cattleyas et genres alliés
> Phalaenopsis
> Vandas et genres alliés

À GAUCHE *Cette étonnante* Masdevallia infracta *rouge est la seule espèce de ce genre qui existe dans la forêt atlantique brésilienne; elle apprécie l'ombre et la grande humidité qu'elle y trouve.*

CI-DESSUS *L'espèce miniature* Oncidium longipes *pousse et fleurit sans problème quand elle est établie sur un arbre, comme dans ce jardin brésilien. C'est une charmante espèce appréciée pour sa culture facile.*

À DROITE *Nous voyons ici trois types d'orchidées tropicales différents, poussant ensemble sur une souche d'arbre dans un jardin brésilien. L'*Encyclia oncidioides *indigène est en fleur sous un* Bulbophyllum *avec à sa gauche une haute* Vanda.

SOINS À DONNER AUX ORCHIDÉES EN EXTÉRIEUR

Si vous cultivez des orchidées à l'extérieur, vous devez avant tout vous rappeler que les conditions y sont beaucoup plus variables qu'à l'intérieur, surtout en Europe occidentale.

Soins à donner dans les jardins tempérés

Quand il fait chaud et sec, les plantes seront régulièrement bassinées. Dans la maison, il suffirait de projeter un léger brouillard sur les feuilles, mais dehors elles doivent être abondamment trempées. Les cymbidiums, par exemple, peuvent être arrosés au jet sans problème. Cette aspersion permettra aussi de les débarrasser en partie des prédateurs, en particulier l'araignée rouge très courante en été. L'arrosage au jet va naturellement mouiller chaque partie de la plante, mais elle séchera rapidement, l'eau tombée dans les nouvelles pousses s'évaporant avant de les abîmer. De même, les plantes supportent plusieurs heures de pluie sans dommage.

Cependant, au cours des périodes de mauvais temps, quand il fait plus froid, les nouvelles pousses peuvent pourrir et vous devez protéger les orchidées de la pluie. Si vous n'avez que quelques plantes, il est plus facile de les mettre sous abri. Vous pouvez aussi installer une « tente » avec une feuille de plastique tendue au-dessus des plantes. Le seul danger, si le soleil revient après la pluie, est l'élévation rapide de la température si le plastique n'est pas rapidement retiré.

Bassiner le feuillage ne remplace pas l'arrosage des pots, le but étant de maintenir les racines assez humides pour assurer une pousse régulière. Pendant les mois les plus chauds de l'année, il vaut mieux arroser le soir, quand le soleil a quitté le jardin et que la température est moins élevée. Ainsi, le compost (substrat) restera humide plus longtemps et maintiendra les racines au frais. Vérifiez quotidiennement s'il est nécessaire d'arroser et apportez beaucoup d'eau pour bien mouiller.

CONSEILS POUR SOIGNER LES ORCHIDÉES À L'EXTÉRIEUR

- Installez les plantes dans les arbres des jardins ou cultivez-les en pots sur la terrasse
- Arrosez et fertilisez régulièrement
- Protégez des ardeurs du soleil
- Surveillez les prédateurs
- Les orchidées poussant sur les arbres doivent être souvent bassinées pendant la saison sèche

---

CI-DESSUS *Bulbophyllum frostii est parfois appelé orchidée sabot à cause de la forme de sa fleur. Les sépales inférieurs sont soudés, en formant une sorte de babouche; les pétales et le labelle sont presque cachés à l'intérieur de la fleur.*

À GAUCHE *Laeliocattleya Quo Vadis 'Floralia' est une jolie variété qui montre les meilleures qualités de l'hybride Cattleya moderne. Les grandes fleurs spectaculaires durent trois semaines ou plus et apparaissent au printemps et à l'automne.*

Les orchidées suspendues dans les branches d'arbres à feuillage épais prospéreront si elles reçoivent assez d'eau. Or, à cause de leur situation, il arrive souvent qu'on les oublie, et il est difficile de les décrocher régulièrement pour les bassiner. Placez-les plutôt dans des endroits plus accessibles afin que les soins quotidiens ne deviennent pas une corvée, ce qui mènerait à les négliger.

À l'extérieur, les pseudo-bulbes se ratatinent rapidement si l'eau manque et plusieurs semaines peuvent se passer avant qu'ils gonflent à nouveau. S'ils rétrécissent pendant la période de croissance, la plante aura des difficultés à produire des pseudo-bulbes de bonne taille, ce qui affectera sa capacité à fleurir.

Les engrais peuvent être augmentés, en raison du supplément de lumière reçu par les orchidées. Un engrais foliaire occasionnel (à vaporiser sur les feuilles) leur permettra de rester bien vertes. Il est surtout utile pour les orchidées qui jaunissent légèrement après avoir été placées dehors. Sinon, continuez avec le régime habituel, en alternant les arrosages ordinaires et fertilisants. Vous pouvez aussi vaporiser de l'engrais liquide sur les racines des orchidées qui ont un bon système radiculaire, comme les vandas.

Soins à donner dans les jardins tropicaux

Dans les jardins tropicaux où les orchidées sont installées de façon permanente sur les arbres ou autres structures, les plantes se soignent toutes seules lorsqu'elles sont bien établies. Quand il est facile à distribuer, l'engrais peut être utile, dans le cas contraire les plantes pousseront naturellement. Les phalaenopsis, qui dans l'hémisphère Nord sont cultivés à l'intérieur toute l'année, peuvent fort bien réussir en extérieur dans les régions tropicales. Les plantes doivent toujours être installées de façon que leurs feuilles charnues pendent, comme celles de l'espèce dans son habitat naturel. L'eau s'écoulera ainsi sans problème du cœur de la plante. Cela est moins facile avec certains hybrides modernes dont les feuilles ont perdu la forme allongée de l'espèce et sont devenues plus rondes et plus dressées. Choisissez de préférence les feuilles allongées.

Dans les parties du monde où le soleil brille toute l'année, les orchidées vandas sont chez elles. Les couleurs vives des hybrides modernes font

CI-DESSUS Phalaenopsis *Yalta* est *un exemple rare de fleur péloriée qui a muté pour produire trois pétales, les trois étant des labelles et non des pétales latéraux normaux, nouveauté intéressante chez les fleurs d'orchidées.*

l'envie des jardiniers vivant sous des cieux moins cléments. Sous les tropiques, elles poussent toutes seules, en produisant toute l'année leurs superbes fleurs. Ces belles plantes, avec leurs grandes feuilles monopodiales et leurs vigoureuses racines aériennes, sont rassemblées en grands massifs. Elles sont aujourd'hui cultivées pour le commerce de la fleur coupée et pour l'exportation.

CULTURE DES ORCHIDÉES EN SERRE

Beaucoup de jardiniers commencent avec quelques orchidées dans la maison avant de s'agrandir avec une serre, ce qui permet d'élargir considérablement le choix des espèces. La culture en serre est plus exigeante, mais les récompenses sont nombreuses et l'on peut ainsi avoir une approche différente des orchidées.

CULTURE EN SERRE

Outre les plantes en pots, la serre permet de cultiver des orchidées sur de l'écorce ou sur des branches. Décoratives et originales, elles peuvent être installées en bout de serre pour former un pôle d'attraction permanent. Certaines orchidées seront plantées dans des paniers muraux en lattes de bois ; en utilisant ces différentes méthodes vous emploierez tout l'espace disponible.

Il est surprenant de constater le nombre d'orchidées qu'il est possible d'installer facilement dans une petite serre. Cependant, si vous envisagez d'acquérir une nouvelle serre, il vaut toujours mieux acheter plus grand que ce que vous aviez prévu. Votre collection va s'agrandir en même temps que les plantes individuelles qui demanderont de plus en plus de place. En outre, plus la serre est petite, plus elle est difficile à contrôler ; les variations de température risquent d'y être très rapides, menaçant le bien-être de vos orchidées.

Dans l'idéal, la serre doit être située en suivant un axe nord-sud pour que les plantes puissent recevoir le maximum de lumière, bien que dans la pratique tout dépende de l'espace dont vous disposez. Autrefois, la serre était généralement construite au fond du jardin, souvent assez éloignée de la maison, ce qui impliquait un long chemin à parcourir par les froides soirées d'hiver, pour s'assurer que le chauffage fonctionnait bien. Plus la serre est située près de votre maison, mieux c'est. Vous vous y rendrez beaucoup plus souvent si vous n'avez qu'une allée à traverser, au lieu de glisser en plein hiver sur un chemin humide qui n'en finit pas.

La serre ne doit pas être placée trop près de grands arbres, ce qui diminuerait la lumière. De plus, le toit de verre serait couvert de débris provenant des branches qui favoriseraient l'apparition de mousses. Un espace dégagé évitera aussi que les insectes des arbres pénètrent par les aérations du toit quand

À GAUCHE *Voici la serre idéale, à base de briques avec panneaux d'aération dans le bas et bouches d'aération sur le toit. Un ventilateur est incorporé à l'extrémité du toit. Les stores en lattes sont déroulés en été quand le soleil darde ses rayons.*

À GAUCHE
Ce grand jardin d'intérieur tropical contient un mélange de plantes à feuillage et d'orchidées en fleurs. L'association recrée un environnement naturel.

elles sont ouvertes, moyens d'accès naturel de certains prédateurs en été.

Il existe de nombreux modèles de serres sur le marché. Pour choisir une serre appropriée aux orchidées, accordez toute votre attention à l'aération. Il est préférable de prendre une serre comportant des panneaux d'aération sur les côtés et en haut, bien que ce ne soient pas les plus courantes. Pour les orchidées, la serre idéale est montée sur une base en briques. Vous pouvez la construire vous-même, en ajoutant des côtés et un toit en verre sur une ossature de bois ou d'aluminium. Le mur de briques doit être à hauteur des tablettes, ce qui permet de conserver une partie de la chaleur en hiver. Si votre serre est vitrée jusqu'au sol, isolez la moitié inférieure avec des briques ou du polystyrène. Installez des tablettes à claire-voie en bois traité, celles du fond étant un peu plus hautes pour faciliter l'arrosage et les soins.

Pour utiliser au mieux l'espace disponible, deux allées étroites de chaque côté, avec une plate-forme centrale dans l'axe du toit, sont la meilleure solution. Vous pourrez ainsi accrocher des plantes dans des paniers sur l'arête centrale du toit. Le sol de la serre, en dehors des allées, peut être cimenté ou non ; s'il ne l'est pas vous pourrez planter des plantes vertes, comme les fougères, qui aiment les conditions ombragées et humides et sont une aide précieuse pour créer une bonne atmosphère pour les orchidées. Dans une petite serre, il vaut mieux éviter de faire pousser des plantes grimpantes qui occuperaient très vite la surface du toit. Les grimpantes, comme le stéphanotis ou le hoya, ont tendance à laisser tomber leurs fleurs sur les orchidées qui se trouvent en dessous (fleurs qui pourrissent si elles ne sont pas rapidement enlevées) ainsi que du nectar sucré, cause de moisissure sur les orchidées. En grandissant, les grimpantes dérobent de plus en plus de lumière aux orchidées et finissent par prendre tout l'espace, tout en abritant des prédateurs comme les cochenilles.

Installez un bac assez profond pour faire tremper vos plantes, et une arrivée d'eau et un tuyau pour faciliter l'arrosage et le bassinage.

BONNES CONDITIONS

Quand votre serre sera prête à recevoir vos orchidées, installez sur la plate-forme centrale les grandes plantes qui prennent le plus de place. Au-dessus, sur la panne faîtière et ailleurs, suspendez des orchidées comme les vandas et les stanhopeas qui aiment pousser dans des paniers suspendus. Vous pouvez les fixer avec les clips fournis avec les serres en aluminium, ou les accrocher à des crochets fixés dans les chevrons en bois. N'oubliez pas que vous devrez les descendre pour les arroser, afin d'éviter d'éclabousser les plantes situées en dessous.

Les tablettes latérales recevront les orchidées en pots. Placez celles qui aiment la lumière du côté ensoleillé, les plantes d'ombre étant protégées par les autres. Derrière celles-ci, fixez des fils de fer ou un treillage en bois sur lesquels vous accrocherez les orchidées qui poussent sur des morceaux d'écorce. À l'extrémité de la serre vous pourrez cultiver de façon permanente d'autres orchidées sur un petit arbre ou sur une branche.

Humidité ambiante, chaleur et aération forment les conditions idéales de croissance. Ces trois importants facteurs doivent toujours être équilibrés, afin que l'atmosphère soit constante dans la serre. Les orchidées n'aiment pas les changements et les problèmes ne surviennent que si un déséquilibre se produit, entraînant une atmosphère froide et humide ou au contraire chaude et sèche.

Rendez visite à votre serre deux ou trois fois par jour si possible, pour vérifier la température et l'humidité ambiante. Une visite tôt le matin est toujours un ravissement. Les orchidées parfumées exhalent alors leur fragrance la plus capiteuse dans la moiteur de l'atmosphère.

La visite de la mi-journée est nécessaire pour régler les aérateurs ou bien augmenter l'humidité ambiante en été, et la dernière visite, le soir, permet de vérifier que tout va bien.

CI-DESSUS *Les tablettes en grillage galvanisé sur ossature de bois forment une surface parfaite pour vos orchidées.*

À GAUCHE *Pour cultiver les orchidées en serre, montez-les sur une branche pour former un arbre miniature. Bassinez régulièrement les plantes pour les empêcher de sécher complètement.*

À DROITE *Ces orchidées montrent les variantes obtenues avec la vaste alliance Cattleya. Toutes sont des plantes à croissance intermédiaire qui produiront des fleurs toute l'année. De gauche à droite,* Laeliocattleya *Beaumesnil 'Parme',* Potinara *Rebecca Merkel,* Epicattleya *Elphin Jade et* Laeliocattleya *Persepolis × Shellie Compton.*

CHAUFFAGE

Le système de chauffage doit être suffisant pour maintenir la serre à la température minimum requise. Il vaut mieux avoir un grand radiateur fonctionnant à la moitié de sa capacité qu'un petit tournant à plein régime et qui risque de durer peu de temps.

Types de chauffages

Les radiateurs électriques soufflants contrôlés par thermostat sont propres, d'utilisation facile et apportent un flux d'air chaud dans la serre, ce qui donne des conditions idéales. Comme ils ont tendance à dessécher l'air, vous devrez placer un bac empli d'eau juste en face, ce qui permet d'augmenter l'hygrométrie. Assurez-vous qu'aucune orchidée n'est située directement en face du flux d'air, ce qui causerait sa déshydratation. En été, le même radiateur peut être utilisé comme ventilateur pour faire circuler l'air frais et réduire la température.

Isolation de la serre

En hiver, conservez la chaleur en isolant l'intérieur de la serre avec des feuilles de polyéthylène, ou des panneaux de plastique à « bulles » sur les côtés et le toit. Installez-les à quelques centimètres du verre, pour créer une couche d'air isolante entre les deux, l'ensemble devant être hermétique. Pour installer l'isolation, vous devrez enlever les plantes sur les côtés de la serre et les remettre quand le polyéthylène sera en place. Retirez-le en été et replacez-le chaque année. L'air frais doit toujours pouvoir pénétrer dans la serre. Pour cela, découpez le plastique autour des aérateurs et de la porte, et isolez séparément le panneau de la porte. L'un des inconvénients de cette méthode d'isolation est la condensation qui se forme sur le plastique et tombe en gouttelettes sur les orchidées qui poussent en dessous.

S'il se révèle difficile d'isoler l'intérieur de la serre parce que trop d'orchidées se trouvent dans le passage, vous pouvez essayer le polyéthylène épais ou à bulles sur l'extérieur de la serre, en le fixant solidement. Si le travail est fait avec soin, le plastique devrait supporter les vents les plus forts. Avec cette méthode, la condensation suivra le vitrage et ne gouttera plus sur les orchidées.

Chauffage de la véranda

Pour chauffer une véranda, le mieux est d'installer une prolongation du système de chauffage de la maison. Un ou deux radiateurs placés de façon stratégique, avec thermostat incorporé,

À GAUCHE
Un radiateur électrique soufflant de 3 000 watts, avec thermostat incorporé, est suffisant pour chauffer une petite serre.

À DROITE *Des résistances chauffantes dans la terre ou sur le fond des bacs de culture sont parfaites pour multiplier les orchidées et cultiver les jeunes plants.*

CI-DESSUS *Ce thermostat sophistiqué comporte un ventilateur incorporé qui aspire l'air. L'appareil permet de contrôler au choix la température ou l'aération.*

À DROITE EN HAUT *Le plastique à bulles forme une couche isolante, qui permet de réduire le chauffage et évite les changements brutaux de température.*

apporteront la chaleur nécessaire, à la demande. Le système de chauffage général produisant déjà la chaleur à partir d'une chaudière centrale, qu'elle soit à gaz, électrique ou au mazout, le coût du chauffage de la véranda sera moindre que si vous installez un système séparé. Installez deux thermostats, l'un pour contrôler la température nocturne, réglée juste au-dessus du minimum requis, et l'autre pour contrôler la température diurne, avec une horloge qui déclenchera automatiquement la mise en service. Il est indispensable d'installer un thermomètre maximum/minimum à côté du thermostat, ce dernier étant rarement fiable. En vérifiant le thermostat avec le thermomètre, vous pourrez mieux contrôler la température.

Vérifier la température

En hiver, le chauffage est indispensable à la culture des orchidées. Si les plantes peuvent survivre à une courte sécheresse, le froid leur est beaucoup plus nocif. Une nuit très froide sans chauffage risque de les endommager sérieusement.

Inspectez quotidiennement l'installation. Vérifiez que la température diurne est correcte en consultant un

À GAUCHE *Si aucun autre chauffage n'est possible, installez un poêle à paraffine. Assurez-vous que l'air circule bien autour des plantes et que les gaz de combustion peuvent s'échapper. Remplissez le réservoir à l'extérieur de la serre.*

thermomètre maximum/minimum, afin d'établir une moyenne, et notez les chutes brutales. Vous pourrez ainsi régler le thermostat de façon plus précise.

AÉRATION

Le renouvellement régulier de l'air de la serre est indispensable à la vie des plantes. L'aération aide également à contrôler la température et à éviter les surchauffes.

Au début du printemps, le soleil est de plus en plus fort et peut, certains jours, élever rapidement la température ; il faudra alors ouvrir les aérateurs (bien que, même ainsi, il soit parfois difficile de réduire la température tant que le soleil donne sur la serre). Cela implique plusieurs visites quotidiennes pour vérifier la température et régler l'aération en conséquence.

Quand le printemps fait place à l'été, le contrôle de l'aération devient plus facile, et une fois que les paillassons d'ombrage seront en place ils empêcheront une montée rapide de la température. Celle-ci ne risque plus de subir de baisse considérable et les aérateurs peuvent rester ouverts toute la journée, en allongeant peu à peu le temps d'ouverture, jusque vers le milieu de l'été où ils pourront alors rester ouverts jour et nuit, de façon permanente. C'est le meilleur moment pour les orchidées, lesquelles bénéficient de l'air frais de la nuit, la serre se réchauffant plus lentement le matin, jusqu'à la température maximale de la journée. Si la ventilation n'est pas suffisante alors, vous pouvez sans problème laisser la porte ouverte pour créer un appel d'air plus important. Dans ce cas, installez une double porte grillagée pour empêcher les chats d'entrer dans la serre. Il est aussi conseillé d'installer une alarme si la serre est ouverte à tout venant.

Quand les nuits commencent à devenir plus froides, vous devrez fermer les aérateurs plus tôt dans la soirée pour conserver la chaleur naturelle le plus longtemps possible avant la mise en service du chauffage. Par les soirées froides et pluvieuses, il devient urgent de fermer les aérateurs pour éviter une chute de température qui durerait toute la nuit et refroidirait les orchidées. De même, le matin, il faut attendre que la serre soit suffisamment

CI-DESSOUS *Ouvrir les fenêtres au moment propice n'est pas toujours possible, mais un système automatique fera le travail pour vous.*

À GAUCHE
Le ventilateur-extracteur est parfait pour réduire rapidement la température d'une serre trop chaude, et il permet en outre une meilleure aération.

À GAUCHE *Dans une petite serre vous pouvez faire circuler l'air en ouvrant simplement la porte. Couvrez l'ouverture avec un grillage pour empêcher les animaux et les insectes d'entrer.*

réchauffée avant de les ouvrir. Le but est de maintenir une température égale qui monte et descend selon le moment de la journée ou de la nuit, mais sans changements rapides d'un extrême à l'autre.

En hiver, par les jours ensoleillés ou même sans soleil, mais sans vent, il est possible d'ouvrir les aérateurs pendant de courtes périodes pour renouveler l'air de la serre et réduire la condensation. Il suffit pour cela de les entrouvrir légèrement, travail qui fait partie de la routine hivernale. Si l'aération est insuffisante, l'air devient stagnant, encourageant l'apparition de moisissures et de pourritures. Pour éviter ces problèmes, ouvrez un aérateur pendant un court moment, au milieu de la journée.

Certaines serres sont équipées d'aérateurs sur chaque pente du toit, ce qui permet une plus grande souplesse, en particulier les jours où le vent souffle – vous pouvez alors ouvrir l'aérateur du côté abrité du vent. Les aérateurs situés dans le bas et de chaque côté de la serre, juste au-dessus du sol, sont parfaits pour créer un courant d'air naturel de bas en haut. Ce courant d'air forme une légère brise qui rafraîchit les orchidées, ce qui est important pour les odontoglossums, mais pas vraiment nécessaire pour les phalaenopsis d'une serre tropicale.

Les aérateurs peuvent être équipés de façon à s'ouvrir et se fermer automatiquement, selon l'élévation et la baisse de la température, dont le niveau est prédéterminé. Certains jardiniers préfèrent les extracteurs du type utilisé dans les salles de bains ou les cuisines. L'appareil va extraire l'air chaud de la serre mais en même temps réduire l'humidité ambiante, et il devient nécessaire d'installer sous les tablettes un système appelé *mist-system* afin de garder le sol humide en permanence. L'air frais entrant par les aérateurs inférieurs se charge d'humidité avant de passer sur les orchidées puis d'être extrait à hauteur du toit par le ventilateur-extracteur.

À DROITE *Le ventilateur électrique permettra à l'air de circuler dans une petite serre, si l'aération est impossible.*

Il est également possible d'installer un petit ventilateur électrique, différent de l'extracteur et qui se contente de faire circuler l'air dans la serre, en le rafraîchissant et en le mettant en mouvement ; cela permet d'éviter les taches sur les fleurs, qui surviennent quand l'air est immobile et que l'humidité augmente. L'impression de se trouver en plein courant d'air quand vous entrez dans la serre est assez désagréable, mais le problème sera facilement résolu par la pose d'un interrupteur près de la porte.

OMBRAGE

Pendant la moitié de l'année, la serre devra être ombragée. L'ombrage est important pour empêcher les orchidées d'être brûlées par le soleil ; il permet également de maintenir la température plus fraîche. Il est nécessaire de protéger la serre dès que le soleil commence à être chaud, au début du printemps. Si vous ne pouvez pas installer les systèmes d'ombrage en temps voulu, protégez temporairement vos orchidées en posant simplement du papier journal sur leurs feuilles pendant la journée, elles pourront ainsi attendre que vous ayez le temps de fixer les paillassons. Cependant, ce procédé ne permet pas de faire baisser la température et doit rester exceptionnel.

Il existe plusieurs systèmes d'ombrage, mais le plus populaire est la maille aluminium spéciale serre, qui s'achète en rouleau et se place à l'extérieur des panneaux vitrés. Pour une petite serre, vous pouvez découper des panneaux en maille qui seront fixés en place par des crochets vissés dans l'ossature soutenant les plaques de verre. De cette façon, l'ombrage peut être facilement posé et retiré. Enlevez les panneaux si le temps est couvert, et remettez-les en place quand le soleil revient.

CI-DESSUS *Les «paillassons» en maille d'aluminium, facile à fixer sur l'extérieur du toit, protégeront les orchidées et réfléchiront la chaleur.*

Ce genre d'ombrage doit être placé à environ 15 cm du verre pour laisser passer l'air entre les deux. Les panneaux protégeront le verre et le rafraîchiront avant qu'il soit trop chauffé par le soleil. Pour les orchidées, il est parfois nécessaire d'utiliser une double épaisseur pour que l'ombre soit suffisante.

CI-DESSUS *En été, l'ombrage permet d'éviter les brûlures et de mieux contrôler la température. Fixez les panneaux de mailles sur l'intérieur des panneaux vitrés, avec des chevilles en plastique si les profilés sont en aluminium.*

CI-DESSUS *N'oubliez pas de couvrir (sans en gêner le fonctionnement) l'ouverture de l'aérateur, pour empêcher les abeilles d'entrer et de féconder les fleurs d'orchidée.*

Une autre forme d'ombrage très simple est le badigeon avec du blanc d'Espagne ou avec une peinture spéciale, sur l'extérieur du vitrage. Suivez les instructions du fabricant et passez une couche au printemps. L'ombrage va disparaître progressivement sous l'action de la pluie et, à l'automne, il

CI-DESSUS *Il est important de protéger les orchidées des ardeurs du soleil. Ce filet en maille permet aussi de baisser la température à l'intérieur de la serre.*

CI-DESSUS *La peinture spécial ombrage permet de garder la serre fraîche en été. Appliquée à la bonne dilution, elle disparaît peu à peu sous l'action de la pluie; il faut parfois la remplacer avant l'automne.*

va peu à peu laisser passer davantage de lumière. Lorsque les orchidées seront à nouveau prêtes à affronter la pleine lumière, vous pourrez nettoyer ce qui reste de peinture. Vous pouvez aussi utiliser conjointement la peinture et les rouleaux de maille, en retirant ces derniers à la fin de l'été, la peinture durant ainsi plus longtemps, et l'adaptation des orchidées à la lumière pouvant alors se faire en deux étapes.

Le grand luxe en matière d'ombrage est les stores qui se déroulent et s'enroulent automatiquement grâce à une cellule photosensible. Ils restent roulés si le temps est couvert mais dès que le soleil apparaît ils se déroulent pour protéger la serre. Vous pouvez également avoir des stores à lamelles orientables selon la quantité de lumière. Ces procédés sont assez coûteux à installer et doivent être régulièrement entretenus.

Le chauffage, le bassinage et l'aération sont des fonctions qui peuvent être entièrement automatisées. Toutes les techniques modernes rendent la culture des orchidées beaucoup plus facile qu'autrefois, quand il fallait remplir la chaudière à la pelle, tard le soir, et rouler ou dérouler constamment les stores à la manivelle, selon les variations du temps. Ces serres automatisées facilitent considérablement la culture des orchidées mais rien ne remplacera jamais le jardinier.

Ces procédés modernes doivent être un atout et non une servitude. Assurez-vous que les différents éléments sont toujours en état de marche, notamment les radiateurs électriques. N'attendez pas la panne pour vous en préoccuper. Deux radiateurs soufflants qui servent alternativement sont une bonne précaution.

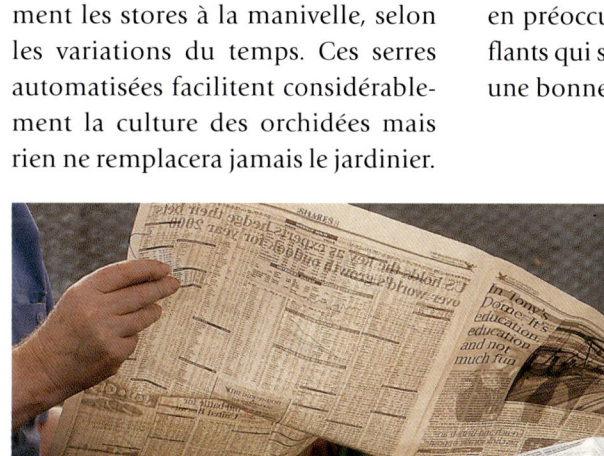

À GAUCHE *Au début du printemps, le soleil peut surprendre le jardinier. Protégez rapidement vos orchidées avec du papier journal posé sur les feuilles pendant quelques heures, avant d'installer les ombrages habituels.*

BASSINAGE

Le bassinage est une routine quotidienne qui se poursuit toute l'année. Le mieux est d'utiliser un tuyau d'arrosage relié à une arrivée d'eau. Munissez le tuyau d'une pomme en pluie et mouillez abondamment la surface du sol, sous les tablettes, en arrosant les plantes qui y poussent, ainsi que les tablettes entre les orchidées. En été, pulvérisez également les feuilles.

Au printemps et en été, bassinez la serre le matin, dès que la température commence à s'élever, et pulvérisez légèrement le feuillage. L'humidité ambiante s'élèvera aussitôt et vous sentirez la moiteur indispensable à toute culture d'orchidées. Les jours où le soleil brille, cette humidité sera évaporée vers midi et vous devrez recommencer le processus. Au plus fort de l'été, vous pouvez renouveler l'opération en fin d'après-midi. À la tombée de la nuit, l'eau en excès sera à nouveau évaporée, mais comme la température baisse l'humidité ambiante va monter naturellement et rester à un taux suffisamment élevé pendant la plus grande partie de la nuit. En été, ce régime convient aux orchidées, mais à mesure que l'hiver approche vous ne devez plus arroser après la mi-journée. En hiver il est nécessaire d'arroser le sol et entre les orchidées, mais seulement une fois par jour, le

À GAUCHE *Les orchidées poussant sur écorce demandent des pulvérisations d'eau constantes sur leur feuillage. Une fois par semaine, ajoutez un engrais foliaire dans le pulvérisateur à main.*

CI-DESSUS À DROITE *L'humidité ambiante est essentielle pour la bonne santé des orchidées. Le bassinage quotidien du sol de la serre peut se faire au tuyau d'arrosage muni d'une pomme fine.*

À DROITE *Les tuyaux asperseurs permettent de mouiller le sol. L'eau, en s'évaporant, contribue à l'humidité ambiante.*

CI-DESSUS *Les tuyaux d'aspersion diffusent un fin brouillard, en apportant l'humidité ambiante nécessaire aux plantes. Vous les trouverez dans les jardineries.*

matin. Vous cesserez les pulvérisations du feuillage, les feuilles étant alors trop longues à sécher, ce qui favorise l'apparition de pourriture et de taches. De plus, la plupart des orchidées étant alors au repos, leur feuillage doit rester sec.

Pendant les périodes de temps pluvieux en hiver, le bassinage peut être supprimé complètement, l'humidité ambiante, ainsi que l'eau d'arrosage des orchidées qui en ont encore besoin, étant suffisantes pour équilibrer la baisse de la température et de la lumière.

Pour l'amateur absent toute la journée, le système de bassinage automatique offre de grands avantages. Il consiste en deux tuyaux d'aspersion fixés l'un sous les tablettes, l'autre au-dessus, tous les deux pouvant être utilisés indépendamment, de façon à pouvoir mouiller le dessous de la plante ou le feuillage. Les tuyaux peuvent être contrôlés par programmateur, pour se déclencher toutes les deux ou trois heures en été, empêchant ainsi que les plantes se dessèchent quand vous êtes absent.

De la même façon, les aérateurs peuvent s'ouvrirent automatiquement quand la température s'élève. Ces adaptations constituent un réel avantage s'il vous est impossible d'être toujours présent pour surveiller la serre et vous permettent de partir en vacances en sachant que vos orchidées ne seront pas négligées.

CI-DESSUS *Les humidificateurs diffusent un brouillard de gouttelettes microscopiques qui donne exactement le taux d'humidité nécessaire pour une petite serre.*

Maclellanara *Pagan Lovesong* 'Carol Ann'

SOINS ET CULTURE

Tout le monde peut cultiver des orchidées, à condition d'avoir certaines affinités avec les plantes. Il n'est pas indispensable de posséder un jardin ou une serre. Il existe des orchidées qui poussent très bien en appartement, si les conditions requises sont bien comprises et observées avec attention. Si vous vivez dans une région tropicale, vous pouvez, bien entendu, cultiver en extérieur les nombreuses orchidées tropicales, mais si vous habitez dans une région tempérée, vous devrez vous limiter à un petit nombre d'orchidées hivernantes, dans le jardin ou sur la terrasse. Ces orchidées deviennent en fait de plus en plus populaires depuis qu'on les trouve dans les jardineries. Si vous avez la chance de posséder une serre ou si vous projetez d'en acheter une, le monde des orchidées vous est alors ouvert, et d'innombrables possibilités vous sont offertes de cultiver et connaître les nombreuses orchidées disponibles sur le marché. Ce chapitre décrit en détail la culture des diverses orchidées, quelles que soient les conditions dans lesquelles il vous est possible de les installer.

Système d'aspersion automatique

OUTILS ET MATÉRIEL

Les outils et le matériel nécessaires pour soigner vos orchidées dépendront de l'importance de vos projets. Si vous désirez cultiver seulement quelques orchidées en pot, il ne vous faudra que très peu d'outils, mais si vous voulez établir une grande collection dans une serre, vous aurez besoin d'un matériel plus spécialisé.

OUTILS DE BASE
Flacon d'alcool dénaturé
Thermomètre maximum/minimum
Étiquettes pour plantes
Greffoir ou serpette de jardinier
Pulvérisateur à main
Scie
Ciseaux ou sécateur
Arrosoir

étiquettes pour plantes

arrosoir

À GAUCHE *Selon leur type, les orchidées peuvent être cultivées de diverses façons, dans des pots de tailles variées ou des paniers en bois, sur écorces, morceaux de fougères arborescentes ou sur du liège.*

OUTILS DE BASE

Il faut très peu d'outils pour soigner les orchidées et l'équipement est très réduit. Si vous commencez une petite collection, il n'est pas nécessaire d'acheter un matériel coûteux, mais à mesure que grandira votre intérêt pour les orchidées, vous découvrirez que certains accessoires vous permettront d'améliorer les conditions de culture.

Une serpette de jardinier, à avoir toujours sous la main, sera sans doute l'outil le plus utile. La lame doit toujours être parfaitement aiguisée et stérilisée chaque fois que vous coupez une partie de la plante. Elle vous servira au moment du rempotage, pour couper les parties mortes ou diviser les touffes. Certains jardiniers préfèrent les ciseaux ou le sécateur, tout dépend de votre goût personnel. Gardez un flacon d'alcool dénaturé à portée de main pour y tremper vos outils, ce qui évitera de répandre les virus et autres maladies qui pourraient affecter une plante.

L'équipement de base nécessaire pour commencer à cultiver des orchidées en serre se compose d'un radiateur et d'un thermomètre maximum/minimum. Il est indispensable de surveiller les températures diurnes et nocturnes. D'autres accessoires, dont ceux illustrés sur cette page, peuvent s'y ajouter si vous le désirez.

Si vous commencez à cultiver des orchidées chez vous, il vous faudra également un thermomètre maximum/minimum, ainsi qu'un bac servant à recueillir l'eau et les galets pour assurer l'humidité ambiante suffisante autour des plantes.

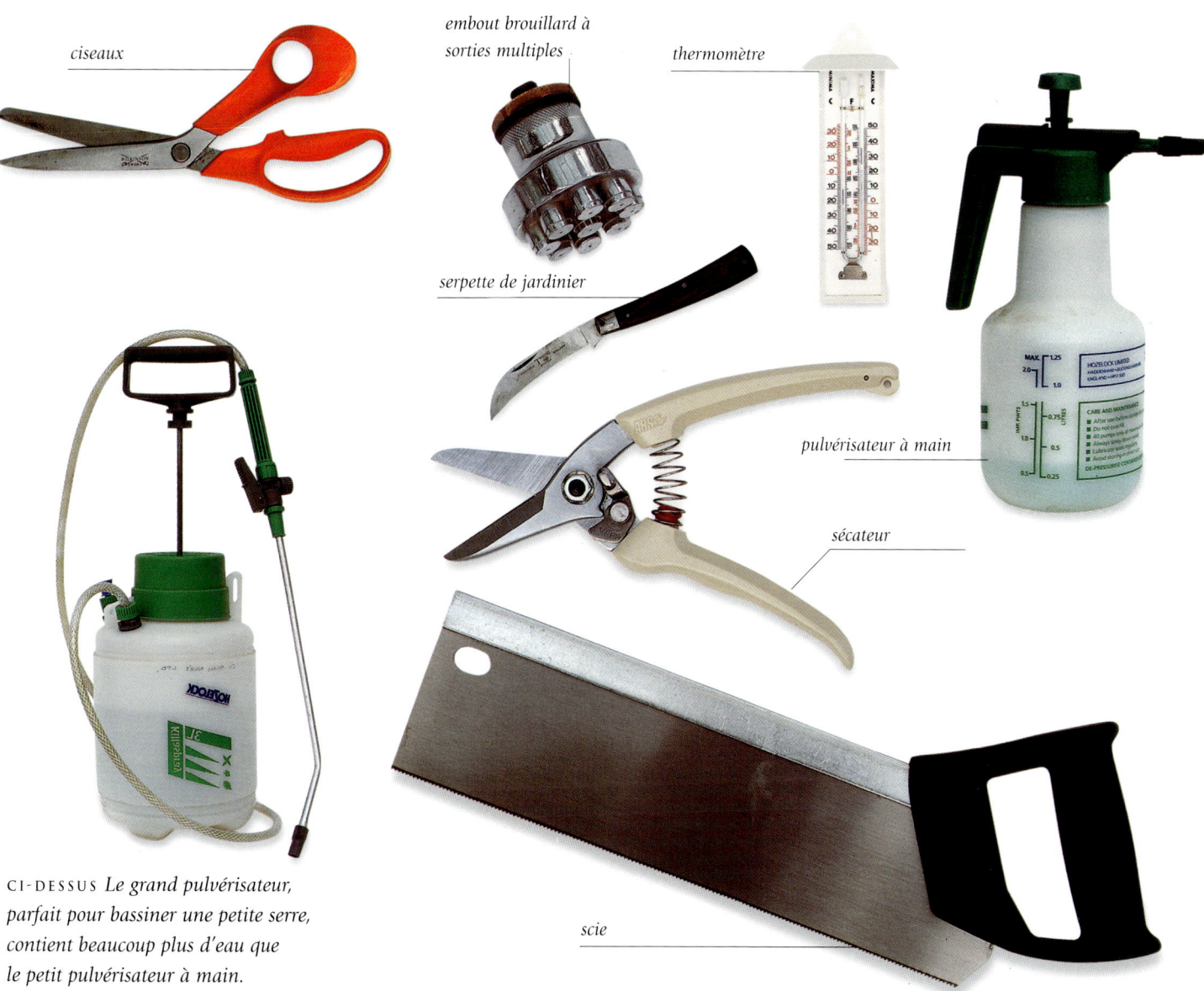

CI-DESSUS *Le grand pulvérisateur, parfait pour bassiner une petite serre, contient beaucoup plus d'eau que le petit pulvérisateur à main.*

SUBSTRATS

Beaucoup d'orchidées poussent aussi bien sur de l'écorce que sur un substrat, mais quel que soit ce dernier, il doit être poreux, avec un bon drainage. La plupart des orchidées acceptent d'avoir leur système radiculaire à l'étroit dans un contenant, à condition que l'air puisse circuler entre les racines.

COMPOSTS

Les épiphytes tropicaux poussent sur les branches et les troncs des arbres, avec des racines pendantes, suspendues en l'air, ou qui s'accrochent à l'écorce, rampant dans les crevasses, à la recherche de l'humus ou des feuilles en décomposition à la jonction des branches. L'air circule donc facilement autour des racines, d'où l'importance d'un substrat poreux, bien drainant.

Les orchidées terrestres ont des besoins différents. Certaines préfèrent les prairies herbues à la terre bien drainée, d'autres aiment les tourbières humides en permanence, et sous les tropiques de nombreuses espèces vivent dans les plaines de la savane où, pendant la saison sèche, elles se déshydratent complètement. Leurs rhizomes se trouvent juste sous la surface ou très enterrés, selon l'espèce. Le système radiculaire se contente parfois de pénétrer la couche de mousse superficielle, ou s'enfonce au contraire profondément, en quête d'humidité.

Premiers substrats organiques

Après quelques expériences désastreuses et faux départs au tout début de la culture des orchidées, l'un des premiers substrats était composé de morceaux durs et compacts de tourbe de carex mélangés avec du terreau de feuilles lourd. Le mélange était trop dense et les racines ne pouvaient pénétrer assez profondément, empêchant le système radiculaire de se développer.

Il fallut attendre le début du XXe siècle pour trouver un substrat de qualité, fait de fibre d'*Osmunda* et de sphaigne. À cette époque, les racines de la fougère royale (*Osmunda regalis*) étaient utilisées comme ballast dans les navires revenant des États-Unis vers l'Europe et la Grande-Bretagne. C'était là leur seul usage jusqu'à ce que les pépiniéristes d'orchidées les découvrent. Elles furent alors importées en énormes quantités pour satisfaire la demande, ainsi que d'autres espèces d'*Osmunda* d'Europe et du Japon. Elles arrivaient en gros morceaux qu'il fallait nettoyer, effiler en fibres et hacher. Les fibres préparées étaient ensuite mélangées avec de la sphaigne fraîche, vivante, ramassée localement dans les tourbières. Il fallait beaucoup d'expérience et d'habileté pour que les orchidées soient bien tassées dans le pot tout en laissant facilement passer l'eau. La manière dont une plante était rempotée avait une grande incidence sur son futur développement. Bien qu'il fût cher et long à préparer, ce mélange forma un substrat idéal pendant plus de cinquante ans. L'un des facteurs de succès était la mousse vivante qui formait un tapis vert sur la surface. Cependant, lorsqu'il devint à la mode de fertiliser

À GAUCHE *Gamme de pots en plastique et en terre cuite. Les substrats sont (sens des aiguilles d'une montre, de gauche à droite) : laine de roche, écorce grossière, tourbe de sphaigne, écorce fine, et Fanjan.*

CI-DESSUS *Les copeaux de polystyrène forment un excellent drainage.*

les orchidées, l'engrais tua la mousse, et le substrat se détériora pour se décomposer en une masse suintante. Il fallut chercher autre chose.

Substrat d'écorce

Tous les éléments nécessaires d'un bon substrat furent découverts dans l'écorce du cèdre rouge américain, bien qu'en Angleterre, où des plantations de pins de Corse et de pins d'Écosse furent abattues, l'écorce de ces arbres se révélât un bon substitut. Le substrat d'écorce était beaucoup moins cher à produire et plus facile à manipuler que l'ancien mélange de mousse et de fibres, et on le trouve aujourd'hui dans le monde entier. Produit localement à partir d'arbres abattus, on peut se le procurer dans les jardineries et chez les spécialistes. Il existe en différentes grosseurs, convenant aux jeunes plants ou aux pieds adultes. Il ne doit pas être confondu avec l'écorce vendue dans les jardineries pour pailler les massifs.

L'écorce est lente à se décomposer et ne se dégrade pas sous l'action des engrais. Elle reste en bon état plusieurs années, en libérant lentement ses nutriments. Elle maintient la bonne quantité d'humidité pour les racines, mais sans rester trop mouillée après l'arrosage. Elle peut être utilisée seule ou mélangée à d'autres matériaux, si nécessaire.

Si vous trouvez que vos orchidées souffrent de sécheresse et qu'il est difficile de maintenir le substrat d'écorce suffisamment humide, ajoutez au mélange environ un tiers de sphaigne ou autre tourbe fibreuse. Un substitut de tourbe convient aussi, mais il devra sans doute être tamisé pour retirer les particules trop fines. Le mélange sera un peu plus humide, ce qui peut être un avantage si vous ne pouvez vous occuper de vos orchidées aussi souvent que vous le désirez. À ce mélange de base vous pouvez ajouter un petit pourcentage de charbon de bois qui empêchera le compost de surir. Achetez du charbon de bois horticole en granulés dans les jardineries ou chez un pépiniériste spécialisé. Ce charbon de bois n'est pas le même que celui des barbecues, qui est traité pour brûler lentement et ne convient pas aux orchidées.

À GAUCHE *La tourbe de sphaigne existe en tablettes qui, une fois mouillées, gonflent, reprennent leur taille originale et peuvent être utilisées dans le substrat ou pour doubler les paniers suspendus.*

SUBSTRATS ORGANIQUES

Écorce grossièrement concassée

Écorce et fibre de cocotier

Substrat grossier composé d'écorce et de tourbe fibreuse

Substrats inorganiques

Outre les substrats organiques, il existe plusieurs substituts synthétiques, bon marché et faciles d'emploi, qui offrent l'avantage de ne pas se décomposer, empêchant ainsi toute pourriture des racines.

Parmi ces matériaux se trouve la laine de roche Rockwool, produite pour l'industrie horticole à partir de la pierre ponce volcanique, qui ressemble à de l'ouate brune et dont la surface est parfois tachée de vert à cause d'une algue qui pousse grâce à ses nutriments. Elle offre une base hydroponique pour la culture des légumes comme les aubergines, les concombres et les tomates, de même que pour les œillets (commerce de la fleur coupée). La laine de roche dure très longtemps et permet aux plantes de pousser avec une nourriture parfaitement étudiée. Elle existe sous deux formes, absorbante et non absorbante. La première retient beaucoup plus d'eau autour des racines, ce qui convient à certaines orchidées, l'autre type fournissant un substrat nettement plus sec. De nombreux pépiniéristes préfèrent mélanger les deux pour donner un substrat idéal qui retient suffisamment d'eau pendant une période prolongée, mais a la capacité de conserver des poches d'air. Le Rockwool est versé directement dans le pot, mais doit être bien tassé. Pour cela, portez des gants et un masque, les fibres pouvant irriter la peau.

Un autre matériau populaire, qui s'utilise comme le Rockwool, est la mousse horticole synthétique, qui peut être ajoutée au Rockwool ou à de l'écorce organique et des mélanges de tourbe.

Le perlag et la perlite sont tous deux des produits horticoles poreux faits à partir des roches volcaniques. Ils peuvent être employés seuls pour certaines orchidées comme les cattleyas, ou comme agrégat pour aérer le Rockwool ou les mélanges d'écorces et de tourbe. À Hawaii, la pierre ponce produite localement est très utilisée pour les orchidées.

L'un des avantages de ces matériaux inorganiques est leur légèreté. De plus, quand les plantes sont rempotées, l'ancien substrat peut rester en place, sans déranger les racines. Il est cependant nécessaire d'apporter aux orchidées les nutriments indispensables sous forme d'engrais, ces matériaux synthétiques n'ayant aucune valeur nutritive.

Vous pouvez facilement transférer une orchidée poussant dans un substrat organique dans un mélange inorganique, et *vice versa*, mais n'essayez pas de mélanger les deux substrats dans le même pot, les techniques d'arrosage étant différentes pour l'un et l'autre type.

Certains jardiniers fabriquent leur propre substrat avec les matériaux locaux disponibles, dont les feuilles de chêne séchées et les faines de hêtre, mélangées avec des sphaignes. Le mélange peut réussir quand il est composé par un pépiniériste expérimenté, mais les débutants auront intérêt à se renseigner auprès du pépiniériste d'orchidées le plus proche.

SUBSTRATS INORGANIQUES

Le Rockwool est un substrat de rempotage apprécié des professionnels.

Ce mélange d'écorce, perlite et tourbe est parfait pour les orchidées terrestres.

La mousse horticole retient l'humidité et peut remplacer la tourbe.

La perlite, formée de fins granulés, est idéale pour aérer le compost. Ajoutez à de la mousse horticole et de la tourbe.

Le perlag est plus grossier que la perlite et peut servir de drainage dans le fond des pots.

Le hortag, formé de billes d'argile, peut être utilisé pour le drainage ou pour recouvrir les tablettes.

CHANGER LE SUBSTRAT

Avec le temps, les substrats à base d'écorce et de tourbe se désintègrent et le rempotage devient indispensable. Une plante dont les feuilles tombent soudain en grand nombre ou se flétrissent a peut-être perdu ses racines, ce dont vous vous apercevrez en dépotant la plante pour l'examiner.

Un substrat en bon état doit avoir une agréable odeur d'humidité. S'il sent le sûr, il est probablement désintégré à tel point que la plante ne peut plus en tirer aucun bénéfice. Le compost détérioré se dissout en petites particules qui vont descendre dans le fond du pot avec l'eau d'arrosage, boucher le trou de drainage en laissant l'eau stagner et accélérer le processus de décomposition.

Les insectes prédateurs comme les cloportes vont aussi désintégrer le substrat en accélérant la détérioration. Quand le substrat s'est complètement désintégré les racines ne peuvent plus se nourrir et vont rapidement mourir. Il devient alors urgent de rempoter. Commencez par couper toutes les racines mortes, retirez l'ancien substrat puis remplacez-le par un nouveau.

Des racines qui encerclent le bord du pot sans pénétrer jusqu'au fond montrent que le substrat ne convient pas à la plante. Le substrat est peut-être trop dense pour laisser passer les racines et, là encore, il est nécessaire de rempoter. Les phalaenopsis sont particulièrement réticents à plonger leur système radiculaire dans un substrat qu'ils n'aiment pas, et préfèrent étendre leurs racines en l'air par-dessus le pot, où elles vont adhérer à toute surface sur laquelle elles se posent. Ces orchidées aiment particulièrement les substrats poreux, aérés, où leurs racines peuvent respirer.

La plupart des substrats sont vendus à l'état sec pour en diminuer le poids, mais ils doivent être réhumidifiés avant utilisation. Retirez du sac la quantité de substrat nécessaire à vos besoins, et arrosez-le bien, en le laissant s'égoutter toute la nuit. Le jour suivant il aura juste la bonne consistance. S'il vous reste du substrat humide, ne le remettez pas tel quel dans le sac mais laissez-le d'abord sécher. Si vous le remettiez mouillé, il moisirait rapidement, en contaminant tout le contenu du sac. Conservez toujours au sec le substrat pour orchidées mais mouillez-le avant usage.

CI-DESSOUS *Cymbidium Mini Ice 'Antarctic' est spectaculaire dans un pot carré galvanisé. Cet hybride de petite taille, parfait pour un espace limité, offrira de nombreuses fleurs au début du printemps. Arrosez la plante toute l'année et fertilisez-la pendant une grande partie de l'année.*

REMPOTAGE ET TUTEURAGE

On peut cultiver les orchidées de différentes façons, en s'inspirant de leurs habitudes naturelles. Vous pouvez les planter dans des contenants variés, des paniers suspendus ou de l'écorce.

ORCHIDÉES EN CONTENANTS

Les orchidées poussent dans toutes les sortes de contenants ou presque, mais pour des raisons pratiques, elles sont généralement cultivées dans des pots en plastique, légers, qui restent propres malgré l'humidité et peuvent être lavés et réutilisés. Autrefois considérés comme préférables au plastique parce qu'ils gardaient les racines plus fraîches par temps chaud, les pots en terre cuite conviennent également, mais ils sont coûteux et les grands pots sont parfois très lourds. De plus, étant poreux, ils sèchent plus vite ; il est donc plus facile de maintenir un substrat humide avec des pots en plastique.

Le pot doit être aussi petit que possible. On peut être tenté de donner à la plante un grand pot, mais si la masse de substrat est trop importante autour des racines, elles ne seront pas capables d'extraire assez vite l'humidité du substrat et risquent alors de pourrir. Un trop grand pot signifie des arrosages trop abondants avec des résultats désastreux. En moyenne, les orchidées doivent être rempotées tous les deux ans. Les plantes bien enracinées peuvent attendre un peu plus, surtout si elles ne sortent pas de leur pot, mais une jeune plante doit être rempotée tous les six mois environ afin de maintenir un rythme de croissance régulier.

Rempotage des orchidées

Lorsque la plante a rempli son pot et qu'il n'y a plus de place pour la formation de nouveaux pseudo-bulbes, il est temps de la rempoter dans un pot plus grand. Certaines orchidées, en particulier les cymbidiums, qui ont un système radiculaire très épais et très vigoureux, vont souvent se soulever toutes seules avec leurs racines, avant de remplir la surface du substrat avec des pseudo-bulbes. Il faut alors les rempoter dès que possible, l'arrosage devenant extrêmement difficile. Les orchidées doivent aussi être rempotées quand le substrat s'est assez détérioré pour que vous puissiez y enfoncer le doigt.

À GAUCHE *Les orchidées peuvent être présentées dans divers contenants. Cette présentation comprend les orchidées suivantes, de gauche à droite :* Ludisia discolor *dans le pot vert pâle ;* Miltonidium *Pupukea Sunset dans le petit pot carré, et* Miltonia confusa *dans le grand pot carré.*

Rempotage d'une orchidée

Quand une orchidée remplit son pot et qu'aucun nouveau pseudo-bulbe ne peut y être planté, changez-la de pot.

❶ Ce cymbidium est sorti de son pot et commence à se soulever avec ses racines.

❷ Faites glisser l'orchidée hors de son pot et vérifiez les racines qui, ici, sont bien saines.

❸ Choisissez un pot de la taille juste supérieure et tapissez la base de flocons de polystyrène.

❹ Mettez la plante dans le pot, la partie la plus ancienne en contact avec une paroi, permettant aux nouvelles pousses de se développer. Laissez un espace de 2 ou 3 cm dans le haut du pot pour l'arrosage.

❺ Ajoutez du substrat neuf de la grosseur appropriée et tassez-le avec les doigts. (Si l'orchidée a des racines minces, utilisez pour cela un fin tuteur.)

❻ Arrosez abondamment le pot pour tasser la plante. Vérifiez que l'eau s'écoule rapidement et que les racines ne sont pas plongées dans l'eau.

Le meilleur moment pour rempoter est le printemps, mais uniquement si la plante n'est pas en fleur. La plupart des orchidées commencent leur croissance à cette époque et sont bonnes à rempoter quand les jeunes pousses atteignent une dizaine de centimètres, juste avant la formation des nouvelles racines qui apparaissent toujours après la période de croissance. Quand ces nouvelles racines commencent à pousser, elles pénètrent aussitôt dans le nouveau compost, ce qui élimine tout danger de cassure. Un autre moment propice pour le rempotage est l'automne, spécialement pour de nombreux cattleyas qui, alors, produisent souvent de nouvelles racines, en même temps que des jeunes plants qui doivent continuer à pousser pendant l'hiver. Les plantes de l'alliance *Odontoglossum* et toutes celles qui continuent à pousser en hiver peuvent aussi être rempotées à l'automne. Ne rempotez pas les orchidées qui commencent à hiberner, comme les coelogynes ou les encyclias.

Pour rempoter vos orchidées, il vous faut une table de rempotage assez grande pour travailler à l'aise. Préparez une quantité suffisante de substrat humide, des pots de diverses tailles et des matériaux pour le drainage, polystyrène émietté ou copeaux servant à l'emballage. Il vous faut aussi un sécateur ou des ciseaux et une serpette bien aiguisée (ou un greffoir), ainsi qu'un désinfectant et quelques feuilles de papier journal.

Il y a deux façons de rempoter. La première (par glissement) est utilisée quand les racines des jeunes plantes n'ont pas besoin d'être rafraîchies et quand le substrat est en bon état et peut être laissé en place. Cette méthode, qui ne dérange pas la plante, peut être suivie à tout moment de l'année, mais évitez les mois les plus chauds et les plus froids où la plante risquerait d'être stressée, ce qui ralentirait sa pousse.

La seconde méthode est un rempotage complet ; il faut dégager tout le vieux substrat, jeter les racines mortes et retirer les pseudo-bulbes en surplus, morts ou sans feuilles. Cette méthode peut être employée pour éclater de grosses plantes et réduire leur taille si nécessaire, si bien qu'elles peuvent souvent retourner dans le même pot.

Faire glisser la plante

Pour faire glisser une plante, retirez son pot en le retournant et en le tapotant sur le bord de la table. Il doit glisser sans difficulté et vous verrez alors une motte de racines blanches maintenant le compost en place. Choisissez un nouveau pot plus grand de 5 cm, qui donnera assez de place à la plante pour les deux années à venir. Pour une orchidée jeune, non encore adulte, qui devra être à nouveau rempotée quelques mois plus tard, prenez un pot plus grand de 2 ou 3 cm. Mettez une couche de matériau de drainage dans le fond du pot en la recouvrant d'un peu de compost. Posez la plante dessus, la base des nouvelles pousses devant

À GAUCHE
Gongora maculata *peut pousser en pot ou en panier suspendu, dans un compost d'écorce fine. Elle doit être arrosée et fertilisée en été.*

être au niveau du bord du pot. Si elle est très haute, retirez un peu de substrat de la base afin de l'enfoncer davantage dans le pot. Placez-la pour que les vieux pseudo-bulbes se trouvent contre une paroi du pot, laissant ainsi de l'espace à la plante pour se développer. Si vous rempotez un phalaenopsis ou autre type monopodial, placez la plante au centre du pot, en vous rappelant qu'elle va pousser en hauteur plus qu'en largeur.

Maintenez la plante et versez le substrat tout autour, en le tassant bien jusqu'à ce que le pot soit plein. Le substrat doit être le même que celui dans lequel la plante a grandi. N'essayez pas de mélanger l'écorce ou la tourbe avec du Rockwool ou un autre matériau synthétique, les deux types de matériaux réclamant des méthodes d'arrosage différentes. Si vous utilisez du Rockwool, versez-le de même dans la cavité mais ne le tassez pas comme l'écorce ou la tourbe. Il doit au contraire rester aéré, tout en maintenant fermement la plante.

Rempoter et diviser

Sur de vieilles plantes qui, au cours des années, ont produit un grand nombre de pseudo-bulbes, on en trouve plusieurs sans feuilles. Les pseudo-bulbes ne sont pas forcément morts, et s'ils sont encore verts et charnus ils conservent sans doute un peu d'énergie. En fait ils nourrissent les nouveaux pseudo-bulbes feuillus. Cependant, si les pseudo-bulbes sans feuilles sont plus nombreux que les feuillus, ils risquent d'épuiser la plante mère et doivent être retirés. S'il y a plus d'une nouvelle pousse, il est possible de séparer la plante en deux sections ou plus, à condition que chacune porte au moins une nouvelle pousse. Pour maintenir la floraison, la section doit avoir au moins trois pseudo-bulbes feuillus par nouvelle pousse. Dans ces

Rempotage et division

Par cette méthode, vous rempotez complètement l'orchidée, en retirant le vieux compost et les pseudo-bulbes en surplus, morts ou sans feuilles, et en coupant les racines mortes. Vous pouvez diviser ainsi des plantes trop grosses, qui retourneront ensuite dans le même pot. Séparez la plante en deux ou plusieurs sections, à condition que chacune comporte une jeune pousse. N'oubliez pas que, pour maintenir la floraison, une section doit présenter au moins trois pseudo-bulbes feuillus, avec une nouvelle pousse.

❶ Après plusieurs années dans le même pot, ce cymbidium est prêt pour une division. Préparez du substrat neuf et des copeaux de polystyrène pour le drainage.

❷ Retirez la plante de son pot et, avec une serpette ou un greffoir bien aiguisé, tranchez la motte entre les rhizomes.

❸ Les deux moitiés, avec un même nombre de pseudo-bulbes et de nouvelles pousses, vont être préparées.

❹ Coupez toutes les racines mortes et retirez le vieux substrat, en gardant une motte de taille raisonnable.

❺ Prenez un pot de la taille requise et mettez une couche de drainage dans le fond (copeaux de polystyrène).

conditions, vous pouvez séparer votre plante en autant de sections qu'il est possible de le faire sans risques. Les pousses restantes comportant moins de trois pseudo-bulbes ne fleuriront que deux ou trois ans plus tard.

Ces plantes sont probablement dans le même pot depuis plus de deux ans et elles vont être très difficiles à dégager. Vous pouvez essayer de taper le pot sur le rebord de la table et de glisser la serpette le long du bord intérieur pour libérer les racines, mais si la plante est encore fermement fixée, vous devrez couper (ou casser) le pot, ce qui arrive souvent avec les cattleyas

❻ Mettez la plante dans le pot de façon que la base du pseudo-bulbe soit juste sous le rebord. Maintenez-la fermement d'une main et ajoutez du substrat de l'autre.

❼ Après rempotage, étiquetez chaque section avec la date et le nom de la plante. Les nouvelles plantes peuvent rester dans le même pot deux ou trois ans. Attendez quelques jours pour arroser.

À GAUCHE
Cymbidium *Embers 'Yowie Bay'*, orchidée miniature, pousse à l'intérieur avec une bonne lumière, et peut être placée dehors pendant l'été.

CI-DESSOUS
Phalaenopsis *Mad Milva* fleurit pendant plusieurs semaines et aime la chaleur, mais pas le soleil direct.

dont les racines adhèrent à l'intérieur. Avant de commencer, étalez du papier journal sur la table et tenez la plante au-dessus. Vous pourrez ainsi récupérer et jeter le vieux substrat qui ne se mélangera pas avec le nouveau.

Après avoir retiré la plante de son pot, examinez les racines, qui doivent être blanches et charnues. Les racines noires sont mortes et seront retirées au couteau, ce qui est parfois difficile si la motte de racines est compacte. Dans ce cas, il vaut mieux couper au milieu de la motte, à l'endroit où vous voulez diviser la plante. Coupez entre les pseudo-bulbes et la plante se séparera. Au centre de la motte de racines se trouve l'ancien substrat décomposé et des racines mortes. Dégagez le vieux substrat et les racines et coupez celles qui sont mortes à ras de la base. Les racines mortes sont creuses et la couche extérieure s'épluche en laissant voir le cœur. Certaines racines vivantes peuvent être très longues et vous devez les raccourcir à environ 15 cm. Laissez juste le bon nombre de pseudo-bulbes sur chaque section, en vous assurant que le nombre de bulbes feuillus est supérieur à celui des bulbes non feuillus. Généralement il suffit de laisser un ou deux bulbes dormants pour nourrir la plante. Retirez ceux qui restent en coupant le rhizome – sans couper la base des pseudo-bulbes – et placez-les sur un côté. Si vous voulez augmenter votre stock de plantes par la propagation, ces bulbes peuvent être rempotés seuls. Ils produiront souvent une nouvelle pousse qui fleurira en quelques années.

Au lieu d'une plante mal entretenue, vous avez maintenant deux ou plusieurs plantes plus petites et bien nettes. Rempotez-les dans des pots de la même taille que celui de la vieille orchidée, ce qui devrait leur permettre d'y rester deux ans. Placez la plante contre une paroi du pot, les vieux pseudo-bulbes à l'arrière et les pousses récentes se retrouvant au centre. Drainez la base du nouveau pot et ajoutez assez de substrat pour que, la plante étant dans le pot, la base des nouvelles pousses soit à ras du rebord ou juste en dessous. Complétez avec du substrat, en le glissant sous et autour des racines afin de supprimer les poches d'air, jusqu'à ce que la plante soit fermement fixée en place, le compost arrivant juste sous le rebord du pot, ce qui l'empêchera d'être entraîné par l'eau d'arrosage.

Il n'est pas toujours nécessaire de diviser les grosses plantes, à moins que vous ne vouliez augmenter votre stock. Les espèces de petite taille peuvent rester telles quelles, à condition que la plupart des pseudo-bulbes soient feuillus. Quand il existe un amas de pseudo-bulbes sans feuilles au centre d'une plante, vous devez les retirer ou en réduire le nombre avant qu'ils affaiblissent la plante. La seule exception concerne les lycastes et les angulocastes caduques, où seul le pseudo-bulbe principal est feuillu.

Quand vous avez divisé votre plante, n'oubliez pas d'attacher des étiquettes sur chaque section de la plante. Remettez les plantes dans leur espace habituel et pulvérisez légèrement de l'eau sur les feuilles pour empêcher toute déshydratation après la réduction des racines. Arrosez après quelques jours, en laissant aux racines coupées le temps de cicatriser avant d'être à nouveau mouillées. Arrosez avec précaution pendant quelque temps, jusqu'à ce que vous soyez sûr que les nouvelles racines ont commencé à se développer à partir des pousses récentes. Vous pouvez alors reprendre les arrosages habituels et la fertilisation. Après un rempotage, attendez-vous à ce que la plante se flétrisse un peu ou perde des feuilles, jusqu'à ce que les

CI-DESSUS *Dendrochilum glumaceum fleurit pendant trois semaines et exhale son parfum au début du printemps.*

racines poussent. Ainsi est-il préférable de rempoter au printemps, juste avant la formation des nouvelles racines. Rempoter une plante à la mauvaise époque risque de la faire souffrir jusqu'à l'apparition des nouvelles racines.

Environ six semaines plus tard, retirez le pot d'une plante pour vérifier les nouvelles racines. Vous serez surpris de leurs progrès, le substrat étant alors envahi. Dans le cas contraire et si la plante continue à souffrir, il vaut mieux la mettre dans un coffre à multiplication en serre, la chaleur aidant les nouvelles pousses à se former.

CI-DESSUS *Miltonia confusa est une espèce parfumée de Costa Rica qui, en hiver et au printemps, produit des fleurs flamboyantes rouges et vertes.*

ORCHIDÉES EN PANIERS SUSPENDUS

Une autre méthode de culture des orchidées est le panier suspendu. Il convient particulièrement pour celles qui demandent beaucoup de lumière ou dont les fleurs sont pendantes. Les stanhopeas produisent à la base de la plante des hampes florales qui s'enfoncent dans le compost pour produire leurs fleurs sous le panier ou sur les côtés. Si ces orchidées poussaient dans un pot classique, elles ne pourraient fleurir.

Il existe plusieurs sortes de contenants permettant de suspendre les stanhopeas et autres du même genre, de la caisse en lattes de bois, facile à réaliser, aux paniers pour plantes aquatiques, en plastique vert ou noir, qui offrent tout l'espace voulu pour les racines et pour laisser passer les hampes fleuries. Les petites plantes cultivées en paniers peuvent y rester plusieurs années jusqu'à ce qu'elles dissimulent complètement le contenant. De temps en temps, on doit rajouter un peu de substrat, lorsque les arrosages l'ont fait disparaître.

CI-DESSUS Cymbidium *Sarah Jean 'Icicle'* est un bel hybride toujours décoratif. Arrosez régulièrement la plante pendant toute l'année, mais évitez de trop la mouiller en hiver. Placez-la dans une pièce fraîche, loin de toute source de chaleur ou de courants d'air.

ORCHIDÉES POUR PANIERS SUSPENDUS

Acineta superba
Bulbophyllums (tous)
Cirrhopetalums (tous)
Coelogyne cristata
Cymbidiums (certains)
Dendrochilum cobbianum
Encyclia radiata
Gongora maculata
Miltonia flavescens
Stanhopeas (tous)

Fabriquer et planter un panier suspendu d'orchidées

Les paniers seront réalisés en tasseaux de 1 cm. Les bois durs comme le chêne ou le teck durent longtemps et ne pourrissent pas. Les bois tendres sont moins chers. Les claires-voies laissent passer les racines et les hampes à fleurs. La méthode de rempotage est la même que pour tout autre contenant, mais si le panier n'est pas très haut vous devrez tailler la motte aux dimensions. Les petites orchidées laissées en place pendant plusieurs années finissent par cacher complètement le panier.

❶ Un panier à orchidées peut être fait en tasseaux de bois dur ou tendre. Quand l'orchidée sort de son panier, après trois ou quatre ans, vous pouvez jeter celui-ci et en fabriquer un autre.

❷ Il faut dix-huit longueurs de tasseaux pour faire le panier. Choisissez la largeur et la profondeur du panier puis sciez les tasseaux à la longueur. Clouez les tasseaux entre eux en les espaçant.

❸ Pour planter l'orchidée, il vous faut de quoi doubler le panier (sphaigne par exemple), du substrat d'écorce, un sécateur et des étiquettes pour plantes.

❹ Cette *Stanhopea*, après de nombreuses années dans son panier, est prête à être divisée. Retirez le vieux panier pour couper la plante au sécateur.

❺ Nettoyez chaque section de ses racines mortes. Retirez les bulbes superflus.

❻ Tapissez le panier de mousse, de fibres de cocotier ou autre matière similaire.

❼ Maintenez la *Stanhopea* dans le panier et remplissez ce dernier de substrat. La plante restera en place trois ou quatre ans.

❽ La *Stanhopea* fleurit à la fin de la première année. Les longs épis pénètrent le substrat pour former une suspension fleurie.

ORCHIDÉES SUR ÉCORCE

Plusieurs espèces épiphytes parmi les plus petites forment de parfaits spécimens à cultiver sur écorce, ce qui est une charmante façon de faire pousser les orchidées, et offre l'avantage, si vous les accrochez aux parois latérales, de libérer les tablettes de la serre.

Les plantes conseillées pour la culture sur écorce sont celles dont les pseudo-bulbes poussent sur un rhizome dressé vers le haut, comme *Oncidium flexuosum*, *Maxillaria tenuifolia* et plusieurs bulbophyllums.

Votre plante sort peut-être déjà plus ou moins de son pot, avec un certain nombre de racines aériennes qui n'ont pas pénétré dans le substrat. Dépotez-la et retirez le vieux substrat et les bulbes en surplus. Elle est maintenant prête à être montée sur l'écorce.

Préparez de quoi entourer la plante pour la garder humide – mélange de sphaigne et de fibre de cocotier par exemple (vous trouverez les deux dans les jardineries spécialisées). Choisissez un morceau d'écorce de chêne liège ou autre bois similaire de la taille convenant à la plante, en laissant de la place pour sa croissance. Faites un crochet en enfonçant un morceau de fil de fer dans le haut de l'écorce. Il vous faut aussi une longueur de fil de fer plastifié mince et une pince.

Entourez la base de la plante avec un tampon de mousse et de fibres, sans recouvrir les pseudo-bulbes, et posez un autre tampon directement sur l'écorce. Placez la plante sur ce dernier, les nouvelles pousses du dessus vers l'écorce. Si c'est une orchidée pendante, comme *Brassavola nodosa*, mettez-la à l'envers. Quand elle est en place, attachez-la fermement en entourant la base avec du fil de fer plastifié et en faisant attention à ne pas entamer de pseudo-bulbes. Serrez bien et tortillez les extrémités du fil de fer ensemble à l'aide de la pince, puis coupez-le. Si nécessaire, posez un autre fil de fer plus haut. La plante doit être bien fixée sur son écorce. Si elle bouge, elle ne s'enracinera pas dans l'écorce ou végétera. Terminez en coupant la mousse du bas aux ciseaux pour donner un aspect bien net. Vaporisez de l'eau quotidiennement sur la plante et faites-la tremper de temps à autre pour que la base reste humide. Les plantes

CI-DESSUS *Hartwegia (syn. Nageliella) purpurea est une espèce intéressante qui pousse bien sur le bois. Les petites fleurs sont produites à l'extrémité de longues hampes très fines. Elle fleurit une grande partie de l'année.*

ORCHIDÉES POUR CULTURE SUR ÉCORCE

Brassia verrucosa
Dendrobium miyakei
Dendrobium victoria-regina
Encyclia polybulbon
Encyclia vitellina
Laelia anceps
Maxillaria tenuifolia
Oncidium flexuosum
Sarcochilus Fitzhart
Trichopilia tortilis

qui poussent de cette façon doivent être plus régulièrement bassinées et arrosées que celles cultivées en pot. En quelques semaines, vous serez récompensé par des pousses et des racines toutes neuves. Quelques espèces, comme *Oncidium flexuosum*, produisent une motte dense de racines qui rampent sur l'écorce et pendent sur une bonne longueur.

Vous pouvez pousser l'expérience un peu plus loin. Si vous trouvez une grande branche de chêne ou autre bois adéquat (sauf les pins résineux), vous pouvez monter plusieurs petites orchidées sur ce « mini-arbre ». Vous obtiendrez ainsi une jolie décoration pour votre serre et, si vous les bassinez régulièrement, les plantes vont prospérer. En choisissant les espèces appropriées, vous aurez des plantes en fleurs toute l'année. Vous pouvez parfaire le décor en montant sur votre arbre des petits tillandsias ou des fougères.

Les orchidées cultivées ainsi réclament une humidité ambiante que seule la serre peut donner. Elles ne réussiraient pas en appartement, où il serait extrêmement difficile de leur apporter cette humidité.

Montage d'une orchidée sur écorce

Si l'orchidée déborde de son pot en présentant des racines aériennes qui n'ont pas pénétré dans le compost, retirez-la du pot et montez-la sur écorce.

❶ Il vous faut : morceau de fougère arborescente ou écorce de chêne-liège (muni d'un crochet en fil de fer), sphaigne et fibres de coco, fil de fer plastifié de jardin, sécateur et pince.

❷ Avec le sécateur, coupez le rhizome à ras du pot, en laissant une plante avec six feuilles et un long rhizome mince. La plante ci-dessus est un spécimen de *Bulbophyllum macranthum*.

❸ Préparez un sandwich de sphaigne et de fibres de coco à la taille du morceau de fougère arborescente ou d'écorce de chêne-liège.

❹ Coupez une longueur de fil de fer plastifié que vous enroulez autour du matelas de sphaigne et de fibres posé sur la fougère ou l'écorce.

❺ Installez la plante en laissant de la place pour des nouvelles pousses. Attachez-la avec du fil de fer, fermement mais sans trop serrer, pour qu'elle soit bien fixée sans endommager le rhizome.

❻ Ces plantes vont prospérer, en étant suspendues comme les épiphytes naturels. Elles réclameront un bassinage quotidien et de l'engrais une fois par semaine.

MULTIPLICATION

Les orchidées peuvent être multipliées de plusieurs façons, selon leur mode de croissance. La multiplication est un moyen de garder des plantes en bonne santé tout en augmentant leur nombre. Laissées à elles-mêmes, elles peuvent former de très grands spécimens dont une grande partie devient stérile.

MULTIPLICATION VÉGÉTATIVE

Les orchidées se multiplient par leur végétation, que ce soit par les bulbes, les tiges et les keikis ou encore par les pousses adventives. Dans de nombreux cas, la méthode de propagation varie selon que l'orchidée est sympodiale ou monopodiale. Les orchidées monopodiales, comme les vandas, ont une tige verticale unique qui est un rhizome prolongé, les jeunes feuilles venant du centre. La façon dont ces orchidées se multiplient est différente de celle des orchidées sympodiales.

Les orchidées à pseudo-bulbes produisent des pousses sympodiales, les jeunes pousses apparaissant à la base de pseudo-bulbes antérieurs, en s'agrandissant chaque année. Les jeunes pousses se développent à partir de minuscules « yeux », qui sont les bourgeons de la plante. Bien que plusieurs yeux puissent se former autour de la base d'un pseudo-bulbe, un seulement, parfois deux, sera activé et formera les nouvelles pousses qui deviendront bientôt des pseudo-bulbes. Si le premier œil à pousser est endommagé ou ne peut se développer pour une raison quelconque, un deuxième prend sa place, donnant à la plante une seconde chance.

Les yeux « de rechange » restent dormants aussi longtemps que vit le pseudo-bulbe et ils peuvent être incités à pousser par la multiplication. Chaque pseudo-bulbe reste sur la plante quelques années, jusqu'à ce qu'il perde ses feuilles et devienne un bulbe. Quand une plante présente trop de bulbes sans feuilles, ces derniers peuvent être supprimés au moment du rempotage. Ils seront rempotés individuellement dans un petit pot et placés dans un coffre à multiplication ou un endroit chaud et ensoleillé, où l'œil dormant poussera en quelques semaines.

À GAUCHE *Les jeunes pousses partent généralement de la base du pseudo-bulbe, mais il arrive qu'elles sortent d'un pseudo-bulbe sans feuilles, comme sur cette* Brassia.

ORCHIDÉES QUI SE MULTIPLIENT

Multiplication par bulbes dormants
Anguloas
Brassias
Bulbophyllums
Cattleyas et genres alliés
Coelogynes
Cymbidiums
Dendrochilums
Encyclias
Gongoras
Lycastes
Maxillarias
Stanhopeas

Multiplication par division
Identiques aux précédentes

Multiplication par keikis ou pousses adventives
Dendrobiums
Epidendrum radicans
Phalaenopsis
Thunias
Vandas et genres alliés

Multiplication par tronçons de tige
Dendrobiums
Thunias

Propagation par semis
Toutes les orchidées

CI-DESSUS *Les orchidées sympodiales sont multipliées en rempotant les vieux bulbes dormants sans feuilles. Généralement, en quelques semaines, une nouvelle pousse apparaît. Les bulbes ci-dessus proviennent d'un* Cymbidium.

La majorité des orchidées sympodiales à pseudo-bulbes peuvent être multipliées, avec des exceptions comme les orchidées de l'alliance *Odontoglossum*. Il est toujours bon de rempoter les bulbes dormants en surplus et de les cultiver jusqu'à ce qu'ils fleurissent, même si cela prend plusieurs années. Si un bulbe dormant ne pousse pas, il est peut-être trop vieux et ses yeux tous morts. Il arrive qu'un vieux bulbe dormant qui s'est réveillé se ratatine et meure avant le plein développement de la jeune pousse, et si celle-ci n'a pas encore fait de racines, elle ne peut survivre. Certains genres se développent plus facilement que d'autres, mais ici seule l'expérience vous guidera.

Si, après l'époque du rempotage, vous vous trouvez avec une poignée de bulbes dormants variés, mettez-les dans un bac de repiquage et attendez de voir s'ils « démarrent ». Quand les nouvelles pousses apparaissent, sortez les bulbes correspondants et rempotez-les individuellement. Ceux qui n'ont rien donné après trois mois seront jetés.

Odontoglossums

Les plantes de l'alliance *Odontoglossum* sont très réticentes à pousser à partir de vieux pseudo-bulbes. Apparemment, les yeux de rechange non activés quand ils sont jeunes se détériorent rapidement et meurent en un ou deux ans. Pour cette raison, les odontoglossums sont multipliés différemment des autres orchidées sympodiales, mais la méthode est plus risquée et ne doit pas être entreprise à la légère.

Il faut pour cela couper le pseudo-bulbe le plus récent après maturité, en laissant le suivant grossir et devenir le principal pseudo-bulbe. Si aucune pousse ne se produit, la plante est gâchée. En même temps, le pseudo-bulbe coupé doit se débrouiller seul, sans l'aide des vieux pseudo-bulbes. Cette portion affaiblie va produire une pousse plus petite, qui ne fleurira pas, et il peut s'écouler plusieurs années avant que les deux portions de la plante divisée fleurissent à nouveau.

Paphiopedilums et phragmipediums

Les orchidées sympodiales qui ne produisent pas de pseudo-bulbes, principalement les paphiopedilums et les phragmipediums, peuvent être multipliées en retirant une pousse au moment du rempotage de la même façon que pour les vieux pseudo-bulbes. Cela ne doit être tenté que lorsque la plante est assez grande et porte plus de quatre pousses fortes, sous peine d'amoindrir la vigueur de la plante principale. La plupart des phragmipediums sont des plantes robustes, plus faciles à multiplier que beaucoup d'hybrides de paphiopedilums, qui sont lents à pousser, les vieilles pousses mourant avant d'avoir pu constituer une très grosse plante.

Cattleyas

Les cattleyas sont des orchidées sympodiales dont le traitement est légèrement différent. Leur rhizome rampant, beaucoup plus épais que celui des autres orchidées, est visible sur la surface du substrat avec les pseudo-bulbes espacés sur sa longueur. La plupart des cattleyas ont deux saisons de pousse dans l'année, et produisent des jeunes pousses et des racines en automne et au printemps, ce qui permet de commencer la multiplication en automne, en tranchant la plante, qui reste dans son pot. Vous pouvez trancher le rhizome avec un greffoir aiguisé pour séparer un ou deux des plus vieux pseudo-bulbes, et les laisser ainsi jusqu'au printemps suivant. Ces bulbes présenteront alors une nouvelle pousse, et quand vous rempoterez la plante, ils pourront être rempotés de leur côté et cultivés de la façon habituelle. C'est aussi un bon moyen d'obliger un *Cattleya* à faire de nouvelles pousses si vous désirez une très grosse plante.

Dendrobiums

Les dendrobiums sont des orchidées sympodiales dont beaucoup forment de hautes et minces cannes qui vont produire des keikis, ou pousses adventives, sur leur longueur. Cela est particulièrement vrai pour *Dendrobium nobile* et ses hybrides. Ces pousses sont surtout le résultat d'erreurs de culture. Si les plantes sont arrosées trop tôt dans la saison après le repos hivernal, à une époque où les boutons floraux devraient se développer, ces boutons se transforment en rejets. Si vous attendez les fleurs avec impatience, vous serez déçu. Cependant, si vous voulez de nouveaux spécimens d'une plante que vous aimez, essayez de prélever un pseudo-bulbe charnu et sans feuilles qui n'a pas fleuri, et de le diviser en segments en tranchant entre les nodules pour donner plusieurs tronçons. Poudrez les coupes avec du

À GAUCHE *Les vieilles cannes sans feuilles des thunias vont produire des pousses adventives qui développeront de nouvelles racines. Elles seront ensuite coupées et rempotées, au printemps suivant.*

Multiplication à partir de keikis

Les orchidées comme les dendrobiums et les thunias produisent sur leurs tiges des keikis, ou pousses adventives, qui peuvent être rempotés et cultivés.

❶ Ce dendrobium a produit plusieurs keikis, ou pousses adventives.

❷ Séparez chaque keiki de la plante mère au sécateur ou au greffoir, en vérifiant que les racines sont bien développées.

CI-DESSUS *Les dendrobiums sont des orchidées qui produisent facilement sur les nœuds des vieilles cannes des keikis, ou pousses adventives, qui peuvent être détachés et rempotés dès qu'ils ont fait leurs propres racines.*

❸ Rempotez les keikis individuellement, dans de l'écorce fine ou de la sphaigne.

❹ Tassez bien et arrosez. Placez dans un coffre à multiplication chauffé jusqu'à ce que des pousses apparaissent à la base.

soufre ou du charbon de bois en poudre pour éviter les risques de pourriture, et enfoncez dans le compost. La plupart vont produire de nouveaux rejets qui peuvent être cultivés et qui fleuriront quelques années plus tard.

Vous pouvez aussi couper des tronçons de tige sur des orchidées comme les dendrobiums et les thunias en couchant les tiges sur le côté dans un bac à semis. Une nouvelle plante sortira du nœud en quelques mois. Là encore, c'est un procédé à long terme et valable si vous voulez plusieurs jeunes plantes identiques à la plante mère.

Epidendrums

Un certain nombre d'epidendrums du type roseau produisent aussi des pousses adventives sur les vieilles tiges

CI-DESSUS *Quand vous rempotez les pousses racinées de dendrobiums, ne les enterrez pas trop profondément dans le substrat, cela empêcherait la base de produire de nouvelles pousses.*

CI-DESSUS *Les phalaenopsis comme ce* Phalaenopsis *Silky Moon produisent parfois des keikis ou pousses adventives qui peuvent servir à multiplier la plante.*

et l'extrémité des hampes florales. Laissez-les en place jusqu'à ce que leurs racines se soient développées, ce qui est très rapide, puis détachez-les avec précaution de la tige mère en les coupant avec un greffoir. Rempotez-les et soignez-les de la manière habituelle.

Phalaenopsis

Ils produisent parfois des keikis ou pousses adventives partant des vieilles hampes florales. Ce phénomène est fréquent chez les espèces *Phalaenopsis lueddemanniana* et espèces apparentées ou hybrides. Afin de favoriser le développement d'une nouvelle pousse de cette façon, traitez les hampes fleuries avec de la poudre d'hormone de bouturage, ou pâte de keiki, que vous trouverez chez les pépiniéristes spécialisés.

Commencez par retirer la petite bractée verte qui protège chaque nœud de la hampe, puis appliquez la pâte. Si le traitement réussit, un nouveau plant va apparaître, avec ses propres feuilles et racines, que vous pourrez retirer et rempoter dès qu'il sera assez fort.

Vandas et apparentées

Ce sont des orchidées monopodiales, mais plus difficiles à multiplier. Généralement une plante qui pousse bien n'a pas besoin de produire de nouvelles pousses. C'est seulement si la tige principale est endommagée, et donc que la plante ne peut plus pousser du centre, qu'une nouvelle pousse se développera près de la base.

Cette aptitude à se multiplier peut éventuellement être encouragée dans les grandes plantes, mais ne va pas sans risque et ne doit être tentée que dans l'intérêt de la plante. Une plante devenue très haute, avec une tige dénudée à la base et de fortes racines aériennes, peut être raccourcie en tranchant le rhizome en un point situé sous les feuilles et les racines aériennes. Le tronçon sans feuilles qui reste dans le pot va produire une nouvelle pousse que vous pourrez cultiver. Si la portion supérieure manque de racines aériennes, favorisez leur pousse en enveloppant la tige dans de la sphaigne ou autre matière retenant l'humidité, en la couvrant avec une feuille plastique que vous attacherez en place. La mousse doit rester humide pour permettre la formation des racines. Faites cela avant de couper la partie supérieure, qui ne se développerait pas sans racines.

Il faut alors attendre jusqu'à douze mois pour voir apparaître les racines et le procédé n'est pas garanti. Vous devez vérifier régulièrement sous la sphaigne si les racines se développent. Dès qu'elles apparaissent, retirez la mousse et pulvérisez régulièrement de l'eau jusqu'à ce qu'elles atteignent quelques centimètres. La plante peut maintenant être coupée et la portion supérieure rempotée et cultivée comme une nouvelle plante.

Prélèvement des boutures de tiges

Certaines orchidées peuvent être multipliées en prélevant des tronçons de tige, en particulier celles qui produisent de longues « cannes », comme les dendrobiums, thunias et epidendrums. Les tiges sans feuilles sont coupées sur le pied mère en début de croissance et divisées en courts tronçons dont chacun doit porter au moins deux nœuds. La nouvelle pousse apparaît après trois ou quatre mois, et les jeunes plants sont rempotés individuellement dans le substrat approprié au type d'orchidée. Il est important de noter que la sphaigne des bacs va pousser en même temps.

❶ Coupez des tronçons de tige à au moins 25 cm de la plante (ici *Dendrobium nobile*), en coupant juste au-dessus d'un nœud (bourgeon).

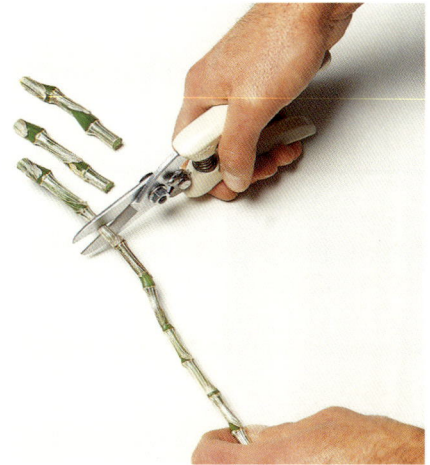

❷ Coupez chaque tronçon en sections dont chacune doit comporter au moins deux nœuds.

❸ Posez les boutures dans des bacs garnis de sphaigne.

❹ Placez chaque bac dans un sac en plastique transparent.

❺ La nouvelle pousse apparaît en trois ou quatre mois. La sphaigne pousse aussi.

CULTURE DES ORCHIDÉES À PARTIR DE SEMIS

Tout ce qui est vivant, animal ou végétal, est composé de cellules qui se divisent à mesure que pousse l'organisme. La vie commence avec une seule cellule où se trouve un noyau contenant les chromosomes. Chaque chromosome porte les gènes de vie. Tout comme les cellules sont les matériaux de construction, les gènes représentent le schéma directeur. Dès le moment de la conception, quand le pollen fertilise une graine, les caractéristiques de la plante potentielle et la couleur de ses fleurs sont déjà déterminées par les gènes.

Il existe des rapports détaillés sur des orchidées cultivées depuis plus de cent cinquante ans. Ces plantes sont exactement les mêmes que lorsqu'elles ont fleuri pour la première fois. Leur couleur, leur forme et leur taille ne changent pas avec l'âge, et toutes les multiplications végétatives restent semblables. Toutes les divisions ou les boutures donneront des résultats identiques à la plante originale. La propagation par semis permet de produire des orchidées jamais vues auparavant. Dans la nature, la pollinisation est le plus souvent effectuée par les insectes, parfois par les colibris. Les orchidées produisent de très nombreuses fleurs, s'épanouissant simultanément afin d'assurer une bonne pollinisation croisée entre les espèces. Chaque capsule contient des centaines de graines minuscules, et il suffit que quelques-unes germent pour que l'espèce soit perpétuée et que le cycle de la vie continue.

La pollinisation croisée permet d'obtenir des plants vigoureux, bien que beaucoup d'orchidées soient autofertiles, le pollen de la plante elle-même pouvant la féconder. Les pépiniéristes étudient le contenu génétique et vérifient que le nombre de chromosomes des deux parents potentiels est compatible. Les gènes récessifs peuvent réapparaître, la progéniture qui en résulte montrant des caractéristiques restées en dormance pendant des générations. Le but de tout créateur est de produire des plantes nouvelles et intéressantes, faciles à commercialiser.

Pollinisation croisée

Lors d'une pollinisation croisée de deux orchidées, une nouvelle série de gènes est créée. Il en résulte des individus uniques qui n'avaient jamais existé auparavant et n'existeront jamais ensuite. Chaque fois qu'une fertilisation croisée survient, il se produit des changements minimes, chaque plant d'une capsule donnant un individu original, avec ses propres gènes.

La plupart des plants obtenus sont diploïdes (symbole 2N). Les diploïdes ont un nombre pair de chromosomes et assurent la fertilité dans les espèces. La plante appelée tétraploïde (4N) possède deux fois le nombre de chromosomes. Les tétraploïdes sont plus courants dans l'hybridation et si on les croise avec un diploïde, il en résulte un triploïde (3N). On peut aussi créer des hybrides 5N et 6N, et ainsi de suite. Les diploïdes poussent généralement de façon régulière. Les tétraploïdes produisent des plantes plus grandes et plus robustes, de qualité supérieure et dont les fleurs sont mieux formées mais moins nombreuses. Sans les tétraploïdes, la grande avancée en matière d'hybridation n'aurait pu s'accomplir.

L'amateur qui tente d'hybrider peut obtenir un bon résultat en croisant deux plantes apparentées, mais le professionnel prendra le temps et la peine d'étudier le nombre de chromosomes.

CI-DESSUS *Pollen de* Stanhopea.

CI-DESSUS *Pollen de* Miltoniopsis.

Celui-ci peut être déterminé en examinant visuellement la plante. Cependant, le seul moyen scientifique est de prélever des échantillons des racines, qui seront ensuite débités en lamelles d'un micron d'épaisseur et placés sous le microscope, où l'on pourra trouver une cellule en voie de division et compter le nombre des chromosomes. Les orchidées au nombre impair de chromosomes ne se reproduisent pas, mais il est possible d'y remédier en traitant tout au début avec un extrait de crocus, la colchicine, ce qui changera le nombre des chromosomes dans les graines et dans les tissus de la plante. Cette technique requiert l'expérience du travail en laboratoire pour manipuler de minuscules échantillons.

Fertilisation

Sur la plupart des fleurs, les organes de reproduction sont le stigmate et les étamines. Les étamines contiennent le pollen, transporté par les insectes ou le vent sur le stigmate où il fertilise les embryons de graines situés derrière la fleur. Chez les orchidées, où le pollen est une masse solide, les organes de reproduction sont les pollinies et le stigmate. Certaines orchidées, dont les espèces *Catasetum*, produisent des fleurs séparées contenant seulement des organes mâles ou femelles. Quand on découvrit les catasetums, les plantes à fleurs différentes étaient considérées comme espèces différentes. On s'aperçut plus tard que, dans ce genre, une plante pouvait produire des fleurs femelles une année et mâles l'année suivante ou, très rarement, produire les deux sur des hampes séparées de la même plante, au même moment.

Cela se produit aussi chez les *Cycnoches*, genre proche des catasetums, dont une autre caractéristique est de déclencher un mécanisme, quand l'insecte s'approche, qui éjecte le pollen à grande vitesse vers la tête de la bestiole sur laquelle il se fixe fermement grâce à un disque adhésif.

Il peut y avoir deux, quatre ou six masses de pollen, selon le genre. Chacune contient des millions de microscopiques grains de pollen, caractéristique unique des orchidées. Les pollinies sont cachées derrière un capuchon protecteur, l'anthère, qui garde leur fraîcheur. Elles sont reliées par une courte tige et un disque adhésif qui adhère au thorax ou à la tête de l'insecte.

Autres multiplications

Chez les spécialistes, la multiplication par graines a fait place au clonage, méthode scientifique de production en masse. Cette méthode doit son développement au professeur Georges Morel, de l'Université de Paris, qui fut le premier à produire des orchidées par méristèmes, ou clonage, au début des années 1960. Il adapta une méthode inventée quinze ans avant en Californie pour débarrasser les plantes des virus,

CI-DESSUS *L'hybride* Cymbidium *Mini Ice 'Antarctic', comme toutes les orchidées, peut être multiplié à partir de graines.*

et découvrit un nouveau marché avec les orchidées. Alors qu'autrefois les boutures des meilleures plantes atteignaient des prix élevés, les plus belles orchidées devinrent accessibles à tous.

Les plantes à méristèmes sont produites en retirant, sous microscope, des petits bourgeons cellulaires qui se trouvent au centre d'une nouvelle pousse. Le tissu cellulaire est placé dans une solution nutritive et agité pour rester en suspension et encourager la prolifération. Le résultat est une masse de tissu vert augmentant sans cesse, qui est ensuite coupé en petits morceaux jusqu'à ce qu'un nombre suffisant soit atteint. À ce stade, les masses de tissu vert ressemblent aux germes qui se forment à partir des graines, et quand ils sont mis sur une base de gélose dans des flacons stériles, les méristèmes poussent de la même manière que des plants issus de graines.

Pollinisation

Pour polliniser la fleur d'orchidée à la main, prélevez le pollen d'une fleur avec un bâtonnet pointu, du style pique-olives, pour le poser sur le stigmate de l'autre fleur – la surface du stigmate se trouve sous et à côté de l'emplacement du pollen. En quelques jours la fleur fertilisée va rougir et commencer à se faner. Bientôt, les restes desséchés de la fleur peuvent être retirés aux ciseaux pour éviter des infections. En même temps, la tige située derrière la fleur, qui contient les ovaires, commence à gonfler pour former la capsule de graines. Marquez bien le nom des parents et la date de la pollinisation pour pouvoir vous y référer plus tard. En neuf à douze mois la graine va mûrir. Les premiers signes de maturité sont le jaunissement de la capsule qui, de plus, se fendille.

Pollinisation des orchidées

La pollinisation est un processus délicat, impliquant le transfert du pollen du parent fécondateur au parent porteur.

❶ Fleur de *Miltoniopsis* montrant la colonne sur laquelle est fixée l'anthère. Juste en dessous se trouve la surface du stigmate.

❷ Avec la pointe d'un pique-olives, soulevez le « chapeau » de l'anthère pour exposer les pollinies qui sont fixées sur l'extrémité de la colonne. Jetez le « chapeau ».

❸ Les deux masses polliniques sont reliées par un fil à un disque adhésif, facile à retirer avec le pique-olives. Posez le pique-olives et le pollen sur un côté.

❹ Posez le pollen sur le disque adhésif de la plante porteuse. Quand le pollen est en place, la fleur se fane rapidement, son destin étant accompli. Dans les deux pollinies se trouvent des milliers de grains de pollen qui vont lancer leurs racines à travers la colonne vers les ovaires. Chaque racine doit trouver sa propre graine pour achever la fertilisation.

MULTIPLICATION 113

MASSES POLLINIQUES

Les orchidées sont classées par la forme de leurs fleurs. Si les fleurs sont semblables, elles sont alors classées par le nombre de leurs pollinies. Les orchidées ont au moins deux masses polliniques et souvent plus, par multiples de deux. Cette illustration présente une sélection de pollens d'orchidée. Les pollinies jaune vif sont plus fertiles que les pollinies brun orange de Cymbidium.

Phalaenopsis (deux)

Odontoglossum (deux)

Miltoniopsis (deux)

Thunia (quatre)

Dendrobium (deux)

Coelogyne (deux)

Gongora (deux)

Cymbidium (deux)

À GAUCHE *Gros plan de la colonne d'une fleur de Phalaenopsis. Notez le petit crochet à la base du « chapeau » du pollen. Tout insecte visiteur commencera par le déloger avant que les pollinies se collent à sa tête.*

Récolte

Récoltez les graines d'orchidées avant qu'elles tombent et soient contaminées. Mettez la capsule de graines dans une enveloppe et détachez-la de la plante. Ainsi, aucune graine ne sera perdue. Vous avez alors deux possibilités : apporter les graines à une pépinière ou à un laboratoire qui pratique les semis, ou les faire vous-même. Dans ce dernier cas, deux options s'offrent à vous.

La première est la méthode symbiotique naturelle : éparpillez les graines sur une surface préparée, en espérant que quelques graines germent et poussent. Si vous préférez une méthode moins aléatoire, la méthode non symbiotique artificielle est de semer en flacons stériles. Vous en trouverez dans les entreprises spécialisées qui fournissent des kits pour semis contenant la base de gélose pour les flacons. Il suffit de semer les graines sur la surface de la gélose et de placer les flacons dans un coffre à multiplication pour attendre les résultats. L'idéal est un espace ventilé afin d'empêcher les flacons d'être contaminés, mais vous pouvez aussi travailler au-dessus d'une terrine d'eau chaude. Vous pouvez utiliser des bocaux à confiture au lieu des récipients de laboratoire, à condition qu'ils soient stérilisés. Faites dissoudre la gélose contenant les éléments nutritifs dans l'eau distillée pour assurer une base pure. Quand elle est fondue, versez environ 1 cm du mélange dans chaque bocal et fermez-les. Les bocaux doivent être stérilisés au four à micro-ondes ou en Cocotte-minute. S'ils sont nombreux, utilisez un stérilisateur. Laissez refroidir et figer avant de semer.

Développement de la capsule de graines

Lorsque la fleur est fécondée, la plante doit être soigneusement étiquetée. La tige renflée derrière les fleurs va devenir une capsule de graines.

❶ Derrière la fleur d'orchidée, l'arête de la tige va grossir pour devenir une capsule de graines. Son développement commence quelques jours après la fécondation.

❷ Ce *Cymbidium* montre les arêtes longitudinales de la capsule de graines, qui vont se développer sur plusieurs mois pour devenir une grosse capsule.

❸ Après la fécondation, la fleur reçoit une étiquette portant la date, le nombre de fleurs fécondées et le nom des « parents ». L'orchidée est ici une *Liparis unata* auto-fertile.

❹ Certaines capsules de graines, ici sur *Brassia* Rex, sont pendantes et d'autres à angle droit ou dressées sur la tige. Pour chaque orchidée la forme de la capsule est caractéristique.

❺ Il est conseillé de féconder plusieurs fleurs sur une tige pour augmenter le flux de sève qui aide à former des capsules pleines de graines fertiles, bien que seule une petite quantité de graines soit utilisée. Ici, un *Cymbidium devonianum*.

Récolte des graines d'orchidées

Quand vous récoltez les graines, détachez la capsule de la plante en la mettant dans une enveloppe avant de la couper, ce qui évitera de perdre des graines.

❶ Pour récolter les graines, secouez la capsule au-dessus d'une feuille de papier propre.

❷ Pliez le papier pour former un paquet net facile à ouvrir quand il vous faut quelques graines.

❸ Écrivez toutes les informations sur le paquet de graines, telles qu'elles se trouvent sur la plante mère, pour les garder en référence, ainsi que la date de la récolte.

❹ Les hybrideurs tiennent un registre détaillé, nécessaire pour les références futures et pour éviter de faire des croisements qui se révéleraient improductifs. Ces informations permettent de suivre le plant jusqu'à sa maturité et la génération suivante.

CI-DESSUS *Pour mûrir, les capsules de graines des espèces européennes indigènes peuvent prendre quelques semaines, et jusqu'à quatre à douze mois pour les orchidées tropicales. Cette capsule de Stanhopea a mis neuf mois à mûrir.*

CI-DESSUS *Une capsule mûre de Stanhopea commence à se fendre, en répandant des milliers de graines si fines que seule une loupe permet de les examiner. Elles s'échappent de la capsule et flottent, portées par le vent.*

GRAINES D'ORCHIDÉES DIFFÉRENTES

Toutes les graines d'orchidées sont faites d'une seule cellule visible seulement au microscope. La cellule est contenue dans un réseau de fibres, de densité variable selon les espèces. La graine d'orchidée étant portée par le vent, cette enveloppe allège le poids et lui permet de voyager sur de grandes distances.

Graine de *Stanhopea* vue au microscope

Graine d'*Epidendrum*

Graine d'*Anguloa*

Graine de *Cymbidium*

CI-DESSUS *Quand vous semez des graines d'orchidée, travaillez dans un espace vitré ventilé, dans une zone stérile d'air filtré. Prenez toutes les précautions pour éviter la contamination, en portant des gants, un masque et une blouse propre.*

Semis

Semer les graines d'orchidées sans les contaminer n'est pas très facile, les spores des champignons microscopiques étant très abondantes. Une seule spore entrant dans le flacon pousse rapidement sur la gélose. La graine même contient des spores et doit être stérilisée, mais avec précaution, une stérilisation trop poussée risquant de la tuer. Immergez la graine dans une solution de liquide de Milton, ou d'acide chlorhydrique très dilué, pour la stériliser sans endommager l'embryon. Dévissez le couvercle de chaque flacon et éparpillez les graines sur la surface de la gélose à l'aide d'une pipette ou d'un fil de cuivre, et fermez aussitôt le flacon. Même dans les conditions les plus hygiéniques, les graines risquent d'être contaminées. Un taux de dix pour cent d'échec est raisonnable.

Semer les graines d'orchidée

Obtenir des orchidées par semis est une expérience intéressante, mais il faut cinq ans pour que les nouvelles orchidées soient en fleur. Soyez patient.

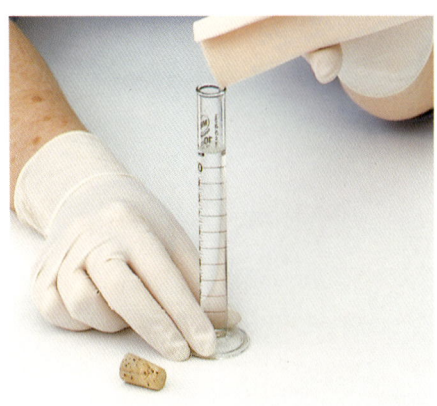

❶ Versez une petite quantité de graines dans la solution stérilisante.

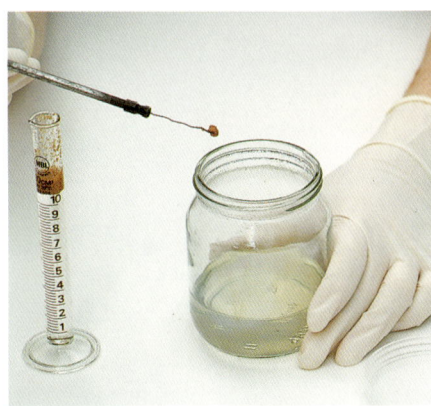

❷ Un flacon à couvercle à vis contenant de la gélose stérilisée doit être prêt à recevoir les graines stérilisées.

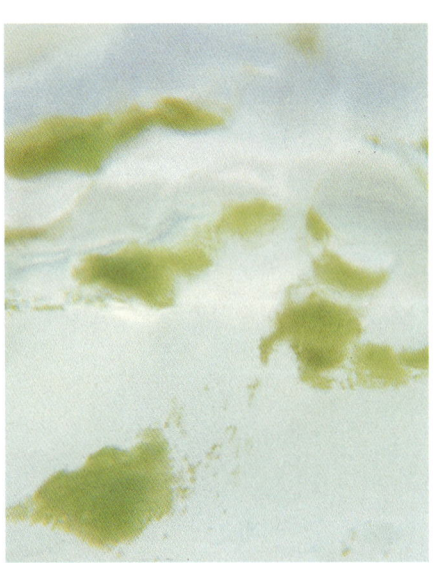

❺ En quelques jours, les premiers signes de vie apparaissent, les graines posées sur la gélose devenant vertes.

❻ Après quelques semaines, les masses de graines se gonflent en germes vert vif. Chacune forme une plante individuelle.

Si vous ne voulez pas semer aussitôt vos graines, vous pouvez les garder au réfrigérateur, mais elles sont si fines qu'elles se conservent mal et deviennent de moins en moins fertiles. Des expériences de conservation par la congélation sont en cours, la graine étant séchée et conservée à des températures extrêmement basses. On en vérifie la viabilité en semant quelques graines tous les deux ou trois ans. Il est difficile de prédire les résultats, mais il sera intéressant de voir si la graine est encore fertile après une longue conservation.

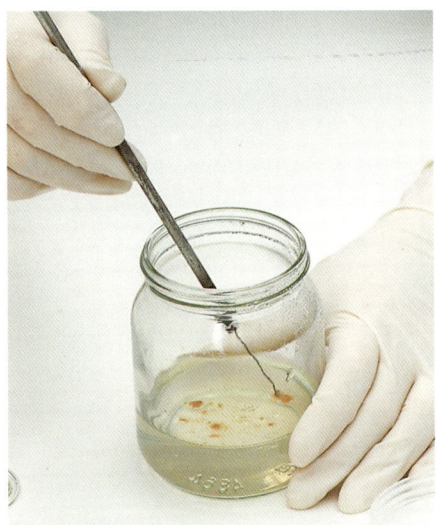

❸ À l'aide d'un petit fil de cuivre à l'extrémité aplatie, étalez les graines sur la gélose. Refermez le flacon.

❹ Les flacons sont placés sur des étagères dans une pièce dont la température doit être soigneusement contrôlée, sous des tubes fluorescents spéciaux.

CI-DESSUS *Ces vingt-cinq à trente grands et sains* Zygopetalums *dans leur flacon sont prêts à être repiqués.*

❼ En quelques mois chaque germe aura produit une petite feuille dans le haut et une racine dans le bas.

❽ Les jeunes plants, dont les feuilles sont bien distinctes, poussent vigoureusement dans un milieu différent.

CI-DESSUS *Une contamination peut surgir à tout moment, par une moisissure qui pousse plus vite que les orchidées et les tue.*

CI-DESSUS *Ces jeunes plants de* Laelia *sont bien établis, avec des racines, des feuilles et, pour certains, de petits pseudo-bulbes.*

Si les graines sont fertiles, la gélose devient vert vif en trois semaines, les minuscules graines gonflent et se transforment en germes, réservoirs emplis de chlorophylle d'où sortiront les feuilles et les racines en quelques semaines. Tout flacon contaminé par une infection cryptogamique doit être jeté. Le flacon doit être bouilli avant ouverture pour détruire l'infection. Les spores envahissent la surface d'un flacon en quelques jours et peuvent être transmises à d'autres flacons qui seraient mal fermés.

Repiquage

Les jeunes plants sont prêts à quitter les flacons quand ils font environ 5 cm et possèdent leurs propres racines. Le repiquage se fait au printemps, les plants ayant alors tout l'été devant eux, avec de meilleures conditions climatiques. Préparez un saladier peu profond empli d'eau tiède additionnée d'un peu de fongicide. Dévissez le flacon et agitez-le, ce qui devrait suffire à déloger les jeunes plants pour que vous puissiez les verser. Si la gélose est trop ferme, vous devrez la séparer et enlever avec précaution les plants à la pince à épiler. Lorsque vous aurez rincé les plants, retirez bien toute trace de gélose et étalez-les, par ordre de grandeur, sur un morceau de papier absorbant. Ne gardez que les meilleurs plants en jetant les plus faibles et ceux qui sont beaucoup plus grands que les autres. Les mutants géants peuvent paraître remarquables, mais produisent généralement des fleurs de qualité inférieure.

Les plants que vous avez choisis sont maintenant prêts à être repiqués dans de petits pots ou dans des modules. Vous pouvez planter six plants d'orchidées dans un pot commun. Les pots ou les modules auront été préparés une semaine auparavant. Mettez une couche de billes d'argile sur le fond comme drainage, puis votre compost favori. De l'écorce fine, de la perlite et du charbon de bois en proportions égales forment un mélange parfait, mais vous pouvez utiliser du Rockwool qui contient moins de bactéries, cause de pourriture. Les pots seront arrosés la veille pour rendre le compost facile à manipuler. Enfoncez les plants sur le pourtour du pot, en faisant un trou avec un bâtonnet pointu et en tassant doucement le compost contre leur base. N'enfoncez pas trop les plants, ce qui pourrait les faire pourrir, mais ne les laissez pas en surface et mal arrimés, ce qui les empêcherait de s'enraciner. N'essayez pas de mettre plus de plants dans un pot plus grand afin de ne pas risquer de tout perdre si une infection se déclare. Avant de mouiller le compost, arrosez légèrement les plants pendant quelques jours, le matin, quand la température s'élève. Mettez les pots dans un coffre à multiplication, mais laissez ce dernier ouvert pendant la journée pour permettre l'aération. Évitez toute déshydratation, le feuillage fragile risquant à ce stade de flétrir et de mourir si l'humidité ambiante est insuffisante.

Les premières semaines sont critiques pour les jeunes plants, qui doivent se remettre du choc de leur transplantation, après avoir quitté des conditions stériles pour s'adapter à un environnement extérieur plus rude. Vous noterez un changement dans leur aspect à mesure qu'ils s'adaptent, et lorsqu'ils sont bien vigoureux, vous pourrez commencer à leur apporter de l'engrais à chaque arrosage. Vérifiez-les régulièrement et retirez aussitôt tous plants ou feuilles morts pour éviter la contagion des pourritures.

Rempotage des plants d'orchidées

En six à neuf mois, les jeunes plants seront assez forts et pourront être rempotés dans des pots individuels, ce que vous devrez faire en automne, avant que l'hiver s'installe. Certains ont peut-être déjà produit leur premier pseudo-bulbe et un bon système radiculaire. Les racines sont des racines d'orchidées typiques, très différentes des filaments produits dans la gélose, qui n'ont pas survécu au changement de compost. Rempotez à nouveau ces plants le printemps suivant, puis chaque année, jusqu'à ce qu'ils atteignent leur taille de floraison, entre deux et quatre ans.

Quand le premier de vos plants fleurira et s'il s'agit d'un nouvel hybride jamais obtenu auparavant, vous pouvez l'enregistrer sous le nom de votre choix à condition que ce nom ne soit pas déjà utilisé.

À GAUCHE
Phalaenopsis *Barbara Moler* × *Spitzberg* est un nouvel hybride de ce genre populaire. Ses belles fleurs jaune citron pâle peuvent apparaître à tout moment.

Repiquage des jeunes plants d'orchidées

Les graines d'orchidées qui ont germé avec succès donnent de nombreux plants. Chaque flacon contient cinquante plants ou plus, ce qui ajoutera à votre collection.

❶ Avec un fil de fer tordu, faites glisser les plants et la gélose dans l'eau du saladier. L'eau devant contenir un fongicide, il vaut mieux porter des gants.

❷ Retirez les plants un par un, en vérifiant qu'ils sont propres et débarrassés de la gélose.

❸ Rangez les plants par taille et jetez les plus petits et les très grands. Ces derniers risquent de produire des fleurs dégénérées.

❹ Repiquez chaque plant dans une série de pots solidaires, dans un compost d'écorce fine et de perlite. Maintenez le plant par l'extrémité de la feuille et versez le substrat de l'autre main. Il n'est pas nécessaire de tasser le substrat.

❺ Cette méthode en pot individuel évite la contagion si un plant pourrit.

❻ Quand le plateau est plein, étiquetez avec un numéro ou un nom et la date du rempotage. Placés dans une serre chauffée et maintenus humides, les plants vont pousser rapidement.

❼ Six à neuf mois plus tard, le plateau sera plein de jeunes plants vigoureux, prêts à être rempotés.

❽ Avec cette méthode de repiquage en pots individuels, les plants souffrent moins du rempotage quand la motte de racines est sortie du pot.

❾ Les plants sont souvent sujets à la pourriture, et les douze premiers mois peuvent représenter une période difficile pour le jardinier.

SOINS RÉGULIERS

Pour réussir la culture des orchidées, vous devez créer un environnement qui imite leur habitat naturel, en prenant en considération l'humidité, la température et la lumière, ainsi que leurs besoins en engrais et les périodes de repos. Si vous débutez, il vaut mieux restreindre votre choix aux hybrides faciles d'entretien plutôt qu'aux nombreuses espèces réclamant des soins particuliers.

ENGRAIS

Autrefois, donner des engrais aux orchidées était considéré comme une « tricherie ». Les orchidées étaient regardées comme parasites, bien que plus tard on se rendît compte qu'elles n'étaient que des épiphytes dépendant entièrement de l'air et de la pluie pour prospérer. Les premiers pépiniéristes établis au XIXe siècle réussissaient parfaitement leurs cultures, mais leurs orchidées étaient des plantes importées qui continuaient à pousser et nécessitaient très peu d'éléments nutritifs additionnels.

CI-DESSUS *Arrosez les feuilles de vos orchidées avec de l'engrais foliaire dilué dans l'eau d'arrosage.*

Pendant la première moitié du XXe siècle, la culture des orchidées progressa peu. Des milliers de nouveaux hybrides furent obtenus, dont les graines mettaient sept à huit ans à fleurir. Les mêmes orchidées peuvent fleurir aujourd'hui en trois ou quatre ans. Les engrais améliorent leurs performances, mais ils doivent être employés avec précaution. Les orchidées sont des plantes vivaces qui durent de nombreuses années. La fertilisation doit prendre en compte la lenteur de leur rythme de croissance. Les éléments nutritifs sont donnés non pour accélérer cette dernière, mais pour maintenir un développement régulier et obtenir des plantes saines et vigoureuses.

Les premiers pépiniéristes à donner des engrais aux orchidées étaient employés dans des domaines privés. Ils utilisaient ce qu'ils avaient sous la main, autrement dit du fumier de cheval ou de bovin séché, passé au crible et mélangé avec du compost. Ce mélange réussit fort bien avec les calanthes caduques dont la saison de pousse est courte et rapide. Cependant, les racines étaient facilement brûlées par le fumier, et l'apparition de marques évoquant un virus sur les feuilles des cymbidiums et autres orchidées entraîna l'arrêt de la fertilisation.

Depuis peu, les besoins en nutriments des orchidées étant mieux compris et les matériaux des substrats inorganiques modernes s'étant multipliés, la fertilisation des orchidées se fait sur une base scientifique. Les orchidées sont aujourd'hui systématiquement nourries avec l'un ou l'autre des nombreux engrais spécialisés que l'on peut trouver dans les jardineries. Il est préférable que vous achetiez un produit connu plutôt que de fabriquer votre propre mélange, à moins que vous connaissiez parfaitement les exigences de vos plantes, un excès d'engrais étant toujours dangereux. Si vous ne trouvez pas d'engrais spécialisé, vous pouvez toujours utiliser les engrais classiques pour plantes d'intérieur, à la moitié de la dose la plus faible recommandée. Rappelez-vous que les orchidées ne sont pas gourmandes.

Quand fertiliser

Les orchidées peuvent être fertilisées à tout âge, des jeunes plants aux plantes adultes. Ne donnez cependant de l'engrais qu'aux plantes saines, qui peuvent

---

CONSEILS DE FERTILISATION

N'essayez pas de faire votre propre mélange, achetez plutôt un produit connu.
Fertilisez seulement les orchidées en pleine croissance.
Donnez de l'engrais entre deux arrosages.
Ne suralimentez pas les orchidées.
Ne fertilisez que les plantes en bonne santé.
Utilisez les engrais destinés aux plantes d'intérieur si nécessaire, mais à la moitié de la dose la plus faible recommandée.

À GAUCHE Sophrolaeiocattleya *Brio de Valec* est un hybride multigenre merveilleusement coloré qui a perdu toute trace de *Sophronitis*, introduit à l'origine pour ajouter de la couleur aux hybrides et réduire la taille des fleurs afin de produire des hybrides miniatures.

absorber et transformer les produits chimiques. Ne fertilisez pas les plantes malades ou qui ont perdu leurs racines, qui n'auraient aucun moyen d'absorber l'engrais. De plus, les nouvelles racines peuvent être brûlées par les résidus d'engrais dans le substrat. Pour la même raison, ne fertilisez pas pendant le repos de la végétation. Les racines étant devenues inactives, l'engrais reste dans le substrat où il risque d'endommager la plante au printemps suivant.

Comment fertiliser

De façon générale, appliquez l'engrais dilué au deuxième de trois arrosages. En arrosant à l'eau pure entre les apports d'engrais, les substances chimiques restées dans le substrat seront évacuées, évitant ainsi trop de résidus. Fertilisez avec parcimonie pendant l'hiver et plus généreusement en été, quand la lumière plus forte et la température plus haute équilibrent le surplus de nutriments.

Les orchidées poussant dans un mélange inorganique comme le Rockwool peuvent être plus souvent fertilisées que les plantes cultivées dans un mélange d'écorce ou de tourbe. Un engrais foliaire supplémentaire assimilé par les feuilles peut être donné à l'occasion en été, ainsi qu'aux plantes qui ont perdu leurs racines et ne peuvent être fertilisées par le substrat.

Certains fabricants produisent deux sortes d'engrais. Le premier est très azoté pour encourager le développement des plantes au début de la période de croissance. Plus tard, quand les pousses sont adultes, il est remplacé par une formule à base de phosphate qui favorise la floraison. On peut discuter du bien-fondé de cette méthode, mais les amateurs peuvent essayer les deux procédés et décider ce qui leur convient le mieux.

Suivez toujours les instructions du fabricant et lisez les notices avec attention. Si le liquide est concentré, agitez bien le flacon, la solution ayant pu se séparer en laissant les éléments plus lourds de l'engrais dans le fond. Préférez les engrais en granulés qui se conservent mieux. Ne gardez jamais d'engrais dans la serre ou en plein soleil mais conservez-les dans un endroit frais, loin de la lumière.

Vous pouvez être tenté d'associer différents engrais pour fabriquer votre propre mélange, mais cela peut être dangereux et ne doit être entrepris que si vous connaissez parfaitement les formules chimiques des oligo-éléments. De même, ne dépassez pas les doses prescrites et ne doublez pas la dose parce que vous avez oublié la précédente. Établissez un programme régulier pour l'année et marquez les dates. Si l'arrosage et la fertilisation sont simultanés, faites-le toujours le même jour de la semaine pour qu'ils fassent partie de votre routine courante.

L'engrais dilué dans l'eau est probablement la meilleure façon de fertiliser la plupart des orchidées. Ajouter un engrais retard au substrat de rempotage n'est pas toujours efficace parce que les orchidées peuvent rester deux ou trois ans avant d'être rempotées, ce qui laisse largement le temps à l'engrais de disparaître.

Les premiers engrais étaient composés de corne broyée ou de farine d'os mélangée au substrat au moment du rempotage ou mis à fermenter dans une grande cuve d'eau. Un autre produit connu sous le nom de « thé de vache » ne demande pas d'explication. Ces mélanges étaient non seulement utilisés sur les plantes, mais on les versait aussi sur les tuyaux d'eau chaude qui parcouraient les serres, ce qui donnait une lourde vapeur chargée d'ammoniaque. Nous avons heureusement adopté aujourd'hui des méthodes plus « scientifiques ».

ARROSAGE

L'arrosage est ce qui cause la plus grande incertitude aux amateurs d'orchidées. Le problème se pose aussi bien pour les jardiniers expérimentés que pour les débutants. Au cours de leur croissance, les orchidées doivent toujours être humides, mais il faut éviter les deux extrêmes, la noyade des racines ou la sécheresse absolue.

Quand arroser

L'humidité d'un pot se reconnaît de plusieurs façons. Vous pouvez soulever chaque pot et vérifier son poids, mais cela n'est possible que si vous avez seulement une ou deux plantes. Néanmoins, c'est une bonne expérience pour le débutant ; en allant d'un pot à l'autre, vous observerez la sécheresse du substrat en surface. Le substrat sec change de couleur et vous noterez d'autres différences subtiles que seule l'expérience vous apprendra à reconnaître. Si vous n'êtes toujours pas sûr de vous, faites glisser une plante hors de son pot, sans casser la motte, et jetez un coup d'œil sur le dessous pour vérifier son humidité. Regardez aussi la plante elle-même, qui vous apprendra ce qui s'est passé

> **CONSEILS D'ARROSAGE**
>
> Arrosez les orchidées au moment de la saison de pousse. Laissez sécher partiellement les orchidées en période de repos. En général, arrosez une ou deux fois par semaine pendant la saison de pousse et une fois toutes les deux ou trois semaines pendant les périodes de repos. Commencez les arrosages quand les nouvelles pousses apparaissent au printemps. Les plantes doivent toujours être humides à la saison de pousse. Des pseudo-bulbes ratatinés ou des feuilles molles peuvent indiquer un manque ou un excès d'arrosage.

pendant les semaines précédentes. Si les pseudo-bulbes sont charnus, tout va bien. Des pseudo-bulbes ratatinés ou des feuilles molles peuvent indiquer un arrosage insuffisant ou trop abondant. L'étude des racines vous en dira plus ; ainsi pourrez-vous remédier au problème.

De façon générale, une orchidée typique s'arrose une ou deux fois par semaine pendant la saison de pousse, et une fois toutes les deux ou trois semaines en période de repos. Les orchidées qui poussent toute l'année seront un peu moins arrosées en hiver qu'en été, les plantes étant plus longues à sécher. Cela dépend cependant de la taille de la plante et de la quantité de substrat. Une petite plante dans un grand pot demande moins d'eau parce que toute l'eau va s'écouler dans le substrat. Une grande plante dont les racines emplissent un petit pot aura besoin de beaucoup plus d'eau pour qu'une partie au moins atteigne les racines.

Essayez toujours d'arroser à un moment où la température s'élève, de bonne heure le matin ; cela est encore plus important en hiver, le surplus d'humidité ayant le temps de sécher avant la nuit. L'association du froid et de l'humidité, que les orchidées détestent, sera ainsi évitée. L'arrosage matinal est moins nécessaire avec la culture en intérieur, et si vous n'avez que quelques plantes vous pouvez les apporter individuellement sur l'évier pour les arroser et les laisser s'égoutter avant de les remettre à leur place.

Comment arroser

Arrosez vos orchidées avec un arrosoir dont la taille reflétera celle de votre collection. Dans la serre, l'arrosoir finira par se transformer en tuyau d'arrosage. Ajoutez une pomme à débit variable pour faciliter le travail. Quand vous arrosez, inondez la surface, laissez l'eau s'écouler puis recommencez, afin de bien tremper la motte. En raison de la nature du substrat l'eau disparaît rapidement ; vous devez donc en apporter beaucoup plus que la plante ne boit en réalité.

Selon la qualité de l'eau de votre région, vous pourrez ou non utiliser

À GAUCHE *Les épiphytes, comme les vandas, qui poussent dans des paniers en bois à claires-voies sans substrat, sont des plantes aériennes. Elles doivent être bassinées plusieurs fois par jour par temps chaud, surtout si l'air est sec.*

Méthodes d'arrosage

Vous pouvez arroser de plusieurs façons, l'essentiel étant que l'eau convienne à vos orchidées.

❶ Arrosez régulièrement les orchidées d'appartement avec un arrosoir à long col. Mouillez abondamment le substrat. La plante illustrée ci-dessus est un *Phalaenopsis*.

❷ Si une plante, comme ce *Doricentrum*, est sèche depuis longtemps, trempez-la dans un seau d'eau et laissez le substrat s'imbiber pendant dix minutes.

l'eau municipale. La plupart des orchidées préfèrent un pH naturel. Renseignez-vous sur le degré d'acidité de votre eau auprès de la compagnie des eaux qui vous fournit. Si le pH est élevé, vous pouvez adoucir l'eau en la stockant dans un réservoir et en lui ajoutant un sachet en mousseline plein de tourbe que vous accrocherez au bord. Il existe d'autres méthodes plus coûteuses, mais il est parfois plus facile de récolter l'eau de pluie d'une gouttière. Si vous utilisez de l'eau stockée, elle doit être à température ambiante, surtout en hiver, l'eau très froide risquant d'abîmer les racines. Si le réservoir est à l'extérieur, mettez un arrosoir plein dans la serre la veille de l'arrosage.

Qualité de l'eau

L'eau du robinet peut provenir de diverses sources – eau de pluie, eau de rivière préalablement traitée pour devenir potable ou eau souterraine accumulée dans des réservoirs naturels

❸ Les plantes qui poussent en serre sur de l'écorce, telle cette *Coelogyne*, doivent être trempées dans un seau d'eau au moins une fois par semaine et bassinées quotidiennement.

formés dans les sous-sols rocheux. Cette dernière existe parfois depuis des centaines d'années et peut contenir de nombreux minéraux. Votre eau est peut-être potable pour l'homme, mais les plantes épiphytes n'aiment pas le calcaire ou le calcium. Il existe des adoucisseurs d'eau utilisant des sels et divers ingrédients. Là encore, s'ils conviennent pour l'usage domestique, ils ne sont guère appréciés des orchidées. Cependant, les adoucisseurs par osmose inversée éliminent les impuretés et donnent une eau de meilleure qualité, « potable » pour les orchidées.

PÉRIODES DE REPOS

La plupart des orchidées ont une période de pousse suivie d'une période de repos qui peut durer quelques semaines ou plusieurs mois. Les repos des orchidées à pseudo-bulbes sont généralement plus longs. Les paphiopedilums et les phalaenopsis ne suivent pas le même rythme, mais tous deux ralentissent leur croissance en hiver. La majorité des orchidées se met au repos en hiver, ce qui coïncide avec la saison sèche des habitats naturels de l'espèce. Pour assurer sa survie, la plante s'arrête de pousser et réduit ses besoins en eau. Les lycastes, pleiones et quelques dendrobiums font partie des orchidées caduques, perdant leurs feuilles à la période de repos. D'autres sont persistantes et ne perdent qu'une partie de leur feuillage, à peu près à la même époque, ou au printemps quand l'activité reprend.

Orchidées en dormance

Les cymbidiums font partie des orchidées à périodes de repos très courtes. Quand le nouveau pseudo-bulbe mûrit en fin d'été, la hampe florale sort de la base. Il est aussi assez courant de voir une nouvelle pousse apparaître, la plante continuant à se développer d'une saison à l'autre, sans interruption.

De nombreuses orchidées fleurissent pendant leur période de repos, ce qui, dans la nature, leur permet d'attirer les insectes pour les féconder, les fleurs ne risquant pas d'être abîmées par le vent et les pluies torrentielles. Les odontoglossums terminent leur pseudo-bulbe de la saison et produisent en même temps leurs hampes fleuries. Ce n'est qu'après la floraison qu'apparaît la nouvelle pousse, à tout moment à partir du début de l'hiver. Les hybrides complexes de ce genre suivent souvent un cycle de neuf mois, la nouvelle pousse peut ainsi commencer à différents moments de l'année. Les plantes peuvent donc pousser en hiver, et se reposer et fleurir en été.

Les stanhopeas préfèrent souvent pousser en hiver et fleurir au milieu de l'été, en période de repos. Pousse et floraison du paphiopedilum et du phalaenopsis ne sont pas simultanées. Le phalaenopsis suit toujours la même routine et produit alternativement une nouvelle feuille et un épi floral, avec un court repos pendant la floraison.

La plupart des orchidées monopodiales suivent le même schéma. Nombre de coelogynes fleurissent au début de la saison de pousse, les hampes florales sortant du centre de la nouvelle pousse quand elle est encore très jeune.

On ne peut savoir quel sera le mois où une orchidée va entrer en repos ou recommencer à pousser. Surveillez chaque plante et vous apprendrez

CI-DESSUS *Les calanthes sont des orchidées caduques qui produisent leurs hampes florales à la fin de la saison de pousse, au moment où la plante va perdre ses feuilles et entrer en repos. Les fleurs apparaîtront sur une plante dénudée.*

SOINS RÉGULIERS **125**

À GAUCHE *Après la floraison et avant le départ de la nouvelle pousse, les pseudo-bulbes de la* Calanthe *peuvent être retirés du pot pour sécher jusqu'à l'apparition des nouvelles pousses.*

rapidement à reconnaître si elle se met à pousser ou non. Quand le pseudo-bulbe de la saison est mûr et atteint sa taille maximale, le cycle de croissance est terminé. La plante se met alors au repos, la nouvelle période de croissance ne commençant que lorsqu'une jeune pousse apparaîtra à la base.

Soins en période de repos

En période de repos, les orchidées ont besoin de beaucoup moins d'eau et de très peu d'engrais. Tant que les pseudo-bulbes restent charnus, il n'est pas nécessaire d'arroser les plantes. Pour certaines espèces, comme *Coelogyne,* il est normal que les pseudo-bulbes rétrécissent légèrement. À l'apparition des nouvelles pousses et à la reprise des arrosages, ils gonfleront à nouveau.

Les orchidées qui fleurissent pendant leur période de repos n'ont pas nécessairement besoin d'eau supplémentaire. Pour se développer, la hampe florale prend inévitablement des nutriments dans les pseudo-bulbes, processus qui est naturel. Les racines n'apparaissent qu'après les nouvelles pousses. Arrosez parcimonieusement jusqu'à ce que les pousses atteignent quelques centimètres puis augmentez les arrosages et commencez les engrais. Un arrosage insuffisant en été pouvant être la cause d'un flétrissement l'hiver suivant, il vaut mieux arroser fréquemment.

Les orchidées qui perdent leurs feuilles pendant la période de repos perdent aussi leurs vieilles racines. Au début de la saison de pousse, de nouvelles racines apparaissent, qui forment la partie la plus importante de la plante. Le bon moment pour rempoter est entre la fin du repos et le début de la nouvelle pousse, juste avant que sortent les racines. Le moment est plus propice que le début de la période de repos où il vaut mieux ne pas déranger la plante.

CI-DESSUS *Les thunias font partie des rares orchidées dont les feuilles changent de couleur à l'automne, avant de tomber. Les cannes dénudées restent dormantes pendant l'hiver.*

CI-DESSUS *Au printemps, après le repos hivernal, les thunias commencent leur nouvelle pousse. Rempotez-les aussitôt, avant que les nouvelles racines apparaissent à la base.*

TEMPÉRATURE

On croit souvent, à tort, que les orchidées demandent une température constante pour prospérer ; pourtant il n'existe aucun habitat naturel, quel que soit leur lieu d'origine, où la température reste la même la nuit et le jour, l'été et l'hiver, et les orchidées cultivées peuvent supporter de grands écarts de température. En fait, ces écarts sont nécessaires pour provoquer la floraison et assurer une pousse régulière.

Les orchidées tropicales peuvent être réparties en orchidées « froides », « tempérées » et « chaudes », selon leur lieu d'origine. Chaque groupe a besoin d'une température appropriée pour prospérer. Entre eux il existe des variations considérables.

Orchidées dites froides

Les orchidées froides forment le plus grand groupe, auquel appartiennent

Cymbidium
Isobel Saunders

les cymbidiums de l'Himalaya, les odontoglossums des Andes et beaucoup d'autres genres dont la plupart sont des plantes de haute altitude (jusqu'à 2 500 m). Elles doivent souvent subir le gel des nuits très froides, mais en altitude, l'air est raréfié et les gelées occasionnelles ne leur font aucun mal.

Ces orchidées sont cultivées à une température qui va de 10 °C au minimum à 30 °C au maximum. La température minimale est celle des nuits d'hiver qui, à l'intérieur, doit être maintenue par une quelconque forme de chauffage. Bien sûr, une baisse de quelques degrés n'est pas catastrophique, mais si la température nocturne hivernale ne dépasse pas 3 °C de façon constante, les plantes en souffriront. En outre, certains autres problèmes risquent aussi d'apparaître, tels que les moisissures et les taches d'humidité.

En été, la température diurne maximale ne doit pas dépasser 30 °C, ce qui est une température confortable pour les orchidées. Au-dessus, les plantes seront inévitablement stressées, leur développement sera ralenti et peut même cesser. La chaleur de la serre devra être contrôlée par une aération suffisante, des ombrages et des bassinages.

Les températures diurnes seront toujours nettement plus élevées que les températures nocturnes et, en hiver, elles doivent augmenter de 6 °C au moins. Si la température monte trop peu dans la journée, l'humidité ambiante augmente et l'équilibre est rompu, avec pour résultat les pourritures et les moisissures. Les orchidées n'aiment pas le froid humide, mais

CI-DESSUS *Le thermomètre maximum/minimum est indispensable si vous cultivez des orchidées en serre.*

elles ne tolèrent pas davantage la chaleur sèche.

Orchidées tempérées

Les orchidées tempérées, qui réunissent les cattleyas spectaculaires et les élégants paphiopedilums d'ombre, demandent une température nocturne hivernale minimale de 13 °C. Lorsque cela est possible, il faut que la température diurne soit plus élevée, sans excéder 30 °C. Là encore, des températures plus basses ou plus hautes seront très préjudiciables aux orchidées et, si elles se prolongent, risquent de les faire mourir. La température nocturne estivale doit rester autour de 13 °C, sans chauffage dans la serre.

GUIDE DE TEMPÉRATURE DES ORCHIDÉES

TYPE D'ORCHIDÉE	Température minimale	Température maximale
Orchidées froides comme les cymbidiums et les odontoglossums	nocturne hivernale 10 °C diurne hivernale 20 °C	nocturne estivale 13 °C diurne estivale 30 °C
Orchidées tempérées comme les cattleyas et les paphiopedilums	nocturne hivernale 13 °C diurne hivernale 20 °C	nocturne estivale 13 °C diurne estivale 30 °C
Orchidées chaudes comme les phalaenopsis	nocturne hivernale 18 °C diurne hivernale 21 °C	nocturne estivale 18 °C diurne estivale 32 °C

Pour obtenir les températures nocturnes plus élevées requises en hiver, vous devrez laisser le chauffage plus longtemps qu'il est nécessaire pour les orchidées froides.

Orchidées chaudes

Les orchidées chaudes, parmi lesquelles on trouve les phalaenopsis populaires, réclament une température nocturne hivernale de 18 °C au minimum, avec un maximum diurne estival de 32 °C. Cependant, dans les conditions offertes en intérieur, où l'atmosphère est naturellement plus sèche que dans une serre, elles paraissent se contenter de températures proches de celles que réclament les orchidées tempérées.

Si vous choisissez de cultiver vos orchidées en appartement, vous pouvez trouver divers emplacements qui conviendront à ces différentes fourchettes de température. Un ou plusieurs thermomètres maximum/minimum sont utiles ; placez-les à côté des orchidées et relevez régulièrement la température.

Dans une serre, il est plus difficile de cultiver les trois types d'orchidées au même endroit. Ce qui convient à un groupe ne convient pas à l'autre, et certaines orchidées souffriront inévitablement du chaud ou du froid. L'idéal est de diviser la serre en deux ou trois parties, selon les orchidées que vous désirez cultiver. Les très petites serres ne conviennent pas, les sections créées étant très réduites et les variations de température difficiles à obtenir.

Le mieux serait de posséder deux ou trois petites serres où chaque groupe d'orchidées pourrait trouver sa température adéquate, mais ce rêve n'est malheureusement pas à la portée de l'amateur.

Phalaenopsis *San Luca*

Coelogyne massangeana

LUMIÈRE

Les orchidées sont des plantes d'ombre qui au cours de leur croissance doivent recevoir l'équivalent de la lumière du soleil tamisée par les grands arbres de leur habitat naturel. Trop de lumière en été risque de jaunir le feuillage. Dans les cas plus sévères, le soleil direct brûle les feuilles, en les tachant de noir à l'endroit où ses rayons ont détruit les cellules de la feuille. Inversement, une lumière insuffisante donnera des feuilles vert foncé, molles et trop longues. L'idéal est d'apporter à vos orchidées juste assez de lumière pour qu'elles produisent un beau feuillage sain, vert moyen, et des pseudo-bulbes qui donneront des hampes florales à la bonne époque.

Lumière d'hiver

En hiver, la plupart des orchidées, excepté les phalaenopsis et les paphiopedilums, peuvent bénéficier de toute la lumière disponible, laquelle permettra aux pseudo-bulbes de mûrir

suffisamment, ce qui est indispensable à la floraison.

Les orchidées d'appartement disposent de moins de lumière, laquelle venant d'une seule direction, élimine les dangers d'insolation. En revanche, il arrive souvent que la lumière soit insuffisante, et il est parfois difficile d'augmenter la quantité de lumière entrant par les fenêtres. Déplacer les orchidées en hiver pour les mettre à

À GAUCHE *Les lampes ponctuelles, rarement utilisées par les jardiniers dans les serres, peuvent éclairer les coins sombres de l'appartement.*

un endroit plus lumineux peut être une solution, à condition que la température reste la même. L'éclairage électrique par des tubes fluorescents horticoles placés au-dessus des orchidées peut être une alternative intéressante. Cependant, ce système est trop coûteux et trop délicat pour être satisfaisant. Il convient dans les climats froids et est utilisé avec succès dans le nord de l'Amérique du Nord.

Dans une serre ou une véranda chauffée, il est facile de contrôler la quantité de lumière, les orchidées pouvant bénéficier du plein jour en hiver sans que les faibles rayons du soleil risquent de les brûler. Les panneaux de verre doivent être débarrassés de toute peinture d'ombrage afin que les orchidées reçoivent toute la lumière disponible. La température augmentera aussi, ce qui diminuera la facture de chauffage.

CI-DESSUS *Les feuilles panachées de* Vanilla planifolia *var.* variegata *présentent plusieurs nuances de vert. Dans la serre, elle doit être bien éclairée.*

CI-DESSUS *Les orchidées poussant sur un appui de fenêtre doivent recevoir assez de lumière, mais en été elles ne doivent pas être exposées au soleil direct qui brûlerait leurs feuilles.*

À DROITE *Cymbidium Bethlehem 'Ridgeway' fleurit librement et demande beaucoup de lumière toute l'année.*

Au début du printemps, quand le soleil chauffe un peu plus tous les jours, vous devez surveiller vos plantes pour que les feuilles ne brûlent pas. Installez les systèmes d'ombrage assez tôt pour éviter ces inconvénients. L'ombrage permet également de contrôler la température qui peut s'élever considérablement, surtout dans les petites serres. Quel que soit votre système d'ombrage, il devra être suffisant pour que votre main placée sous le soleil direct ne projette aucune ombre.

Lumière d'été

Le contrôle de la lumière estivale va de pair avec l'aération, ces deux facteurs permettant de maîtriser la température. Les orchidées placées à l'extérieur en été recevront toute la lumière dont elles ont besoin, mais toujours à l'ombre.

Absence de floraison

Si une plante prospère et en bonne santé ne fleurit pas à la saison appropriée, seules la lumière et la température sont en cause. Il n'existe pas d'orchidée stérile refusant de fleurir. Si l'environnement convient, la plante fleurira, les fleurs étant le moyen le plus naturel de reproduction. Une orchidée trop vigoureuse et parfaitement saine peut être paresseuse et même oublier de fleurir. Dans la nature, certaines plantes reçoivent trop de lumière et montrent parfois de méchantes brûlures, mais elles produisent cependant une quantité de fleurs. En tant que jardiniers, nous essayons de jouer sur les deux tableaux : produire une plante saine et forte avec de nombreuses fleurs. En contrôlant soigneusement la température et la lumière, il est possible de faire fleurir toutes les orchidées à leur période de floraison spécifique. Il est plus difficile d'obtenir ce résultat avec une collection mélangée, chaque plante ayant des exigences différentes pour fleurir.

La plupart des collections d'amateurs se composant d'une sélection de plantes « uniques », il vaut mieux connaître les besoins de chaque orchidée. Même dans la plus petite serre, les plantes accrochées en haut, plus près de la lumière, ont plus de chance de fleurir que les orchidées posées sur les tablettes, où il fait peut-être un peu trop sombre et trop chaud. Il suffit parfois de déplacer à l'autre bout de la serre une orchidée qui ne fleurit pas pour que les fleurs apparaissent.

CI-DESSUS *Le feuillage des paphiopedilums peut être vert uni ou tacheté. Tous les paphiopedilums préfèrent l'ombre.*

MAINTENIR LES PLANTES À UNE CERTAINE TAILLE

Que votre collection d'orchidées soit abritée dans une petite partie de votre appartement ou dans une serre spacieuse, il arrivera toujours un moment où les plantes commenceront à prendre trop de place ou à être trop grandes pour être manipulées facilement, excepté les phalaenopsis dont la pousse verticale est autorégulatrice. De même, bien que les vandas et apparentées puissent atteindre une grande hauteur, elles ne sont jamais trop encombrantes. Les orchidées qui créent le plus de problèmes sont essentiellement les orchidées sympodiales (produisant des nouvelles pousses à la base des pousses précédentes), qui s'étalent sur la surface du pot et au-delà. Certaines coelognes et encyclias peuvent se développer considérablement en quelques années. La petite plante achetée dans un pot de 10 cm, qui s'insérait parfaitement dans le seul petit espace restant sur l'appui de fenêtre, devra être rempotée dans un grand pot un ou deux ans plus tard, et, rapidement, dépassera l'espace qui lui est alloué. Cette jolie petite plante, décrite comme orchidée miniature, finira par prendre des proportions démesurées, en largeur si ce n'est en hauteur, lorsqu'elle sera adulte.

Certaines orchidées, dont les coelognes miniatures comme *Coelogyne fimbriata* et les bulbophyllums, dont *Bulbophyllum roxburgii*, peuvent être maintenues dans leur pot original pendant plusieurs années, même si elles produisent de nombreuses pousses. Il suffit pour cela de fixer les nouvelles pousses dans le pot au fur et à mesure qu'elles apparaissent, en les enfonçant délicatement entre ou sur les pseudo-bulbes existants. Maintenez-les avec un petit morceau de fil de fer plastifié recourbé, un peu comme une épingle à cheveux. L'opération est facile avec les orchidées dont le rhizome s'allonge entre les pseudo-bulbes, mais prenez soin de ne pas casser la pousse en l'enfonçant trop loin. La plante finira par donner une masse compacte de pseudo-bulbes qui ne s'étaleront pas et produiront une floraison plus dense.

Lorsque des plantes de petite taille poussent dans des paniers suspendus dans la serre, les nouvelles pousses peuvent aussi être conduites autour du pot ou du panier où se trouve la plante. Les pots en maille plastique, souvent utilisés pour les plantes aquatiques, sont recommandés. Cette méthode convient également pour des orchidées plantées dans des paniers carrés en bois. Elles peuvent être cultivées pendant de nombreuses années sans trop de problèmes et sans prendre plus de place que lorsque vous les avez achetées.

Si vous constatez que le substrat est détérioré, essayez d'enfoncer délicatement les nouvelles pousses qui s'élèvent au-dessus de la surface du pot. Ajoutez avec précaution entre les pseudo-bulbes du substrat neuf, sous forme de fins copeaux d'écorce et de tourbe, et

À GAUCHE *Si vous préférez que vos plantes n'atteignent pas leur développement maximal, divisez-les en plusieurs sections. Cette* Coelogyne fimbriata *a été divisée pour donner une plante de taille raisonnable.*

À GAUCHE *Le contenant de cette* Coelgyne fimbriata, *ici un panier suspendu, a complètement disparu sous le feuillage. Si vous les conservez plusieurs années sans les diviser, en les laissant prendre leur plein développement, ces plantes demandent beaucoup de place pour s'étaler. À ce stade, la plante ne doit plus être dérangée et peut rester ainsi pendant de nombreuses années. Ces sortes d'orchidées, récompense spectaculaire de tous vos efforts, fleurissent également plus longtemps, les fleurs ne s'ouvrant pas toutes en même temps.*

Beaux spécimens

Lorsque cela est possible, il vaut mieux laisser intactes les plantes particulièrement belles. Il semble injuste de les réduire à un simple plant qui doit tout recommencer, alors qu'elles avaient fait leur possible pour prospérer. Vous trouverez sans doute une place dans la maison ou dans la serre, où votre orchidée pourra resplendir dans toute sa gloire, sur une petite table dans un coin éclairé, ou dans un endroit spécial du salon ou de la véranda. Il est souvent plus facile de trouver un espace libre dans la maison que dans la serre, où la tentation est toujours trop grande d'entasser encore et encore – ce qui d'ailleurs n'est pas vraiment conseillé.

Cependant il n'est pas toujours aisé de laisser les grandes orchidées comme les cymbidiums prendre leur plein développement. Le rempotage et les divisions régulières restent alors le meilleur moyen de les maintenir à une taille raisonnable pour les manipuler facilement. En retirant les vieux pseudo-bulbes sans feuilles et en gardant les nouvelles parties feuillues de la plante, vous conserverez une belle orchidée au feuillage vigoureux et à la floraison régulière.

enfoncez-le sur les côtés pour que les nouvelles pousses puissent s'enraciner dans du substrat frais.

Rempotage et division

Pour maintenir vos orchidées à une taille raisonnable mais en gardant les pousses entières, vous pouvez également les diviser en sections plus petites. Cette opération, qui se pratique régulièrement, est une excellente façon de réduire la taille d'une plante. Elle n'est cependant pas conseillée pour les espèces de petite stature, qui doivent atteindre une certaine dimension pour déployer tout leur charme. Une seule fleur sur une petite plante a peu de rapport avec la même plante croulant sous une exquise et foisonnante floraison. Ces plantes resteront aussi plus longtemps en fleurs, celles-ci ne s'épanouissant pas toutes en même temps.

Certaines plantes doivent parfois être divisées quand elles se sont étalées dans diverses directions, en laissant un creux difficile à dissimuler au milieu du pot. Lorsque cela arrive, la meilleure chose à faire est de retirer du pot la plante entière et de la diviser en plantes individuelles, en jetant les pseudo-bulbes morts du centre. Vous aurez ainsi plusieurs spécimens, dont chacun sera probablement de la taille de la plante au moment de l'achat. Vous possédez maintenant un certain nombre de copies exactes de votre orchidée, que vous pouvez échanger avec vos amis ou offrir en cadeau. Plus d'un amateur a commencé sa carrière ainsi !

Si vous avez la place et si vous êtes satisfait de voir vos plantes se développer et leur floraison augmenter d'année en année, rien n'est plus beau qu'une très grande orchidée croulant sous les fleurs produites par des pseudo-bulbes s'entassant les uns sur les autres, comme chez la ravissante *Coelogyne cristata*. Si vous possédez cette espèce dans votre collection, laissez-la prospérer et elle atteindra des proportions monumentales.

CALENDRIER DES SOINS

CI-DESSUS *Les cochenilles adhèrent fermement à la surface de la feuille et doivent être retirées en les frottant doucement avec une brosse à dents trempée dans l'alcool dénaturé. Rincez à l'eau.*

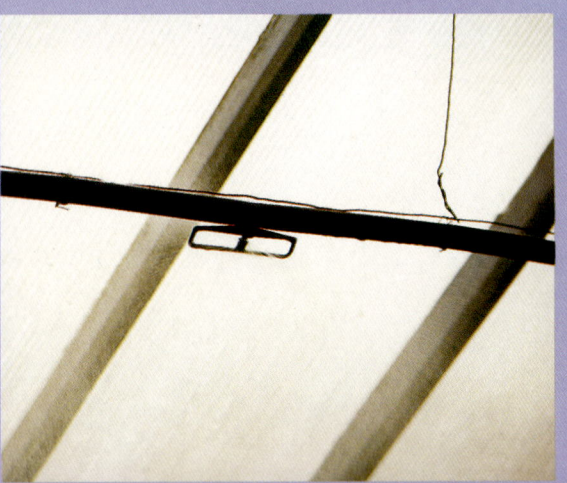

CI-DESSUS *Les aspersoirs, installés à intervalles réguliers sur un tuyau d'eau, apporteront un brouillard de gouttelettes. Il suffit de les mettre quelques secondes en action pour rafraîchir la serre.*

PRINTEMPS

C'est l'époque où les orchidées, qui ont été en repos tout l'hiver, commencent une nouvelle saison de pousse. Beaucoup sont en fleur.

Commencez à arroser régulièrement et donnez un peu d'engrais tous les trois arrosages.

Dans la serre, installez les dispositifs d'ombrage et augmentez l'humidité ambiante en bassinant plus souvent, à mesure que la température s'élève dans la journée.

Surveillez les insectes, qui vont commencer à apparaître.

Tuteurez les hampes florales fragiles avec un tuteur en bambou.

Rempotez, si nécessaire, quand la nouvelle pousse commence ou après la floraison.

ÉTÉ

Surveillez la température pour vous assurer que les orchidées ne souffrent pas de la chaleur pendant la journée. Vous pouvez aussi mettre les plantes à l'extérieur de la serre, en situation ombragée. Arrosez-les régulièrement et apportez de l'engrais un arrosage sur deux.

Retirez les vieilles hampes florales dès que les fleurs sont fanées.

Surveillez les limaces et les escargots, ainsi que les autres nuisibles, qui sont alors très actifs.

Maintenez l'humidité ambiante autour des plantes restées dans la serre et vaporisez de l'eau sur les feuilles.

Si nécessaire, ombragez davantage les orchidées.

CI-DESSUS *Détectez les cochenilles en examinant l'envers des feuilles où l'insecte aime se cacher. En peu de temps, une colonie non détectée peut envahir toute la plante.*

CI-DESSUS *Ces pseudo-bulbes de Pleione sont restés dormants tout l'hiver. Les feuilles et les racines sont mortes tandis que les pseudo-bulbes conservent leurs nutriments jusqu'au printemps.*

AUTOMNE

Avant les premières gelées, rentrez dans leur quartier d'hiver les orchidées ayant passé l'été dehors.

Surveillez les nuisibles et chassez-les avant de rentrer les plantes.

Rempotez les jeunes pousses ou les repiquages qui en ont besoin en les mettant dans un pot plus grand.

À mesure que le soleil devient moins fort, retirez les ombrages pour que les plantes reçoivent un maximum de lumière en vue de l'hiver.

Ramassez toutes les feuilles tombées.

Diminuez les arrosages et laissez les plantes sécher entre chaque arrosage.

HIVER

N'arrosez pas les orchidées en période de repos, sauf, occasionnellement, si les pseudo-bulbes se ratatinent.

Surveillez les hampes florales des orchidées et protégez-les des limaces et des escargots.

Vérifiez la température nocturne et, si nécessaire, chauffez davantage pendant les périodes très froides.

Évitez le froid et l'humidité, qui favorisent l'apparition de spores de champignons, surtout sur les fleurs.

À l'intérieur, donnez à vos orchidées le plus de lumière possible, mais éloignez-les de la chaleur des radiateurs ou autre appareil de chauffage.

Les phalaenopsis et les paphiopedilums cultivés à l'intérieur seront régulièrement arrosés et recevront un peu d'engrais. Ces orchidées n'ont pas de période de repos, mais leur croissance est ralentie en hiver.

TRAITEMENT DES PROBLÈMES COURANTS

Comparées aux autres plantes, les orchidées ont peu de problèmes. Dès le début, prenez l'habitude de pratiquer une hygiène rigoureuse dans la serre, en balayant les feuilles mortes, par exemple, et les déchets tombés sur le sol, ce qui vous permettra de contrôler les insectes et les maladies décrits ci-dessous.

PRÉDATEURS

Peu d'insectes s'attaquent aux orchidées et les proportions d'une épidémie sont rarement atteintes lorsque les conditions de culture sont appropriées. Dans la serre on trouve la plupart des prédateurs, où la chaleur humide est idéale pour les limaces et les escargots, notamment.

En appartement, où l'environnement est beaucoup plus sec qu'à l'extérieur, les petits insectes grégaires et les araignées rouges sont plus à craindre. Vous devez surveiller les plantes et examiner soigneusement les feuilles. Il est essentiel que vous soyez capable d'identifier les dommages, qui souvent sont la première indication d'un problème.

Pucerons

Ils comprennent les pucerons verts extrêmement communs et souvent envahissants, ainsi que la mouche blanche et les pucerons noirs. Les pucerons verts sont attirés par les bourgeons de toutes les orchidées et par les parties tendres de certaines, comme les jeunes pousses des types à feuilles molles, telles les lycastes et les pleiones. Ils sont faciles à détecter et le jardinier consciencieux ne les laissera jamais infester la plante, ce qu'ils peuvent faire en un temps très court.

Quand vous les aurez détectés, faites-les disparaître avec de l'eau tiède. Remplissez une cuvette d'eau, ajoutez un peu de savon liquide insecticide puis immergez les parties infectées de la plante en les agitant dans l'eau jusqu'à ce que tous les insectes soient délogés. Vous pouvez aussi les retirer individuellement avec un Coton-tige ou vaporiser un insecticide.

Si vous retirez des pucerons des bourgeons, veillez à ne pas casser ces derniers. Si ces insectes ravageurs n'ont

À GAUCHE *En quelques jours, les pucerons peuvent former de vastes colonies. Ils sucent la sève de la plante, ce qui fait avorter les bourgeons. Recherchez ces prédateurs sur les jeunes pousses, mais aussi sur les racines.*

pas été détectés à temps, ils auront endommagé la plante en suçant la sève. Malheureusement, les parties abîmées grossissent en même temps que les bourgeons, et lorsque les fleurs s'ouvriront, elles porteront de grandes taches à l'endroit où se trouvaient les pucerons. Dans certains cas, les fleurs seront avortées et ne s'ouvriront pas totalement.

Bien que les pucerons soient faciles à détecter et à contrôler, ils sont présents tout l'été dans le jardin et peuvent revenir. Vous devez les surveiller presque chaque jour. Si vous les oubliez une seule semaine, vous en trouverez des centaines là où il n'y en avait qu'un ! Les pucerons sécrètent également un miellat collant. Ce miellat qu'ils déposent sur les feuilles va se transformer en moisissure. Les fourmis viennent « traire » les pucerons, à la recherche de ce miellat. Elles transportent aussi les insectes d'un endroit à l'autre, pour commencer une nouvelle colonie. Si vous découvrez des fourmis qui montent et descendent de vos hampes florales, examinez vos plantes avec attention.

Abeilles et souris

Les abeilles et les souris peuvent être classées comme prédateurs, parce qu'elles prennent le pollen des fleurs. Sans son pollen, la fleur se fane et meurt en un ou deux jours, ce qui désole le jardinier, surtout si la floraison devait durer plusieurs semaines.

Les abeilles entrent dans la serre et emportent le pollen en quittant les fleurs où elles ont cherché sans succès du nectar. Empêchez-les d'y pénétrer en couvrant les aérateurs avec un filet à mailles fines. Faites de même sur l'ouverture de la porte d'entrée, si celle-ci reste ouverte en été, pendant les grosses chaleurs.

CI-DESSUS *La cochenille posée sur la hampe florale de ce* Phalaenopsis *se voit facilement à l'œil nu. Les insectes se trouvent souvent à la fourche des feuilles et des hampes, en particulier sur les jeunes pousses.*

CI-DESSUS *Le jardinier débarrasse de ses cochenilles cette hampe de* Phalaenopsis *avec un petit pinceau trempé dans l'alcool dénaturé. Rincez les jeunes pousses à l'eau pour éviter la brûlure des feuilles.*

Les souris trouvent que le pollen des orchidées constitue une bonne source de nourriture. Si vous pensez avoir des souris dans votre serre quand le temps se refroidit en hiver, posez des pièges, et après les avoir capturées (sans les tuer), transportez-les loin de la serre.

Cochenilles

Ces insectes sont plus gros que les pucerons et donc plus faciles à détecter.

CI-DESSUS *Accrochez des attrape-mouches dans la serre pour attraper les petites mouches des mousses dont les larves éclosent dans le substrat et attaquent l'extrémité des racines.*

Ils mesurent environ 3 mm de long. Leur corps rose est couvert d'une substance cotonneuse blanche, qui trahit clairement leur présence. Elles ont tendance à s'accumuler à la base des feuilles et à la jonction des feuilles et de la tige chez les dendrobiums, entre autres. Les plantes atteintes présentent de vilaines taches jaunes à l'endroit où les insectes se trouvaient. Traitez-les comme les pucerons ou avec un produit spécifique. Comme elles sont plus mobiles que les pucerons, les cochenilles vont grimper sur les hampes florales et provoquer des ravages sur les boutons et les fleurs.

Mouches des mousses

Elles pondent leurs œufs dans le substrat que les minuscules larves blanchâtres désintègrent ensuite. Les larves attaquent les racines des jeunes plants, mais font moins de dégâts sur les plantes adultes. Vous verrez les mouches s'envoler le soir si vous dérangez les plantes. Lorsqu'une colonie s'est établie, elle peut se multiplier rapidement pendant l'été. Le problème disparaît en cassant le cycle de reproduction. Pour cela, posez la plante infectée dans un seau plein d'eau, en l'enfonçant à ras bord, de façon à noyer les larves. Vous pouvez laisser la plante une demi-heure dans l'eau, sans dommage.

Pour contrôler les mouches adultes, en particulier sur les orchidées posées sur les appuis de fenêtre, placez à côté quelques plantes insectivores, comme *Pinquicula* spp et *Drosera* spp. Ces plantes de marais doivent être mises sur des soucoupes contenant toujours de l'eau. Ne leur donnez pas d'engrais qui les tuerait. Leurs feuilles collantes retiendront toutes les mouches et tous les moucherons ; cette méthode de contrôle est efficace et naturelle.

Araignées rouges

Cet envahisseur attaque la plupart des orchidées, mais plus particulièrement les dendrobiums, lycastes et coelogynes à feuilles molles, ainsi que les cymbidiums. L'araignée rouge est extrêmement petite, tout juste visible à l'œil nu, la loupe étant souvent nécessaire pour apercevoir cet acarien jaunâtre qui se déplace sur l'envers des feuilles. Si vous respirez près de la feuille, elle accélère son déplacement et vous serez surpris de la quantité que l'on peut trouver sur une petite surface. Ces araignées pompent la sève, en laissant des mouchetures blanc argenté sur la feuille dont elles ont tué les cellules. En peu de temps, une infection s'empare des parties endommagées, qui noircissent. Si les plantes

À GAUCHE
L'envers des feuilles de Cymbidium *doit être bien vert. Le mouchetis blanc argenté, présent sur la feuille de droite, révèle une attaque d'araignées rouges.*

sont infestées, vous apercevrez un film très fin sur la surface de la feuille. Ces acariens, particulièrement actifs en été, se reproduisent plus vite en chaleur sèche. Ils envahissent les plantes à l'intérieur comme à l'extérieur. Au pire, ils font tomber le feuillage. Vous pouvez éviter les attaques d'araignées rouges sur vos orchidées en vaporisant régulièrement de l'eau sur le feuillage, sur l'envers comme sur l'endroit. Les cymbidiums qui passent l'été dehors, par exemple, seront arrosés au jet, sous et entre les feuilles.

L'insecticide systémique est une autre possibilité, mais prenez soin de lire les instructions du fabricant avant usage. Il va rendre la plante toxique et éradiquer non seulement les araignées adultes mais aussi les nouvelles générations qui doivent éclore environ dix jours plus tard. Vous pouvez également laver chaque feuille avec du savon liquide insecticide qui tue par contact. Il détruira les adultes, mais peut laisser des œufs, ce qui oblige à recommencer dix jours après.

Fausse araignée rouge

C'est un prédateur similaire à l'araignée rouge, qui attaque les feuilles charnues des phalaenopsis et des paphiopedilums, en laissant des trous et des taches jaunes. Vu à la loupe, il ressemble à l'araignée rouge. Vous pouvez vous en débarrasser de la même façon, mais les feuilles abîmées le resteront.

Insectes coccidés

Ils peuvent prendre diverses formes, mais les adultes sont tous recouverts d'une carapace qui peut être molle ou dure, blanche ou brune, et généralement ronde ou ovale. Il existe aussi un insecte laineux, d'aspect semblable à la cochenille, mais qui se répand en plus grand nombre sur la surface de

TRAITEMENT DES PROBLÈMES COURANTS 137

À DROITE
Cette espèce de Dendrobium *à feuilles molles est très endommagée par les araignées rouges, qui provoquent de grandes taches blanches et la perte prématurée des feuilles.*

À DROITE *Une attaque massive de cochenilles sur ce* Cattleya *a tué quelques feuilles et endommagé gravement plusieurs autres. L'éradication de ces prédateurs réclame une vigilance constante.*

la feuille. La larve est très petite et se déplace assez rapidement. Quand ils sont adultes, les insectes s'installent sur la feuille, immobiles sous leur carapace en dôme, et pondent leurs œufs ; ils sont alors très faciles à détecter. Certains se rassemblent en vastes colonies, d'autres sont presque solitaires et très espacés. Les diverses sortes vivent sur la surface de la feuille, surtout du côté envers, ou cachés dans les feuilles engainantes des cattleyas qui sont particulièrement sujets à leurs attaques. Ces insectes peuvent s'installer sur presque toutes les orchidées. Ils piquent la surface de la feuille, ce qui provoque des taches jaunes. Ils restent un certain temps puis vont s'installer sur une autre orchidée.

Si vous suspectez une attaque de ces insectes sur des cattleyas ou autres orchidées à feuilles engainantes, enlevez celles-ci et vous serez peut-être surpris de ce que vous trouverez, les quelques coccidés autour des feuilles n'étant que le sommet de l'iceberg. Retirez ces prédateurs en les lavant avec du savon liquide insecticide. Il vous faudra sans doute une vieille brosse à dents pour les déloger, mais ne frottez pas trop fort pour ne pas endommager davantage la feuille. Un vieux remède conseille d'essuyer les feuilles avec de l'alcool dénaturé qui tue par contact, mais vous devrez quand même retirer la carapace. Lorsque les coupables ont disparu, traitez régulièrement les plantes avec un insecticide systémique afin d'éliminer totalement les générations successives.

Les coccidés sont plus actifs au printemps et en été, mais en serre chaude ils continuent à se reproduire en hiver. Ils sécrètent parfois un miellat qui lui aussi attire les fourmis, lesquelles viennent alors les traire, comme les pucerons. Les moisissures qui bientôt poussent sur ce miellat noircissent un peu plus la feuille.

Limaces et escargots

Ces animaux gênants sont toujours présents et seule une vigilance constante permet de s'en débarrasser. On les trouve le plus souvent dans les serres, où ils rencontrent des conditions idéales de survie. Les petits escargots gris font des dégâts considérables en dévorant les extrémités des racines. Les gros escargots et les limaces de toutes tailles mangent les racines, les nouvelles pousses et les

138 SOINS ET CULTURE

À GAUCHE *Les escargots des jardins, de toutes tailles, attaquent les parties tendres des orchidées, comme ce bouton de* Cattleya, *en privilégiant les boutons et les extrémités des racines. L'escargot est surtout à redouter dans la serre.*

À DROITE *Placer des tranches de pommes sur le substrat est une méthode naturelle pour attraper les escargots et les limaces. Les mollusques s'accumulent sous la pomme et peuvent être ramassés le lendemain.*

pseudo-bulbes, en infligeant souvent de nombreuses blessures en une seule nuit. Recherchez ces ravageurs à la nuit tombée, avec une lampe électrique, en éclairant les feuilles engainantes des hampes florales de *Cymbidium*. Il existe plusieurs manières de s'en débarrasser, mais si vous préférez les méthodes écologiques gardez un ou deux crapauds dans la serre ou la véranda, comme prédateurs naturels. Mettez des tranches de pomme autour des plantes suspectes, et le matin suivant retournez-les. Vous serez surpris du nombre d'escargots venus festoyer sur la pomme.

Les pseudo-bulbes à moitié dévorés sécrètent une substance collante qui va remplir la cavité. Si vous ne les traitez pas, la pourriture va s'installer et la pousse de la saison sera perdue. Séchez le trou avec un torchon et remplissez-le de soufre horticole qui va assécher la plaie et empêcher l'infection. La blessure guérira, mais le trou sera toujours là.

À GAUCHE *Escargots et limaces peuvent faire dans les boutons de grands trous qui défigureront les fleurs quand elles s'ouvriront, comme ici sur ce* Cattleya.

Charançons et chenilles

Ces prédateurs mangeurs de feuilles peuvent dévorer de larges portions de feuilles et des fleurs en un temps très court. Les charançons sont nocturnes et passent la journée enfouis dans le substrat, où ils sont très difficiles à détecter. Leurs larves logent aussi dans le substrat et endommagent les racines. Cherchez-les la nuit en même temps que les limaces. Vous les verrez parfois dans la journée, de même que les diverses sortes de chenilles. En arrosant la plante avec une solution de savon insecticide ou BT *(Bacillus thuringiensis)*, vous tuerez les larves. Les charançons sont des prédateurs courants des jardins qui entrent dans la serre ou dans la maison. Ils peuvent aussi envahir d'autres plantes et vous devez constamment vous tenir sur vos gardes.

Cloportes, fourmis et perce-oreilles

Ces prédateurs fréquentent les endroits frais, humides et sombres, le dessous des tablettes de la serre étant l'emplacement favori des cloportes. Ils s'enfouissent dans le substrat, provoquant sa détérioration précoce et son tassement. Les fourmis s'installent dans les pots d'orchidées et détériorent le substrat, en empêchant son aération et en étouffant les racines qui finissent par mourir. Les perce-oreilles entrent dans la serre en fin d'été, quand la température extérieure baisse. Ils s'attaquent aux nouvelles racines, s'installent à la base des pseudo-bulbes et dans les bractées des cymbidiums. Pour vous débarrasser de ces prédateurs, arrosez les plantes au savon insecticide ou traitez-les avec un insecticide en poudre spécifique.

MALADIES ET AUTRES PROBLÈMES

La plupart des maladies sont dues à de mauvaises conditions de culture et apparaissent souvent sur des plantes fatiguées par une surexposition à la lumière ou au froid. Le froid humide, courant en hiver quand le système de chauffage est inapproprié, sera cause de pourritures, de moisissures et de diverses taches.

Feuilles striées

Les feuilles striées de nervures, que l'on constate parfois sur des orchidées comme les odontoglossums et miltoniopsis, sont un problème préoccupant. Quand la nouvelle pousse se développe, les jeunes feuilles sont gaufrées et présentent des nervures peu esthétiques. Bien que ce phénomène soit souvent attribué à un arrosage irrégulier, la plante ayant souffert de trop d'humidité après avoir été trop sèche, il est aussi considéré comme une erreur génétique, provenant de l'hybridation avec certaines plantes sujettes à cette maladie. Le problème n'est pas toujours dû au jardinier qui en cherche en vain la cause.

Pseudo-bulbes endommagés

Les pseudo-bulbes peuvent être contaminés par des taches noires, suintantes, qui sont généralement le résultat de conditions prolongées de froid et d'humidité. Si ces taches sont remplies d'eau, vous devez les ouvrir, vider et sécher le trou puis le remplir de fongicide en poudre ou de soufre horticole. Les fentes qui se produisent soudain sur des pseudo-bulbes arrivant à maturité ont une autre origine. Les pseudo-bulbes de plantes en plein développement et qui reçoivent régulièrement de l'engrais grossissent parfois si vite qu'ils se fendillent, phénomène courant chez les odontoglossums et quelques encyclias, les lycastes et les angulocastes, et qui peut être causé par un trop grand apport d'engrais. Si la fissure est bien sèche et si vous la traitez, elle ne s'infectera ni ne pourrira.

Pourriture

La pourriture des jeunes pousses doit être traitée avant qu'elle contamine la plante principale, ce qui la tuerait. Coupez la partie pourrie jusqu'à un rhizome sain, puis poudrez la coupe avec du soufre horticole pour guérir la blessure. Des feuilles à l'extrémité noircie indiquent de mauvaises conditions de culture. Il faut peut-être augmenter la chaleur en hiver ; dans ce cas, vérifiez la température. Coupez les parties noires jusqu'au tissu sain et réduisez l'humidité ambiante de la serre jusqu'à ce que vous soyez certain que le problème est résolu. Si les feuilles en cause continuent à noircir à l'endroit

CI-DESSUS *Le botrytis (pourriture grise) apparaît sur les fleurs des plantes ayant subi une période prolongée de froid et d'humidité. Offrez-leur une atmosphère plus sèche et augmentez la chaleur.*

de la coupe, le problème est sans doute dû à un déséquilibre des principaux facteurs. Pour le résoudre définitivement, vérifiez l'humidité ambiante, la chaleur et la lumière.

Taches

En hiver, il est fréquent de voir les fleurs se tacheter, en particulier quand le temps est couvert et pluvieux. Diminuez l'humidité ambiante et, si nécessaire, augmentez légèrement la chaleur. Vous pouvez aussi apporter les plantes en fleur dans la maison, dont l'atmosphère plus sèche leur sera bénéfique. C'est en outre l'époque où l'on peut craindre la chute des bourgeons, due à des conditions de cultures inadéquates. Cette chute peut se produire dans la maison, si l'espace réservé aux orchidées est trop chauffé

TRAITEMENT DES PROBLÈMES COURANTS

et trop sec ou si les bourgeons ont reçu trop de lumière.

Coup de soleil

Le feuillage des orchidées peut porter des marques de brûlures si la plante a été exposée directement aux rayons du soleil. Les brûlures se trouvent en surface de la feuille, à l'endroit où frappaient les rayons et commencent par une tache blanche (là où les cellules sont détruites) qui devient brune et noire quand l'infection s'y répand. Les dommages se réduisent à la portion de la feuille exposée et ne risquent pas de s'étendre. Si la plus grande partie du feuillage est touchée, il vaut mieux le laisser sur la plante jusqu'à sa chute naturelle. S'il ne s'agit que de quelques feuilles, vous pouvez les couper sans affaiblir la plante. Toute perte soudaine de feuilles sur une orchidée persistante indique une réaction violente de la plante à des conditions de culture inappropriées – froid excessif, par exemple, si le chauffage de la serre est tombé en panne pendant la nuit. Dans le meilleur des cas, les orchidées ainsi touchées mettront des années à s'en remettre.

Viroses

Les viroses apparaissent sur des plantes fatiguées, soumises à des conditions de culture inadéquates, surtout en hiver, qui vont présenter des taches noires, des marbrures ou des panachures sur les feuilles. Les viroses peuvent aussi s'attaquer à des plantes saines, par l'intermédiaire de suceurs de sève comme l'araignée rouge. Vers le milieu du XXe siècle, les viroses envahissaient surtout les cymbidiums. Elles sont aujourd'hui beaucoup plus rares. Elles peuvent cependant apparaître si les conditions de culture sont inappropriées, bien qu'une plante infectée continue à pousser et à fleurir normalement.

À GAUCHE *Le soleil vif, l'air pollué, le froid, l'humidité ou le manque d'air frais peuvent tacher les pétales, les fleurs se pointillant de noir. Quand les plantes sont en fleur, réduisez les arrosages et laissez-les à l'ombre, à température égale.*

À GAUCHE *Le virus de la mosaïque du cymbidium provoque sur les feuilles des taches noires creusées. Les plantes affectées doivent être détruites. Vous pouvez prévenir cette maladie en surveillant les insectes qui transportent le virus.*

Si l'une de vos orchidées est atteinte d'une virose, éloignez-la des autres plantes. L'orchidée isolée ne pourra pas infecter les autres et continuera à vous charmer pendant longtemps. Pour éviter de propager la maladie, stérilisez toujours les outils. Si vous rempotez ou coupez les hampes florales, stérilisez les serpettes et les ciseaux, en les passant à la flamme ou en les trempant dans de l'alcool dénaturé.

Une bonne hygiène de la serre et des orchidées est l'une des meilleures façons d'éviter les maladies et les problèmes dus à des bactéries. Ramassez toutes les feuilles mortes tombées des plantes. Si vous les laissez pourrir sous les tablettes, dans l'humidité, les spores vont rapidement se disperser. Chaque fois que c'est possible, aérez la serre, surtout en hiver, où l'air est souvent stagnant, en particulier si la serre est équipée de double vitrage avec une aération insuffisante. Retirez toujours les hampes florales avant que tombent les fleurs fanées qui risquent d'être oubliées et de pourrir rapidement.

À GAUCHE *Ce* Cymbidium *sain et vigoureux présente des pseudo-bulbes bien charnus et aucun pseudo-bulbe non feuillu. Les jeunes pousses apparentes vont devenir des pseudo-bulbes encore plus gros.*

À GAUCHE *Ce* Cymbidium *est surchargé de pseudo-bulbes non feuillus qui auraient dû être retirés depuis longtemps. Le feuillage est mou et se casse facilement. Quelques jeunes pousses vigoureuses doivent être rempotées et le nombre de pseudo-bulbes réduit à deux ou trois.*

TABLEAU DES PROBLÈMES COURANTS

Insectes et prédateurs	Symptômes	Traitement
Abeilles et souris	Font tomber les fleurs en retirant le pollen.	Empêchez les abeilles d'entrer ; pièges à souris.
Araignées rouges	Feuilles argentées sur l'envers, surtout les cymbidiums.	Insecticide systémique ou savon liquide insecticide.
Charançons et chenilles	Surfaces grignotées sur les tissus tendres, surtout fleurs et boutons.	Poudre insecticide ou arrosez les plantes avec du savon insecticide.
Cloportes et perce-oreilles	Substrat se détériorant rapidement	Arrosez les pots avec du savon liquide insecticide ou poudrez-les d'insecticide.
Coccidés	Parties jaunâtres sous les bractées des cattleyas et dans la jonction des feuilles.	Utilisez du savon liquide insecticide et retirez les insectes.
Cochenilles	À la jonction des feuilles, à la base des plantes, sur les hampes florales, carapace laineuse.	Utilisez du savon liquide insecticide.
Fausses araignées rouges	Petits trous jaunes en surface de feuille, surtout phalaenopsis et paphiopedilums.	Insecticide systémique ou savon liquide insecticide.
Limaces et escargots	Trous dans les pseudo-bulbes, les hampes florales et les boutons.	Granulés antilimaces ou tranches de pomme.
Mouches des mousses	Détérioration du substrat dans les pots.	Noyez les larves dans l'eau ; ajoutez des plantes insectivores.
Pucerons	Sur les boutons, les fleurs et les jeunes pousses, déformations et jaunissement.	Lavez avec de l'eau ou du savon liquide insecticide.

Maladies/Problèmes	Symptômes	Traitement
Brûlures du soleil	Larges surfaces noircies sur les feuilles.	Augmentez l'ombrage.
Maladie cryptogamique	Fleurs tachetées, taches suintantes sur les pseudo-bulbes.	Montez la chaleur et baissez l'humidité, traitez les pseudo-bulbes avec du soufre.
Pourritures	Le centre des jeunes pousses devient brun, les feuilles s'arrachent ; base mouillée et sentant mauvais.	Supprimez les parties abîmées et poudrez de soufre.
Pseudo-bulbes fendus	Surtout sur les odontoglossums qui se fendillent sur le côté.	Donnez moins d'engrais ; séchez avec du soufre.
Viroses	Striures noires ou mouchetures jaunâtres sur les feuilles, aux motifs définis.	Améliorez la culture et l'hygiène ; augmentez la chaleur en hiver ; isolez.

RÉPERTOIRE DES ORCHIDÉES

Odontocidium *Isler's Gold Dragon*

Nous avons vu que la famille des orchidées était très variée, et si vaste qu'aucun ouvrage ne pourrait les étudier toutes. Cette partie décrit et illustre les orchidées les plus couramment cultivées. Vous trouverez des plantes recommandées pour le débutant, quelques défis pour le jardinier averti, et d'autres orchidées, difficiles à cultiver, mais qui montrent les différences entre les fleurs de cette famille si diverse. Chaque orchidée, à l'exception des orchidées britanniques indigènes, a été cultivée par les auteurs de ce livre ; les descriptions et les notes sont tirées de leur expérience et de leur connaissance de la culture de ces plantes. Si vous continuez à explorer le monde des orchidées, vous en rencontrerez bien d'autres. Peu à peu, vous découvrirez vos variétés favorites et, à mesure que vos connaissances progresseront, votre collection d'orchidées deviendra plus spécialisée, avec des plantes que vous aimerez particulièrement. La sélection qui suit est un point de départ au long voyage vers la découverte des orchidées.

Phalaenopsis *Little Skipper* 'Zuma Nova'

ORCHIDÉES POPULAIRES

Les orchidées indiquées ci-dessous conviennent pour toute une gamme de températures et d'emplacements. La taille des pots correspond à une plante adulte, et celle de la plante à une orchidée non fleurie.

BRASSIA

Ce petit genre botanique de plantes épiphytes persistantes vient d'Amérique centrale, d'Amérique du Sud et des Antilles. Quelques espèces sont cultivées parmi les vingt-cinq connues et il existe un petit nombre d'hybrides. Des résultats remarquables ont été obtenus par hybridation intergénérique entre odontoglossums et autres plantes de cette alliance. Il en est souvent résulté de grandes fleurs spectaculaires aux couleurs douces, comme on peut le voir dans le genre hybride *Maclellanara*, qui associe *Brassia* à *Odontoglossum* et *Oncidium*.

Les espèces se caractérisent par d'étroits pétales extrêmement longs, à l'origine du nom commun d'orchidées araignées. Vert pâle et brun sont les principales teintes. Les plantes ont des pseudo-bulbes verts, ovales, offrant généralement deux feuilles vert moyen (parfois une). Les hampes florales apparaissent au printemps à la base du pseudo-bulbe principal et portent une douzaine de fleurs sur deux plans distincts, sur des épis arqués très au-dessus du feuillage. La floraison a lieu en début d'été et les fleurs merveilleusement parfumées durent de quatre à cinq semaines.

Les brassias se plaisent en compagnie des odontoglossums ou dans une collection mixte. Divisez les plantes quand elles sont assez grandes, la multiplication se faisant par bulbes dormants.

Brassia verrucosa

Température : essentiellement orchidées froides

Culture : pousse dans des pots de 10 à 15 cm, dans du substrat à base d'écorce ou sur écorce. Arrosez toute l'année, plus modérément en hiver. Bassinez le feuillage en été, mais ni les fleurs ni les boutons.
Hauteur : jusqu'à 30 cm.

Brassia Edvah Loo 'Vera Cruz' AM/RHS
Les sépales et les pétales remarquablement longs – 15 cm ou plus – de cet hybride très élégant, souvent primé, viennent de l'hybridation de *Brassia longissima* teintée d'orange avec une espèce aux pétales encore plus longs, *B. gireoudiana*. Réussit mieux en serre chaude.

Brassia Rex
Cet hybride ancien de *Brassia verrucosa* aux fleurs vertes et de *B. gireoudiana* vient de Hawaï. La plante tolère la chaleur et peut être cultivée dans les régions chaudes des États-Unis et ailleurs.

Brassia verrucosa
Les fleurs symétriques merveilleusement longues (15 cm) de cette espèce du Honduras, de culture facile, lui assurent toujours la même popularité comme orchidée froide pour la maison ou la serre. Floraison parfumée en début d'été.

Brassia Edvah Loo 'Vera Cruz' AM/RHS

ORCHIDÉES POPULAIRES 147

Brassia Rex

ALLIANCE CATTLEYA

Les cattleyas furent les premières orchidées tropicales épiphytes flamboyantes à être cultivées et à fleurir en serre. La toute première, *Cattleya labiata*, arriva des forêts montagneuses du Brésil en 1818. Les cattleyas font partie d'une vaste alliance, comprenant beaucoup d'autres orchidées apparentées, dont les plus connues du genre botanique sont *Laelia*, *Brassavola*, *Sophronitis* et *Encyclia*. Ces orchidées ont été croisées entre elles pendant près de deux cents ans, pour produire l'immense gamme actuelle de fleurs de toutes tailles. Les espèces de l'alliance viennent d'Amérique centrale et du Sud, et dans le genre *Cattleya* il existe environ cinquante espèces. La plupart sont rares dans la nature et sont cultivées dans les collections spécialisées, à partir de clones sélectionnés.

Les hybrides se comptent par milliers et vont de la plante miniature contenant les espèces de *Sophronitis* (naine), dont la plupart ont des teintes vives, orange, jaunes et rouges, aux grandes fleurs frisées des hybrides de *Brassavola*. Les plus connus de ces hybrides artificiels sont *Sophrolaeliocattleya*, *Brassolaeliocattleya* et *Laeliocattleya*. Il est facile de décrypter ces noms pour identifier les genres spécifiques *Sophronitis*, *Brassavola*, *Laelia* et *Cattleya*, mais quand plus de trois genres sont impliqués le nom donné à l'hybride qui en résulte est personnalisé à un individu, l'origine étant moins claire sur l'étiquette. *Potinara*, par exemple, est le résultat du croisement *Brassavola*, *Cattleya*, *Laelia* et *Sophronitis*.

Avec une alliance aussi complexe, il devient impossible de décrire le « cattleya » typique, bien que tous les hybrides apparentés soient répertoriés collectivement comme cattleyas, quelles que soient leurs origines.

Parmi les espèces *Cattleya* se trouvent deux groupes distincts, les unifoliés et les bifoliés. Tous deux sont persistants, ne perdant qu'occasionnellement une vieille feuille. Ces deux groupes sont bien définis par leurs fleurs. Les espèces unifoliées sont connues pour la beauté lumineuse de leurs grandes fleurs au labelle frisé dont les couleurs dominantes sont le blanc, le rose et le jaune, ainsi que d'exquises nuances de rose lavande et de mauve. Les espèces bifoliées ont des fleurs plus petites, certaines avec des pétales et sépales cireux et des labelles moins frisés. On trouve ici d'autres couleurs, telles que le vert et le brun, et les fleurs sont souvent très mouchetées.

Les cattleyas produisent des pseudobulbes allongés ou en forme de massue, souvent engainés, quand ils sont jeunes, par des feuilles raides vert foncé. Les boutons floraux sont produits à la liaison de la feuille et du pseudo-bulbe et généralement enfermés dans un fourreau protecteur qui sèche et se fend pour permettre au bouton de sortir. Si la plupart portent leurs fleurs sur de courtes hampes, les hybrides contenant l'espèce mexicaine *Laelia*, comme *L. anceps*, offrent de longues hampes florales.

Chez la plupart des espèces d'orchidées parfumées, le parfum se perd avec l'hybridation, mais dans l'alliance *Cattleya* il est conservé dans la plupart des hybrides, ce qui ajoute à leur charme.

Les cattleyas sont des fleurs de mode. Au début et au milieu du siècle dernier, on cherchait avant tout à produire des fleurs toujours plus grandes, que les dames de la haute société portaient sur leurs toilettes. Le jardinier devait tuteurer les énormes fleurs pour empêcher les tiges de s'incliner sous leur propre poids. Avec l'apparition de fleurs plus petites et brillamment colorées, obtenues par croisement avec *Sophronitis*, ces hybrides plus « pratiques » connurent un succès immédiat. Aujourd'hui, il existe toujours une immense gamme de types de fleurs, où chacun trouvera son bonheur.

Les cattleyas aiment la lumière. Leur feuillage raide est cependant trompeur, et les premiers rayons printaniers peuvent rapidement brûler les feuilles. La plupart des cattleyas ont une période dormante qui varie selon les plantes. Certains commencent leur nouvelle pousse en automne et continuent à se développer pendant l'hiver. Surveillez votre plante, et quand elle n'est pas en période de croissance ralentissez les arrosages jusqu'à ce que de jeunes pousses apparaissent.

Les cattleyas produisent beaucoup de racines, toujours attendues quand elles explosent à la base du pseudo-bulbe nouvellement formé. L'épais rhizome ligneux rampant, reliant les pseudo-bulbes, résulte souvent du développement des jeunes pousses par-dessus le bord du pot ; quand les nouvelles racines suivent, il faut trouver une solution. Même si les racines poussent facilement hors du pot, elles peuvent poser un problème au moment du rempotage et doivent donc être raccourcies pour leur éviter de pourrir. Le moment choisi est crucial : rempotez aussitôt que la nouvelle pousse arrive au stade où les nouvelles racines commencent tout juste à apparaître. Les vieilles racines peuvent alors être raccourcies sans dommage pour la plante.

Brassolaeliocattleya
Dorothy Bertsch 'Buttercup'

Brassolaeliocattleya Malworth × *Laeliocattleya* Honigmond

Température : orchidées tempérées.
Culture : pousse en pot de 15 à 20 cm ou moins, dans un substrat à base d'écorce grossière ou de Rockwool. Arrosez bien en été et peu en hiver. Bassinez le feuillage en été. Gardez ombragé en été et mettez en pleine lumière en hiver.
Hauteur : 15 cm ou moins, jusqu'à 45 cm et plus.

Brassolaeliocattleya Mem. Dorothy Bertsch 'Buttercup'

Cet hybride *Cattleya* type possède une forme parfaite. Les fleurs lumineuses de teinte abricot ont 15 cm de largeur. Le plus souvent une fleur, parfois deux, est produite en été.

Brassolaeliocattleya Malworth × *Laeliocattleya* Honigmond

Cet hybride parfumé, à floraison automnale, est un mélange de *Brassavola*, *Laelia* et *Cattleya*. Les trois genres ont apporté leurs qualités à cet hybride. Les fleurs roses sont soulignées par le cœur jaune au centre du labelle.

Cattleya Andean Mist

Des générations successives d'espèces à fleurs blanches, comme *Cattleya mossiae* var. *alba*, ont permis d'obtenir ce *Cattleya* d'un blanc pur. Une à trois fleurs parfumées de 10 cm sont produites en été.

Cattleya Andean Mist

Cattleya skinneri

Laeliocattleya Archange

Cattleya Golden Girl
La teinte orange vif de cet hybride à floraison automnale n'a été obtenue qu'après des générations de croisements sélectifs qui ont donné des fleurs de bonne taille à la vigoureuse couleur.

Cattleya skinneri
Nommée fleur nationale du Costa Rica, cette délicieuse espèce à floraison automnale a été découverte au Guatemala en 1838, par le « chasseur » d'orchidées George Ure-Skinner, qui lui a donné son nom. Il en existe plusieurs formes de différentes couleurs, dont le blanc. La plante a été très hybridée.

Laeliocattleya Archange
Le labelle de cet hybride aux grandes fleurs roses frisées offre des nuances exquises. Les fleurs apparaissent au printemps sur les pseudo-bulbes mûrs de la saison précédente.

Laeliocattleya Beaumesnil 'Parme'
Le « parent » *Cattleya* a influencé la forme de ce charmant hybride qui produit en été un bouquet de deux à quatre grandes fleurs mauves parfumées, à cœur jaune. Les fleurs sont compactes, avec un labelle net légèrement refermé.

Cattleya Golden Girl

Laeliocattleya Beaumesnil 'Parme'

Laeliocattleya Carrie Johnson

Cet hybride crème et cramoisi offre des marques péloriées sur les pétales et sur le labelle. La forme de la fleur, portée sur une longue tige, ressemble à celle de *Laelia anceps*. L'influence *Laelia* permet la culture froide, à l'intérieur ou en serre, où elle fleurit en fin de printemps.

Laeliocattleya Chit Chat 'Tangerine'

Des masses de fleurs orange vif de 5 cm, ornent ce bel hybride à floraison printanière, obtenu à partir de l'espèce guatémaltèque *Cattleya aurantiaca*, aux vives couleurs, et des espèces brésiliennes *Laelia cinnabarina* et *L. harpophylla*, tout aussi vibrantes. Les deux dernières, croisées en 1902, ont donné *Laelia* Coronet.

Laeliocattleya Gypsy Queen

Cet hybride américain présente toutes les qualités offertes par les plus grandes fleurs de l'alliance *Cattleya*. Ces grosses fleurs rose pâle de 10 cm, au bord joliment frisé, offrent un labelle rouge et un cœur jaune. Elles s'épanouissent pendant trois bonnes semaines, en été.

Laeliocattleya Magic Bell 'New Trick'

Ces charmantes petites fleurs de 7 cm de large sont produites en automne sur une plante bien compacte, aux minces pseudobulbes à deux feuilles. Cet hybride de *Cattleya aurantiaca*, qui lui a donné sa forme ouverte et sa couleur, offre des pétales et des sépales bicolores originaux.

Laeliocattleya Carrie Johnson

Laeliocattleya Magic Bell 'New Trick'

Laeliocattleya Chit Chat 'Tangerine'

Laeliocattleya Gypsy Queen

Sophrolaeliocattleya Jewel Box 'Dark Waters'

Laeliocattleya Pomme d'Or

Laeliocattleya Pomme d'Or
Cet hybride porte des petites fleurs à la texture charnue, plus abondantes sur la hampe. Sa riche teinte jaune et les stries rouges de la gorge du labelle forment une jolie association. La plante fleurit au printemps et en automne pendant au moins trois semaines.

Laeliocattleya Starting Point 'Unique'
Les exquises variétés semi-*alba,* comme ce superbe hybride à grandes fleurs, à floraison automnale, sont un enchantement. Le labelle contrastant violet sombre est encadré par le blanc pur des sépales et des pétales. Plante vigoureuse originaire de Californie.

Sophrolaeliocattleya Jewel Box 'Dark Waters'
Des bouquets de fleurs cramoisies de 7 cm ornent cette variété de Jewel Box, qui s'est inspirée de la couleur vive de *Sophronitis,* alors que la forme rappelle celle de *Laelia.* Cette plante vigoureuse, qui produit continuellement plusieurs nouvelles pousses à partir d'un seul pseudo-bulbe, devient facilement une plante à isoler. Les fleurs apparaissent au printemps.

Laeliocattleya Starting Point 'Unique'

COELOGYNE

Coelogyne est un genre botanique de plantes épiphytes persistantes poussant dans une vaste région recouvrant l'Inde, la Chine et la plus grande partie de la Malaisie. Les plantes de l'Himalaya sont des orchidées froides, parfaites pour la maison. Les types malais, souvent plus grands, préfèrent des températures un peu plus élevées. Il existe un bon nombre d'espèces cultivées ainsi qu'une poignée d'hybrides, dont certains obtenus depuis de nombreuses années et toujours très appréciés.

Le principal coloris de ce genre est le blanc pur, avec un labelle très orné. Les fleurs sont souvent parfumées. Brun fauve clair et vert font également partie de la gamme de couleurs. Les plantes, de taille variable, produisent des pseudo-bulbes verts, de 2 à 15 cm, rebondis et luisants dans leur jeunesse, ratatinés ensuite. Entre ces deux extrêmes les plantes sont absolument charmantes, idéales pour la culture sur appui de fenêtres ou dans une petite serre. Toutes portent une paire de feuilles ovales étroites et la plupart produisent leurs hampes florales sur les jeunes pousses. Les hampes florales peuvent être très courtes, à fleur unique, ou longues et retombantes portant parfois une grappe de vingt-cinq fleurs. Les coelogynes fleurissent en fin d'hiver et au printemps et valent vraiment la peine d'être cultivées.

Les coelogynes ont des périodes de croissance et de repos bien définies. Les pseudo-bulbes rétrécissent généralement pendant la dormance, ce qui est normal, mais gonflent à nouveau quand la plante se remet à pousser. Plusieurs espèces sont idéales pour devenir des plantes à isoler, dont *Coelogyne cristata*, qui peut prendre d'énormes proportions, et l'on voit souvent au printemps, aux expositions florales, des plantes impressionnantes présentant des masses mousseuses de superbes fleurs blanches.

Coelogyne corymbosa

Température : orchidées froides ou tempérées.
Culture : poussent en pots de 7 à 15 cm selon l'espèce. Arrosez et donnez de l'engrais régulièrement dès le printemps à la nouvelle pousse. Réduisez les arrosages en hiver. Abritez du soleil en été et mettez en pleine lumière en hiver.
Hauteur : 15 à 45 cm.

Coelogyne asperata
Cette grande espèce de Malaisie peut atteindre une hauteur de 60 cm, bien que les fleurs apparaissent sur des hampes florales courtes et arquées. Les fleurs jaune paille, qui atteignent 7 cm de diamètre, sentent fortement la réglisse. La température d'un appartement moyen convient parfaitement à sa culture. Cette espèce à floraison estivale demande beaucoup d'espace et très peu de repos.

Coelogyne corymbosa
De jolies fleurs blanc pur sont produites en masse sur cette espèce du Darjeeling de taille modeste. Les hampes s'arquent sous le feuillage, ce qui en fait un parfait sujet pour paniers suspendus. Cette orchidée froide de haute altitude fleurit en début d'été.

Coelogyne asperata

Coelogyne cristata 'Glacier Mint'

Coelogyne cristata var. *alba*

Coelogyne cristata var. alba
Le beau blanc pur de l'espèce reste ici vierge de toute couleur. La plante pousse sur un rhizome plus long que celui de l'espèce type, ce qui lui donne un aspect désordonné. Floraison printanière.

Coelogyne cristata 'Glacier Mint'
L'une des espèces les plus populaires, qui convient à la serre froide ou à l'appartement. Si vous la laissez pousser sans contraintes, la plante peut devenir énorme et, au début du printemps, déployer une masse de fleurs de 5 cm, d'un blanc éclatant. Elle est originaire de l'Himalaya.

Coelogyne flaccida

Coelogyne dayana

Coelogyne dayana
En été, les hampes florales retombent en spirale, en portant d'innombrables fleurs de 4 cm, joliment marquées de brun clair et sombre. La plante est grande et mince et doit être cultivée dans une serre tempérée, avec une bonne lumière en hiver. L'espèce vient de Bornéo.

Coelogyne flaccida
Des cascades de hampes florales pendantes ornent cette espèce. Les fleurs blanc ivoire, de 3 cm, sont parfumées et sortent des jeunes pousses en début d'été. La plante, haute de 20 cm, est originaire des Khasi Hills, dans l'est de l'Inde. Cultivez en appartement ou en serre froide.

Coelogyne Green Dragon 'Chelsea' AM/RHS
Cette orchidée est l'un des très bons hybrides de ce genre. Les fleurs spectaculaires, de 7 cm, portent des pétales verts horizontaux qui contrastent avec le lacis noir du labelle. Les parents sont *Coelogyne massangeana* et *C. pandurata* aux tons vert pomme, tous deux étant des orchidées chaudes de Bornéo. L'hybride fleurit au printemps et en été.

Coelogyne Intermedia
Cette plante demande une bonne lumière toute l'année, et une période sèche en hiver, pendant la dormance. Elle fleurit au printemps, au début de la saison de pousse. Ses délicates fleurs blanches, sur une hampe retombante, durent trois à quatre semaines.

Coelogyne lawrenceana
Cette espèce du sud-est de l'Asie produit ses fleurs jaune vert spectaculaires, de 6 cm, sur de courtes hampes. Les sépales sont minces comme des rubans, mais le labelle blanc est large et vivement coloré au centre. Les floraisons se succèdent pendant une longue période en été.

Coelogyne Green Dragon 'Chelsea' AM/RHS

Coelogyne Intermedia

Coelogyne lawrenceana

Coelogyne ochracea

Coelogyne Memoria William Micholitz 'Burnham' AM/RHS

Le mélange des espèces *Coelogyne lawrenceana* et *C. mooreana* a donné ce remarquable hybride, qui produit une série de fleurs sur une longue hampe. Ces grandes fleurs d'un blanc pur, au labelle jaune foncé, apparaissent au printemps.

Coelogyne mooreana 'Brockhurst' FCC/RHS

Primée en 1906, cette espèce est représentée par les multiplications d'un clone unique importé du Vietnam à cette époque. Les fleurs de 7 cm, les plus grandes des coelogynes à fleurs blanches, éclatent au printemps. Quelques hybrides ont été obtenus à partir de cette orchidée froide.

Coelogyne ochracea

Espèce compacte du Népal, aux fleurs blanches de 3 cm, à cœur jaune, joliment marquées, produites sur des hampes dressées au-dessus des pseudo-bulbes. Les fleurs sont très parfumées et sortent des jeunes pousses au printemps. Culture d'orchidée froide à repos hivernal.

Coelogyne velutina

De longues hampes de fleurs crème à labelle rayé de brun retombent en cascade de la base de cette vigoureuse espèce malaise, qui réclame une serre chaude et beaucoup de lumière en hiver. La plante, haute de 60 cm, demande beaucoup d'espace pour pousser. Parfaite en panier suspendu.

Coelogyne Memoria William Micholitz 'Burnham' AM/RHS

Coelogyne mooreana 'Brockhurst' FCC/RHS

Coelogyne velutina

CYMBIDIUM

Les espèces de *Cymbidium* sont étonnamment peu nombreuses si l'on considère les dizaines de milliers d'hybrides obtenus sur une période d'une centaine d'années. De la cinquantaine d'espèces largement distribuées dans toute l'Asie, à peine plus d'une demi-douzaine des régions himalayennes de l'Inde et du Népal servirent à obtenir les premiers hybrides. Ces espèces, considérées autrefois comme les principales de ce genre botanique, sont *Cymbidium insigne, C. lowianum, C. eburneum* et *C. tracyanum*, toutes cultivées pour leurs fleurs spectaculaires. Lorsque les hybrides commencèrent à apparaître, les espèces devinrent moins attrayantes pour les horticulteurs qui préféraient les hybrides dont la forme et la taille étaient améliorées. Les espèces, auparavant si nombreuses, finirent par disparaître des collections. Aujourd'hui on les découvre à nouveau, ainsi que d'autres espèces considérées comme des perles de collections, et dont les meilleurs clones sont très recherchés.

Pour le débutant et le jardinier amateur qui ne prétendent pas constituer une collection de ces espèces, les hybrides modernes représentent un meilleur choix. Il en existe de toutes couleurs et de toutes tailles, pour tous les goûts, dont les fleurs durent plusieurs mois. Alors que les premiers hybrides fleurissaient tous au printemps, d'autres, obtenus plus récemment à partir d'espèces comme *Cymbidium ensifolium, C. floribundum, C. devonianum* et *C. madidum*, ont une saison de floraison beaucoup plus longue, sur presque toute l'année. Certains jardiniers se consacrent à ce seul genre, qui leur permet de varier continuellement leur collection, la serre n'étant pas assez grande pour contenir tout ce qui leur est proposé.

Les cymbidiums sont de hautes plantes avec plusieurs longues feuilles en lanière et des pseudo-bulbes engainés. Ils peuvent atteindre 1 m, avec des hampes florales dépassant du feuillage sur les variétés standard, mais plus courtes sur les types miniatures. Les hampes dressées, dont la tête est parfois très lourde, demandent à être maintenues pour ne pas se casser sous le poids des bourgeons. Elles produisent une douzaine de fleurs ou plus, délicatement parfumées.

Il faut régulièrement rempoter les cymbidiums pour les empêcher d'être encombrés de pseudo-bulbes sans feuilles, bulbes ayant perdu leurs feuilles mais qui restent en vie pendant quelques années encore, en nourrissant la plante principale. Si ces bulbes sont plus nombreux que les bulbes feuillus, ils vont fatiguer la plante et nuire à son développement. Ils doivent alors être supprimés au moment du rempotage, et éventuellement multipliés. Les pseudo-bulbes ainsi réduits, la plante principale peut retourner dans le même pot. Les grandes plantes peuvent être divisées, à condition que chaque section contienne au moins une jeune pousse et trois pseudo-bulbes actifs. Rempotez au printemps dès que la floraison est terminée. Les cymbidiums poussent toute l'année, mais plus lentement en hiver, en raison des jours plus courts et des nuits plus froides.

Les cymbidiums en fleurs sont faciles à trouver dans les jardineries, mais les débutants en matière d'orchidées découvrent souvent qu'ils sont incapables de faire refleurir la plante l'année suivante. Le manque de lumière est généralement en cause, surtout si la plante pousse à l'intérieur. Si vous la mettez dehors pendant l'été, elle recevra toute la lumière nécessaire, et produira une jolie floraison la saison suivante. Ne laissez pas les orchidées en plein soleil de midi, cela brûlerait

Cymbidium Bethlehem 'Ridgeway'

leurs feuilles. Mettez-les dans un endroit ombragé du jardin, où elles bénéficieront du soleil matinal ou vespéral.

Les cymbidiums sont cultivés dans le monde entier pour la plante en pot et la fleur coupée. La culture en extérieur, en Californie et dans certaines parties de l'Australie, entre autres, représente un chiffre d'affaires de dizaines de millions de francs.

Les espèces qui ont donné les hybrides sont des plantes persistantes épiphytes ou terrestres. En raison de leur grande taille, les hybrides sont cultivés en pots.
Température : orchidées froides.
Culture : cultivez en pots d'au moins 15 cm, sur écorce grossière ou Rockwool. Arrosez et fertilisez toute l'année, mais en hiver laissez les plantes sécher partiellement entre les arrosages. En été, bassinez et laissez en pleine lumière, mais protégez du soleil direct.
Hauteur : jusqu'à 1 m.

Cymbidium Bethlehem 'Ridgeway'
Cette belle variété d'un hybride populaire demande beaucoup de lumière toute l'année. Les fleurs blanches sont teintées de rose avec un labelle moucheté de rose foncé. Elles fleurissent en hiver pendant huit ou dix semaines. Elles sont produites sur des hampes qui apparaissent en fin d'été.

Cymbidium Bouley Bay
Bouley Bay, qui fleurit en hiver et au printemps, est un hybride moderne de *Cymbidium lowianum*, issu de plus de cent années de générations. Il en a retenu la couleur verte.

Cymbidium Bulbarrow 'Will Stuckley' AM/RHS
Cette beauté jaune au labelle bordeaux, fleurissant au printemps, est un hybride de l'épiphyte *Cymbidium devonianum*, du Darjeeling, et de *C.* Weston Rose, qui remonte à *C. insigne*. La fleur originale de 3 cm s'est agrandie en une génération.

Cymbidium Bouley Bay (à gauche) et *C. Lowianum* (à droite)

Cymbidium devonianum (à gauche) et *C.* Bulbarrow 'Will Stuckley' AM/RHS (à droite)

Cymbidium Cherry Blossom 'Profusion'

Cymbidium Cotil Point

Cymbidium Embers 'Yowie Bay'

Cymbidium Cherry Blossom 'Profusion'
Type miniature obtenu par croisement des espèces *Cymbidium erythrostylum* et *C. pumilum* (aujourd'hui reclassé comme *C. floribundum*). La plante atteint sa taille de floraison dans un pot de 10 à 13 cm, avec des hampes florales de 25 cm de long. Les fleurs, rose pâle avec un labelle très moucheté de rose foncé, apparaissent en hiver.

Cymbidium Cotil Point
La forme et la couleur de ce bel hybride moderne, à floraison printanière, sont parfaites. Le rose profond vient de *Cymbidium insigne*.

Cymbidium Embers 'Yowie Bay'
Cette variété d'un hybride populaire peut être cultivée à l'intérieur sous une bonne lumière, ou placée à l'extérieur pendant sa saison de pousse, en été. La floraison hivernale dure de huit à dix semaines. Arrosez toute l'année.

Cymbidium erythrostylum

Cymbidium insigne 'Mrs Carl Holmes'

Cymbidium erythrostylum
Les pétales latéraux de cette espèce du Vietnam s'avancent comme pour étreindre le labelle. Ses fleurs parfaites, d'un blanc immaculé, qui apparaissent en automne et en hiver, ont donné d'excellents hybrides.

Cymbidium insigne 'Mrs Carl Holmes'
Cette espèce de haute taille est originaire du Vietnam et de la Chine. C'est une orchidée terrestre qui produit des hampes florales de 1,50 m de haut. Les fleurs printanières durent très longtemps et varient du rose foncé au blanc.

Cymbidium Jocelyn
Les fleurs de ce *Cymbidium* hybride durent huit à dix semaines en hiver. Les pétales et les sépales roses sont veinés, avec un labelle crème et jaune moucheté bordé de rouge. La plante doit être placée dans un endroit frais, surtout la nuit, pendant la floraison, et installée au jardin pendant la saison de pousse estivale.

Cymbidium Jocelyn

Cymbidium Lady McAlpine
Les fleurs blanches de cette orchidée à floraison printanière ont subi l'influence de l'espèce *Cymbidium eburneum* qui, après croisement avec *C. lowianum*, a donné un labelle rouge. Ce grand hybride demande un emplacement à sa mesure.

Cymbidium Loch Lomond
Ce bel hybride moderne, à floraison hivernale, est issu de *Cymbidium lowianum*. Les grands pétales verts et le labelle blanc porcelaine bordé d'un fer à cheval rouge sont caractéristiques de cette série d'hybrides.

Cymbidium Maureen Grapes 'Marilyn'
Les hampes florales de cette variété à floraison estivale, très parfumée, se succèdent : lorsque l'une se termine, les boutons suivants s'ouvrent, la floraison s'étalant ainsi sur plusieurs mois.

Cymbidium Lady McAlpine

Cymbidium Loch Lomond

Cymbidium Maureen Grapes 'Marilyn'

Cymbidium **Mavourneen 'Jester' AM/RHS**
Chez cet hybride original à floraison printanière, le dessin du labelle rose se répète sur les pétales, en donnant l'aspect d'une fleur à trois labelles, phénomène appelé marques péloriées, qui devient instable à l'hybridation.

Cymbidium **Mini Ice 'Antarctic'**
Ce petit hybride est parfait pour un espace limité, et produit au début du printemps une profusion de fleurs vertes, au labelle moucheté de rouge foncé. Arrosez toute l'année et fertilisez pendant la plus grande partie de l'année.

Cymbidium **Nevada**
Cette plante à isoler, avec ses multiples hampes florales, demande beaucoup de place. Les hampes ont une hauteur de 1,50 m et les fleurs, d'un jaune d'or qui reste toujours aussi vif, font 13 cm de large.

Cymbidium Mini Ice 'Antarctic'

Cymbidium Mavourneen 'Jester' AM/RHS

Cymbidium Nevada

Cymbidium **Pontiac**
Excellent hybride rouge moderne, avec des fleurs de 10 à 12 cm portées sur de longues hampes au printemps. On retrouve ses origines avec l'espèce *Cymbidium tracyanum* dans les rayures des pétales et le beau dessin du labelle.

Cymbidium **Sarah Jean 'Ice Cascade'**
Hybride de première génération de *Cymbidium pumilum*, avec de petites fleurs blanches à cœur jaune, au printemps. Les fleurs mesurent 5 cm de diamètre et poussent sur des hampes retombantes.

Cymbidium **Sarah Jean 'Icicle'**
Cet hybride à floraison printanière, avec sa profusion de délicates fleurs blanches, illumine chaque endroit où il se trouve. Arrosez bien pendant toute l'année, mais évitez de trop mouiller en hiver. Placez dans une pièce fraîche, loin de toute source de chaleur ou des courants d'air.

Cymbidium **Pontiac**

Cymbidium **Sarah Jean 'Ice Cascade'**

Cymbidium **Sarah Jean 'Icicle'**

Cymbidium **Scott's Sunrise 'Aurora'**
L'orange est une couleur rarement associée aux cymbidiums, mais cet hybride à floraison hivernale, avec son labelle bordé de rouge, apporte une teinte nouvelle.

Cymbidium **Summer Pearl 'Senna'**
Les hampes florales dressées, aux fleurs jaune verdâtre, avec un labelle très moucheté de bordeaux, apparaissent entre le printemps et l'automne.

Cymbidium **Summer Pearl 'Sonia'**
Entre le printemps et la fin de l'été, cette charmante orchidée produit des hampes dressées de fleurs rose crème, au labelle très moucheté de bordeaux.

Cymbidium tracyanum
Espèce à floraison de fin d'été venue de Birmanie et de Thaïlande, cette plante vigoureuse offre de grandes fleurs où de nombreuses couleurs se dissimulent, mais c'est surtout sa teinte rouge que l'on retrouve dans les hybrides.

Cymbidium Summer Pearl 'Sonia'

Cymbidium Summer Pearl 'Senna'

Cymbidium Scott's Sunrise 'Aurora'

Cymbidium tracyanum

DENDROBIUM

Extrêmement grand et très varié, ce genre botanique contient des types caducs et persistants, largement répandus dans toute l'Inde et la Chine, et dans la péninsule malaise jusqu'à la Nouvelle-Guinée, l'Australie et la Nouvelle-Zélande. Des quelque neuf cents espèces, toutes ou presque sont épiphytes. Un grand nombre d'entre elles sont cultivées, outre une quantité d'hybrides. Pour l'amateur, ces derniers se cantonnent principalement aux espèces indiennes, et une gamme merveilleusement décorative s'est développée à partir de *Dendrobium nobile*. En leur ajoutant les espèces apparentées, les hybrides produisent au printemps un arc-en-ciel de couleurs, avec une profusion de fleurs joliment arrondies. L'hybridation s'est poursuivie avec d'autres groupes distincts, mais seuls les hybrides *D. nobile* ont connu un succès absolu.

Dendrobium bigibbum, d'Australie du Nord, est responsable d'une étonnante variété d'hybrides dans son groupe. De nombreuses variétés sont disponibles, dont les fleurs vont du blanc cendré au violet et mauve foncé, en passant par le jaune clair, le vert et le rose. Contrairement aux types de *D. nobile*, ces orchidées sont cultivées de façon intensive et exclusivement pour la fleur coupée. Les fleurs coupées des plantes cultivées dans les conditions tropicales de l'Asie du Sud-Est et de leur Australie d'origine sont expédiées chez les fleuristes du monde entier.

Les dendrobiums ne peuvent pas toujours être hybridés entre eux. Parmi les différents groupes identifiés, seuls les groupes étroitement apparentés peuvent s'hybrider. Les variétés persistantes de Papouasie-Nouvelle-Guinée, comme *Dendrobium canaliculatum*, sont incompatibles avec les espèces indiennes telles que *D. densiflorum*. Entre les différentes divisions du genre on trouve des espèces qui ont peu de ressemblances entre elles. L'étonnante variété de formes et de couleurs est l'un des fascinants attraits du genre. La diversité est immense, sans compter les hybrides.

Les dendrobiums produisent des pseudo-bulbes courts ou longs, qui peuvent être très longs et minces et finissant par retomber, ou vigoureux, rigides et dressés. Ils peuvent porter sur toute leur longueur des feuilles étroites, ovales, finement texturées, apparaissant en diagonale, comme chez *Dendrobium pierardii*. Parmi les espèces persistantes, l'une des plus populaires est *D. bigibbum*, aux tiges dressées, feuillues jusqu'à mi-hauteur, avec un feuillage plus texturé. Certains extrêmes, comme *D. cuthbertsonii* de Nouvelle-Guinée, présentent des pseudo-bulbes courts et ramassés avec une seule feuille.

Parmi les types caducs, dont *D. nobile*, qui devient persistant quand il est cultivé, les fleurs sont produites, une ou deux à la fois, à partir de nœuds qui apparaissent à l'opposé de la base de la feuille, les grandes fleurs arrondies étant portées par des tiges courtes. *D. densiflorum* et d'autres présentent quelques feuilles ovales, très texturées, dans la partie haute de pseudo-bulbes carrés, les fleurs retombant en grappes denses. La plupart des espèces indonésiennes et australiennes produisent de longs bouquets pouvant compter jusqu'à une douzaine de fleurs.

De nombreux dendrobiums ont des périodes de croissance et de repos bien définies, la nouvelle pousse commençant

Dendrobium cuthbertsonii

au printemps, à la formation des boutons, et se terminant en automne, après un développement rapide. La plupart étant assez hauts, la tendance est de les planter dans un pot trop grand. Certains réclament des soins spécialisés pour bien fleurir.
Température : orchidée froide ou tempérée.
Culture : cultivez en pots, racines à l'étroit, dans un substrat d'écorce. Pour leur éviter

Dendrobium brymerianum

Dendrobium delicatum

de basculer, lestez la base du pot avec des galets ou mettez-le dans un cache-pot. Les plantes à longues cannes retombantes peuvent pousser sur de l'écorce en épiphyte. Donnez-leur de la lumière en été tout en les protégeant du soleil. Arrosez progressivement dès qu'apparaissent les nouvelles pousses au printemps. Arrosez très peu les plantes du groupe *Dendrobium nobile* jusqu'à ce que les boutons à fleurs soient bien formés, pour éviter qu'ils se transforment en pousses adventives. Arrosez et fertilisez ensuite. Laissez sécher tous les dendrobiums en hiver.
Hauteur : 15 à 45 cm.

Dendrobium brymerianum
Espèce extrêmement rare, à floraison printanière, peu cultivée. La culture de cette orchidée pose un défi. Ses fleurs jaune foncé offrent un curieux labelle barbu, très frangé. La plante haute et gracile vient de Birmanie et de Thaïlande, mais n'est plus importée actuellement.

Dendrobium cuthbertsonii
Cette espèce naine à floraison printanière, aux courtes tiges ramassées, l'une des plus concises du genre, produit des fleurs relativement grandes (2 cm), dans les tons de rose et de rouge, solitaires à l'extrémité de la cane. Originaire de Nouvelle-Guinée, la plante est de plus en plus populaire.

Dendrobium delicatum
De longs bouquets de petites fleurs blanc crème très serrées et très parfumées ornent au printemps ce vigoureux *Dendrobium* aux cannes dures qui, à lui seul, peut former un pôle d'attraction.

Dendrobium fimbriatum var. *oculatum*

Dendrobium fimbriatum* var. *oculatum
Cette espèce jaune d'or venue des Indes produit ses fleurs au printemps sur des grappes retombant du haut de cannes minces et dénudées. L'« œil » enfoncé et presque noir du cœur du labelle forme un contraste frappant. Cette espèce autrefois abondante est devenue fort rare.

***Dendrobium* Gatton Sunray FCC/RHS**
Ce très ancien hybride fut primé au début du XXe siècle. La plante devient extrêmement haute, jusqu'à 1,20 m, et de grandes fleurs de 10 cm apparaissent au début de l'été, en grappes lâches retombant du haut des cannes. Les fleurs originales sont jaune maïs, le centre du labelle est d'un beau rouge bordeaux.

Dendrobium infundibulum
Originaire de l'Inde et de Thaïlande, cette charmante espèce produit en abondance au printemps de grandes fleurs blanches de 8 cm, dans le haut de cannes à poils noirs. Cette espèce est de culture facile pour le débutant.

Dendrobium Gatton Sunray FCC/RHS

Dendrobium infundibulum

Dendrobium kingianum
Espèce australienne à cannes dures, de taille compacte, cette orchidée produit une profusion de petites fleurs de 3 cm, sur des hampes dressées au-dessus du feuillage. La plante pousse bien en appartement ou en serre froide, en pleine lumière. Elle fleurit en automne, mais aussi à d'autres époques.

Dendrobium miyakei
Cette espèce originaire des Philippines, d'allure assez désordonnée, produit des fleurs en pompons sur des cannes dénudées. Les fleurs sont mauves et apparaissent en été, à différents moments. La plante aime la chaleur et une bonne lumière. Si vous la plantez dans un panier, les cannes retomberont.

Dendrobium New Comet 'Red Queen'
Voici l'un des meilleurs exemples des qualités de *Dendrobium nobile*, qui a permis d'obtenir cet hybride, avec ses fleurs mauve foncé au labelle bordeaux. La plante fleurit au début du printemps, sur toute la longueur de ses cannes souples.

Dendrobium kingianum

Dendrobium miyakei

Dendrobium New Comet 'Red Queen'

Dendrobium Seigyoku 'Queen'

Dendrobium New Guinea
La Nouvelle-Guinée est la terre d'origine de certaines espèces parmi les plus extraordinaires du genre, et cet hybride New Guinea est l'un des rares hybrides intéressants issus de ce groupe. Les fleurs retombantes jaune foncé apparaissent au printemps et en été en grappes lâches, du haut de cannes rigides, à deux feuilles. Les fleurs durent de nombreux mois, en restant tout aussi belles.

Dendrobium Seigyoku 'Queen'
Ce charmant hybride blanc de *Dendrobium nobile*, au labelle rouge et jaune, qui fleurit au printemps, est cultivé au Japon. Les fleurs apparaissent en abondance sur de courtes tiges.

Dendrobium victoria-regina
Les jolies fleurs teintées de mauve sont produites au printemps en petits bouquets, sur les vieilles cannes dénudées de cette espèce des Philippines. En culture, cette orchidée chaude est caduque. Longue période de repos en hiver.

Dendrobium New Guinea

Dendrobium victoria-regina

ENCYCLIA

Ce genre reconnaissable contient environ cent cinquante espèces dont un grand nombre offre des fleurs à labelle dressé. Les plantes, souvent petites ou compactes, peuvent devenir des spécimens à isoler de bonne taille. Toutes sont persistantes et épiphytes, et la plupart viennent du Mexique. Si les espèces sont extrêmement populaires et très cultivées, les hybrides sont très peu nombreux dans le genre. Certaines espèces ont donné d'excellents résultats après un croisement avec les cattleyas ou un autre genre apparenté. Quand il sert pour l'hybridation, le genre est dénommé *Epidendrum*, le croisement entre *Encyclia* et *Cattleya* ayant ainsi produit *Epicattleya*.

Les couleurs dominantes du genre sont pâles, souvent blanchâtres, mais les fleurs sont fortement parfumées. *Encyclia radiata* et *E. lancifolia* sont particulièrement jolies. Ces orchidées et d'autres forment de belles plantes aux pseudo-bulbes allongés et luisants, avec deux feuilles vert moyen. Les fleurs sont portées entre les feuilles, par de courtes hampes dressées. *E. vitellina* est nettement différente, seule espèce à fleurs rouge vermillon avec des feuilles à reflet bleuâtre. D'autres espèces, comme *E. nemorale*, produisent des pseudo-bulbes durs, arrondis, aux longues feuilles raides, aux fleurs à labelle situé à la base, portées par de longues hampes. Les plantes fleurissent du printemps au milieu de l'été et durent plusieurs semaines.

Les encyclias sont de belles plantes pour la culture en appartement ; elles fleurissent abondamment et sont parfaites pour le débutant. La plupart ont une période de repos en hiver. Une collection mixte devrait contenir au moins quelques-unes de ces ravissantes orchidées.

Température : orchidées froides.
Culture : poussent en pots ou en paniers dans du substrat à base d'écorce. Arrosez abondamment en période de floraison. Abritez du soleil en été, bien que les

Encyclia adenocaula

Encyclia brassavolae

Encyclia cochleata var. 'Yellow Burnham'

plantes à pseudo-bulbes durs et arrondis tolèrent plus de lumière. En hiver, arrosez juste assez pour que les pseudo-bulbes restent rebondis.
Hauteur : 7 à 30 cm.

Encyclia adenocaula
Ce type à bulbe dur, originaire du Mexique, produit au printemps et en début d'été une longue hampe florale dans le haut du pseudo-bulbe arrondi. Les fleurs mauves ont un labelle rouge et blanc. Cultivez en serre froide, bien éclairée. Période de repos en hiver.

Encyclia brassavolae
Cette belle espèce produit de hauts et minces pseudo-bulbes. Les fleurs vertes de 5 cm, aux pétales étroits, portées sur une hampe dressée, ont un labelle blanc en cœur, dont l'extrémité est mauve. Floraison en été.

Encyclia lancifolia

Encyclia cochleata var. 'Yellow Burnham'
Orchidée très populaire qui réussit bien à l'intérieur et peut atteindre plus de 30 cm. Les hampes florales, avec leurs fleurs vertes à labelle jaune orangé, sont beaucoup plus hautes. Sur les plantes adultes, la floraison dure de nombreux mois, à divers moments de l'année.

Encyclia lancifolia
Cette petite orchidée de 15 cm produit en été des hampes florales dressées. Les fleurs blanc ivoire en forme d'étoile, de 3 cm, ont un labelle dressé strié de rouge. Cette charmante espèce est de culture facile, à l'intérieur ou en serre froide.

Encyclia polybulbon
Cette plante naine aux pseudo-bulbes groupés porte deux feuilles sur chaque tige. Les fleurs isolées, de 2 cm, sortent entre les feuilles et couvrent la plante de leurs petites étoiles. Les pétales et les sépales étroits, brun fauve sont mis en valeur par le grand labelle blanc. Cette orchidée froide fleurit en début d'été.

Encyclia radiata
Espèce parfumée du Guatemala, donnant de belles plantes hautes de 25 cm qui fleurissent abondamment en été. Les hampes florales sont dressées au-dessus du feuillage et, comme pour beaucoup d'espèces du genre, le labelle se trouve dans le haut de la fleur.

Encyclia vitellina
Dans le genre Encyclia, cette espèce est unique pour son riche coloris rouge orangé. En automne, quand le pseudo-bulbe de la saison est mûr, la plante produit une haute hampe florale souvent ramifiée. Originaire du Mexique et du Guatemala.

Encyclia polybulbon

Encyclia radiata

Encyclia vitellina

ORCHIDÉES POPULAIRES

EPIDENDRUM

Les epidendrums existent en une gamme extrêmement variée de tailles, de la petite plante touffue faisant à peine 15 cm, avec des tiges feuillues et groupées *(Epidendrum porpax)*, aux géantes à tiges de roseaux comme *E. revolutum* et *E. ibaquense*, cette dernière pouvant atteindre 2 m. Entre ces deux extrêmes on trouve plusieurs jolies plantes à pseudo-bulbes, dont *E. ciliare*, qui ressemblent de près aux encyclias auxquelles elles sont apparentées et qui leur étaient autrefois associées.

Largement distribué à travers toute l'Amérique tropicale, ce très vaste genre contient des centaines d'espèces, dont certaines se ressemblent beaucoup. Parmi ces espèces, un bon nombre sont cultivées, et il existe quelques hybrides qui valent la peine d'être recherchés.

Les epidendrums sont des plantes persistantes, épiphytes ou terrestres, parfois lithophytes, aux fleurs très variées dont la gamme de couleurs passe par le blanc, le vert, le brun, le rose et le rouge. Le genre est difficile à connaître en raison du nombre de plantes très différentes, ce qui rend leur étude encore plus intéressante. Certaines espèces adultes de haute taille fleurissent continuellement, comme *Epidendrum radicans*. Les membres de ce groupe si divers produisent leurs fleurs à des époques différentes, mais sont abondamment fleuris pendant l'été.

Température : orchidée froide à tempérée.

Culture : cultivez les types à cannes en pots de 10 à 15 cm ou dans des plates-bandes préparées d'écorce grossière et de sable ou de tourbe, et ne les dérangez plus. Arrosez toute l'année. Cultivez les types rampants dans des petits paniers ou sur des supports en écorce. Arrosez abondamment en période de pousse et moins en hiver, trop d'eau risquerait d'entraîner des pourritures.

Hauteur : 15 cm à 2 m.

Epidendrum Burtonii

Hybride ancien de l'espèce *Epidendrum radicans*, auquel il ressemble. Remarquez la longue hampe florale où se trouvaient les premières fleurs orange, et les boutons se développant à l'extrémité. Les fleurs apparaissent à toute époque.

Epidendrum Plastic Doll

Epidendrum Burtonii

Epidendrum Plastic Doll

L'un des rares hybrides obtenus à partir d'*Epidendrum pseudepidendrum*. Les fleurs ont des pétales et des sépales verts, mis en valeur par le labelle jaune et frisé. La hampe florale porte plusieurs fleurs, au-dessus du feuillage. Cultivez cette plante en serre tempérée ou chaude, si vous avez assez de place.

Epidendrum pseudepidendrum var. *album*

Epidendrum radicans

Epidendrum radicans
Les hautes tiges ramifiées qui produisent des racines aériennes sur toute leur longueur sont typiques de cette espèce aux fleurs rouges à labelle dressé, portées sur des hampes florales qui poussent continuellement et sont une extension des tiges. Les grandes plantes peuvent être perpétuellement en fleur.

Epidendrum radicans var. alba
Dans cette forme blanche de l'espèce mexicaine, les fleurs sont dépourvues de la pigmentation rouge vif. Les plantes sont généralement petites, mais fleurissent abondamment toute l'année.

Epidendrum pseudepidendrum

Epidendrum pseudepidendrum
Cette orchidée présente de minces tiges feuillues qui, au printemps et en été, portent à leur extrémité plusieurs fleurs curieuses, aux pétales et sépales vert sombre et au labelle orange projeté en avant. Originaire du Costa Rica, elle préfère des conditions tempérées.

Epidendrum pseudepidendrum var. album
Forme plus pâle du type, au contraste moins marqué entre le labelle rose et les pétales et sépales jaunes. Ses teintes plus pâles sont néanmoins très plaisantes et les fleurs sont produites au printemps et en été en gros bouquets, dans le haut des tiges.

Epidendrum radicans var. *alba*

LAELIA

Il existe environ cinquante espèces de *Laelia*, originaires de toute l'Amérique centrale et du Sud, et surtout du Mexique, qui se divisent en plusieurs groupes distincts, selon leurs besoins qui varient considérablement. Toutes les espèces sont jolies et très spectaculaires, mais beaucoup étaient difficiles à trouver jusqu'à ce que des programmes récents de multiplication aient rendu plus accessibles certains des plus beaux types, comme les remarquables variétés de *Laelia purpurata*, originaires du Brésil. Le genre est apparenté de près à *Cattleya*, et les plantes sont parfois difficiles à distinguer. Depuis les premiers jours de l'hybridation les espèces *Laelia* ont été croisées avec *Cattleya*, à un tel point qu'il existe plus de laeliocattleyas que d'hybrides interspécifiques.

Les laelias sont des plantes persistantes épiphytes, dont la taille varie de 15 cm à 1 m. Plusieurs petites espèces ont des fleurs miniatures aux vives couleurs, en bouquets dressés au-dessus du feuillage. Ces plantes, comme *Laelia cinnabarina*, produisent des pseudo-bulbes minces, avec une seule feuille semi-rigide. Les types plus grands, comme *L. crispa*, ressemblent aux cattleyas, et d'autres, dont *L. anceps*, sont plus distincts avec des pseudo-bulbes carrés et une seule feuille brillante. De hautes hampes florales graciles portent à leur extrémité des grandes fleurs de 10 cm, rassemblées en bouquets lâches. La plupart des espèces fleurissent en automne et d'autres produisent leurs fleurs au printemps et au début de la saison de pousse.

Les débutants devraient toujours inclure dans leur première collection ces merveilleuses orchidées que sont *Laelia anceps* et *L. gouldiana*. Ces espèces sont de bonnes plantes robustes qui poussent sans aucune difficulté et qui en quelques années, forment de grands spécimens très fournis. Les petites plantes, comme *L. flava* et *L. cinnabarina* nécessitent davantage de soins éclairés, leurs pseudo-bulbes pouvant facilement se ratatiner, entraînant la déshydratation des orchidées.

Température : orchidées tempérées (orchidées froides pour les espèces mexicaines).
Culture : cultivez en pots de 10 cm, dans du substrat d'écorce. Les petites espèces peuvent aussi pousser sur écorce. Arrosez bien pendant l'été, mais laissez sécher presque totalement en hiver, pendant la période de repos. Ombragez en été et mettez en pleine lumière en hiver.
Hauteur : 15 cm à 1 m.

Laelia anceps
Cette délicieuse orchidée froide peut pousser à l'intérieur ou en serre froide. Les hampes florales peuvent atteindre 60 cm. Les grandes fleurs mauves, dont l'aspect varie, présentent un labelle rose foncé, à cœur jaune, et apparaissent en début d'automne. La plante est originaire du Mexique.

Laelia anceps

Laelia anceps var. alba

La forme blanche de cette espèce, tout aussi attrayante que sa forme colorée, retient sa couleur blanc pur dans l'hybridation. Les hampes florales sont généralement plus courtes que dans le type.

Laelia anceps 'Guerrero'

Cette variété nommée de l'espèce, qui fleurit en automne, est originale par son labelle de teinte exceptionnellement foncée. Elle a été choisie pour obtenir des hybrides, dont certains ont gardé ses riches couleurs. Plusieurs autres clones des variétés de cette espèce sont cultivés.

Laelia milleri × L. briegeri

Cet hybride primaire a été obtenu en croisant deux des espèces à petites fleurs. Ces plantes compactes présentent des pseudobulbes bien définis et des fleurs jaune doré sur une hampe dressée qui apparait à l'extrémité du pseudo-bulbe en été. Cultivez en serre tempérée.

Laelia anceps **'Guerrero'**

Laelia anceps var. *alba*

Laelia milleri × *L. briegeri*

Laelia purpurata var. *alba*

Laelia purpurata
Cette charmante espèce brésilienne pousse très bien en serre tempérée. Elle produit de minces pseudo-bulbes et porte sur une tige, pendant le printemps et l'été, plusieurs fleurs blanches de 10 cm, à labelle pourpre.

Laelia purpurata var. *alba*
Il existe de nombreux exemples de formes albinos ou blanches chez les laelias et les cattleyas. Cette espèce brésilienne à floraison estivale a de nombreuses formes de variétés nommées, maintenues grâce à la multiplication par graines, en culture.

Laelia purpurata var. *carnea*
Cette espèce très élégante, ressemblant à la famille *Cattleya* par son aspect, a été largement utilisée pour donner des hybrides *Laeliocattleya*. Cette variété à floraison estivale est originale par la teinte saumon de son labelle.

Laelia purpurata var. *carnea*

ORCHIDÉES POPULAIRES 183

Laelia purpurata

ALLIANCE LYCASTE

Les lycastes sont un genre botanique, assez réduit mais influent, de plantes de taille moyenne. Elles ont eu un grand impact sur les anguloas qui leur sont apparentées et avec lesquelles elles se croisent facilement pour produire certains très beaux hybrides artificiels. Les fleurs typiques sont triangulaires, les sépales largement étalés, encadrant les pétales en coupe et le labelle. Quand elles sont hybridées avec les anguloas à forme de tulipe, on obtient les superbes angulocastes aux grandes fleurs ouvertes, qui sont pour beaucoup dans la popularité de cette alliance. Bien que la majorité des espèces de lycastes et d'anguloas soient de teinte pâle, les variétés rouge rosé de *Lycaste skinneri* ont donné de riches couleurs dans des hybrides tels que *L.* Wyld Fire. De même, les angulocastes rouge foncé soutiennent la comparaison avec les variétés plus claires, aux tons plus doux.

Dans ce genre, les espèces *Anguloa* sont les plus parfumées, parfum transmis aux hybrides bigénériques. *A. clowesii* est surtout connue pour son délicieux parfum.

Lycastes et anguloas partagent de nombreuses caractéristiques. Elles produisent des pseudo-bulbes durs, vert foncé, généreusement feuillus en été. Les feuilles sont larges, souples et nervurées, et s'étalent en vieillissant, la plante demandant alors beaucoup d'espace. Le feuillage tombe en hiver ou au début de la nouvelle pousse, au printemps. Quand les feuilles vieillissent, elles se tachent et jaunissent, il vaut mieux alors les retirer avant qu'elles tombent naturellement. La période de repos est en hiver. La nouvelle pousse commence au printemps, les jeunes pousses étant accompagnées de nombreuses hampes à une seule fleur, groupées autour de la base du pseudo-bulbe. Les fleurs apparaissent rapidement et sont bientôt dissimulées par le feuillage. Avant l'hiver, les plantes produisent de grands pseudo-bulbes, hauts de 7 à 15 cm.

Il est préférable de rempoter chaque année les lycastes et les anguloas, les plantes sortant rapidement de leur contenant. En retirant les vieux pseudo-bulbes vous pourrez conserver une taille raisonnable à la plante. Vous pouvez la laisser grandir si vous voulez une belle orchidée à isoler. Pour ces différentes raisons, les hybrides seront mieux dans une serre où ils auront toute la place nécessaire.

Si vous cultivez vos orchidées à l'intérieur, où l'espace est limité, essayez une ou deux des petites espèces de lycastes, comme *Lycaste aromatica*, délicieusement parfumée et qui porte une profusion de fleurs jaune d'or au printemps, ou *L. skinneri*, avec ses variétés blanches ou rose tendre. En feuilles, ces plantes ne dépassent guère 30 cm.

La plupart des quelque vingt-cinq espèces de *Lycaste* sont cultivées, ainsi que de nombreux hybrides. Les espèces peuvent être épiphytes, terrestres ou lithophytes, la majorité des plantes préférant les situations ombragées, en sous-bois.

Les lycastes sont des orchidées sud-américaines, concentrées essentiellement au Mexique et au Pérou. Les anguloas sont un petit genre botanique contenant environ dix espèces, originaires de Colombie, de l'Équateur et du Pérou. En raison de leur rareté, seules quelques espèces font l'objet d'une large culture. Les angulocastes, aux grandes fleurs charnues de 10 cm, sont les plus présentes dans les collections d'orchidées.

Température : orchidées froides (hiver) et tempérées (été).

Culture : cultivez sur du substrat à base d'écorce, en pots jusqu'à 25 cm de diamètre. En été, arrosez et fertilisez abondamment et maintenez une bonne humidité ambiante (bien que des bassinages excessifs puissent entraîner des marques sur les feuilles). Diminuez les arrosages quand le feuillage commence à jaunir et n'arrosez en hiver que si les pseudo-bulbes se ratatinent. Abritez du soleil en été et mettez en pleine lumière en hiver.

Hauteur : 30 cm à 1 m.

Anguloa virginalis

Anguloa clowesii

Anguloa clowesii
Les feuilles de cette grande orchidée froide très élégante, qui fleurit en début d'été, peuvent atteindre 1 m à taille adulte. Les fleurs jaune foncé qui apparaissent en début d'été sont très parfumées, et le labelle qui se balance lui a donné le nom d'orchidée berceau.

Anguloa virginalis
Une seule fleur parfumée, rose pâle, apparaît en début d'été sur chaque hampe dans le bas du feuillage. Les sépales et les pétales restent en coupe, sans s'ouvrir complètement, ce qui est typique du genre.

Angulocaste Jupiter AM/RHS
Cet hybride ancien, fleurissant au printemps, garde un air de jeunesse avec ses sépales pointillés de rouge sur une base jaune. Cet hybride bigénérique vient de *Lycaste* et d'*Anguloa*.

Lycaste aromatica
Au printemps, cette jolie espèce parfumée d'Amérique du Sud produit des fleurs jaunes d'or en abondance. La plante est caduque et se repose en hiver. Notez le départ des nouvelles pousses.

Angulocaste **Jupiter AM/RHS**

Lycaste aromatica

Lycaste skinneri

Lycaste **Autumn Glow**

Avec ses pétales et son labelle jaune foncé se détachant sur les forts sépales bruns, ce charmant hybride froid, à floraison automnale, est le reflet de la saison. La plante se repose après la floraison.

Lycaste skinneri

Espèce variable du Guatemala, cette orchidée est typique des lycastes avec ses fleurs en tricorne, dont les sépales s'éloignent des pétales qui enserrent le labelle brillamment coloré. Des fleurs uniques, de 7 cm, sont produites au printemps sur cette plante caduque, sur des tiges plus courtes que le feuillage.

Lycaste **Wyld Surprise**

Cette orchidée fait partie d'une gamme de beaux hybrides issus de *Lycaste skinneri*. Des tiges portant une seule fleur entourent les pseudo-bulbes en même temps qu'apparaissent les nouvelles pousses. Ce charmant hybride est un parfait exemple des variantes de couleurs qui peuvent être obtenues avec un seul croisement, où chaque clone sera unique. Les fleurs apparaissent au printemps.

Lycaste **Autumn Glow**

Lycaste **Wyld Surprise**

MASDEVALLIA

Souvent baptisées orchidées cerf-volant à cause des longues « queues » de certaines fleurs de ce vaste genre botanique, les masdevallias sont des plantes de petite ou de moyenne taille, avec de courtes tiges à feuille unique sur un rhizome rampant. Les feuilles longues, ovales, sont vert moyen ou vert foncé. Les hampes florales graciles sortent de la base et peuvent porter une seule ou plusieurs fleurs sur une tige. Les fleurs sont de forme et de couleur très variables. Si quelques espèces, comme *Masdevallia coccinea*, produisent certaines des couleurs les plus vibrantes du monde des orchidées, d'autres sont très ternes. Des quelque trois cents espèces, beaucoup sont cultivées ainsi qu'un petit nombre d'hybrides.

Les fleurs se caractérisent par la forme triangulaire des grands sépales étalés, dont certains (ceux de *Masdevallia caudata*, par exemple) présentent de longues « queues ». Les pétales et le labelle sont très réduits et généralement cachés au centre de la fleur. Dans d'autres espèces, comme *M. racemosa*, les sépales ont fusionné à la base pour créer un tube qui contient les autres segments minuscules. Alors que *M. veitchiana* est remarquable pour ses éclatantes teintes orange et rouge, d'autres (*M. ventricularia*), aux curieuses fleurs tubulaires pointillées de brun, sont plus ternes, mais valent quand même la peine d'être cultivées. La plus grande fleur du genre est celle de *M. macrura*, qui mesure au moins 30 cm verticalement, cette hauteur impressionnante étant due aux longs sépales en pointe.

Ces orchidées épiphytes persistantes ou occasionnellement lithophytes habitent les régions humides, fraîches et ombragées des forêts des Andes de l'Amérique du Sud. Lorsqu'elles sont cultivées elles ne doivent pas être dérangées ; si le rempotage devient nécessaire, il vaut mieux les faire glisser dans un pot un peu plus grand, sans briser la motte. De cette façon, la plupart des masdevallias formeront des plantes de bonne taille, mais sans devenir trop encombrantes. Elles donneront alors une profusion de fleurs pendant les mois d'été. Quelques espèces, comme *Masdevallia tovarensis*, produiront des fleurs blanches sur les mêmes tiges pendant plus d'un an si vous ne les coupez pas.

Les masdevallias font partie d'un genre botanique qui fut autrefois associé à un très grand nombre de genres apparentés, dont certaines orchidées originales : *Dryadella*, *Dracula*, *Trisetella* et *Pleurothallis*. Cette dernière appartient à un autre grand groupe de plantes apparentées, qui forme l'un des plus vastes genres naturels, avec quelque neuf cents espèces, lesquelles produisent de petites fleurs parfois si minuscules que seule la loupe permet de les apercevoir.

Température : orchidées froides.
Culture : dans de l'écorce fine, dans des pots en maille plastique du type utilisé pour les plantes aquatiques. Laissez à l'ombre et arrosez toute l'année, les racines ne devant jamais sécher, mais évitez aussi une trop grande humidité qui pourrait entraîner une pourriture.
Hauteur : 15 à 30 cm.

Masdevallia coccinea
Cette élégante espèce à hautes tiges porte des fleurs isolées, de 5 cm, en forme de lune, très au-dessus du feuillage. Le violet vif des sépales largement étalés est l'un des plus riches du monde des orchidées. Les plantes fleurissent surtout au printemps et en été.

Masdevallia Falcon Sunrise
Trois clones de ce nouvel hybride associent les qualités de plusieurs espèces pour donner des fleurs orange sur des tiges assez longues. Quand on les laisse pousser, ces orchidées produisent de nombreuses fleurs à différentes époques de l'année.

Masdevallia Rose Mary
Les masdevallias comprennent de nombreux hybrides populaires, dont cette jolie variété à tiges courtes et à fleurs roses. Les sépales des fleurs, qui apparaissent à différents moments de l'année, sont ornés de « queues ».

Masdevallia coccinea

Masdevallia Falcon Sunrise

ORCHIDÉES POPULAIRES **189**

Masdevallia Rose Mary

Masdevallia tovarensis
Cette délicieuse espèce venue du Venezuela est une plante facile, aux fleurs blanches de 3 cm qui se dressent au-dessus du feuillage. Les fleurs apparaissent à différents moments de l'année. Chaque tige produit plusieurs fleurs et refleurira à nouveau l'année suivante, ce qui est inhabituel chez les masdevallias.

Masdevallia Whiskers
Cette plante compacte produit de nombreuses fleurs qui se succèdent tout l'été. Les fleurs orange se détachent au-dessus du feuillage, la teinte étant plus soutenue au centre des grands sépales en coupe.

Masdevallia tovarensis

Masdevallia Whiskers

Maxillaria rufescens

MAXILLARIA

Les quelque trois cents espèces de *Maxillaria* persistantes, épiphytes ou lithophytes se trouvent en Amérique centrale et du Sud. Petites ou de taille moyenne, ces plantes sont très variées par leur structure. La majorité produit de petits pseudo-bulbes ronds à feuille unique ressemblant à un brin d'herbe *(Maxillaria tenuifolia)*, ou gros et spectaculaires *(M. sanderiana)*. Cette dernière, avec ses fleurs charnues blanches, pointillées de rouge, et sa forme triangulaire, ressemble à *Lycaste*, genre où la plupart des maxillarias étaient placées à l'origine. De nombreuses espèces et quelques rares hybrides sont cultivés, dont plusieurs sont incorrectement nommés car il est impossible de distinguer les plantes si elles ne sont pas fleuries.

Les petites espèces sont parfaites pour le débutant. Elles mettent beaucoup de bonne volonté à pousser, fleurissent même dans de mauvaises conditions et, mieux que beaucoup d'autres orchidées, tolèrent une ambiance chaude et sèche. Parmi les plus jolies fleurs, recherchez *Maxillaria picta* dont la délicieuse floraison parfumée est produite en abondance en automne. Les maxillaria fleurissent de la base, avec une seule fleur sur des tiges courtes ou moyennes. Les couleurs varient, le jaune, le fauve et le rouge étant les plus courantes.

La plupart des maxillarias préfèrent ne pas être dérangées, la division régulière en petites sections empêchant la plante de donner son maximum.

Température : principalement orchidées froides.

Culture : poussent en pots, les grandes variétés sur de l'écorce grossière, les petites sur de l'écorce fine. Les variétés à rhizome rampant peuvent pousser en paniers ou sur écorce. Gardez en pleine lumière. Fertilisez et arrosez abondamment en été, moins en hiver, sans laisser les plantes sécher complètement.

Hauteur : 15 à 30 cm.

Maxillaria acutipetala

Maxillaria acutipetala
En été, cette originale et ravissante espèce offre ses fleurs jaunes, au labelle rouge foncé. Les fleurs font 2 cm de diamètre sur des tiges de moins de 15 cm. Cette espèce, qui devient rare, est de moins en moins présente dans les collections.

Maxillaria coccinea
D'un rouge vif inhabituel, ces petites fleurs de 2 cm se dressent isolées sur des tiges minces groupées. Plante de floraison estivale, facile à cultiver, pour la serre froide ou l'appartement, à l'abri du soleil.

Maxillaria luteo-alba
En début d'été, ces fleurs blanc crème de 4 cm, aux sépales brun orangé et aux pétales jaunes, sont produites autour de la base des principaux pseudo-bulbes, sur des tiges de 15 cm, très en dessous du feuillage. Espèce froide fleurissant abondamment, originaire du Costa Rica.

Maxillaria ochroleuca
Une masse de fleurs « araignées » entoure la base de cette orchidée froide de taille modeste, venant du Honduras. Les fleurs printanières blanc crème ont un labelle rouge orangé.

Maxillaria coccinea

Maxillaria luteo-alba

ORCHIDÉES POPULAIRES **193**

Maxillaria ochroleuca

Maxillaria praestans
Ces étranges fleurs brunâtres, avec leur labelle presque noir, s'épanouissent en été pendant plusieurs semaines. Plus la plante est grande, plus elle donnera de fleurs.

Maxillaria tenuifolia
Ce petit bijou produit de longues plantes échevelées avec des pseudo-bulbes espacés sur un rhizome dressé. Les fleurs uniques, qui apparaissent en été, sont portées par de courtes tiges, une ou deux au plus sortant du pseudo-bulbe. Les fleurs parfumées sont jaunes, avec un pointillé rouge plus ou moins dense.

Maxillaria praestans

Maxillaria tenuifolia

MILTONIOPSIS

Appelées orchidées pensées, en raison de leur ressemblance avec cette fleur, les miltoniopsis sont sans égales au sein du monde des orchidées. Leurs grandes fleurs plates, spectaculaires, leur développement compact et la régularité de leur floraison en font des plantes parfaites pour la culture en intérieur. Leur popularité sans cesse grandissante est responsable d'un grand nombre de merveilleux hybrides, à la portée de l'amateur. Ces orchidées existent en une large gamme de couleurs, du blanc étincelant au rouge foncé, en passant par les délicats rose et jaune pastel. Les fleurs sont toujours ornées d'un « masque », motif en forme de papillon, à la base du labelle. Le dessin peut avoir diverses formes, petit et net ou large et s'étendant sur le labelle pour former une averse de couleur d'une grande beauté. Deux hampes florales portant chacune de trois à six fleurs larges de 7 cm sont régulièrement produites sur un seul pseudo-bulbe. Avec leur floraison souvent bisannuelle, en début d'été et en automne, accompagnée par un délicat parfum, on comprend pourquoi ces orchidées sont si populaires.

Pour un genre botanique comptant des milliers d'hybrides, il est étonnant de constater le petit nombre des espèces. Sur les cinq espèces, toutes originaires de Colombie, quatre ont contribué à un vaste programme d'hybridation qui a décuplé la gamme de couleurs. Les espèces persistantes épiphytes sont rarement cultivées et se trouvent essentiellement dans les collections spécialisées où elles sont précieusement conservées pour les générations futures.

Les orchidées *miltoniopsis* sont étroitement apparentées aux odontoglossums, avec lesquels elles s'hybrident facilement, ainsi qu'avec d'autres membres de cette grande alliance. Quand elles sont associées aux odontoglossums, elles donnent des fleurs au labelle élargi et aux couleurs vigoureuses. À l'origine, elles étaient placées dans le genre *Miltonia*, aujourd'hui réservé à quelque dix espèces trouvées au Brésil, les croisements avec *Odontoglossum* donnant des *Odontonia*. D'autres combinaisons intergénériques, qui comprennent *Miltoniopsis* (appelé *Miltonia* sur les registres) sont *Miltassia* (*Miltonia* × *Brassia*), *Miltonidum* (*Miltonia* × *Oncidium*) et beaucoup d'autres.

Les hybrides de miltoniopsis produisent des pseudo-bulbes verts qui portent deux feuilles apicales et deux basales, ovales, étroites et vert clair. Les plantes poussent pendant la plus grande partie de l'année, en démarrant des nouvelles pousses dès que le pseudo-bulbe précédent est achevé et souvent avant que la plante ait fini de fleurir. Les hampes florales sortent rapidement quand le pseudo-bulbe est mûr et produisent leurs fleurs sur des tiges arquées, juste au-dessus du feuillage. Dépassant rarement 30 cm, les plantes sont parfaites pour la culture en intérieur.

À l'instar de toutes les orchidées, les miltoniopsis prospèrent lorsqu'elles sont entourées par le feuillage d'autres plantes, celui-ci leur assurant l'humidité ambiante nécessaire.

Miltoniopsis **Herr Alexandre**

Miltoniopsis Jersey

Température : orchidées froides.
Culture : en pots, dans un substrat d'écorces fines ou bien dans du Rockwool. Éloignez-les toujours du soleil direct. Arrosez pendant toute l'année et fertilisez du printemps à l'automne.
Hauteur : jusqu'à 30 cm.

Miltoniopsis Herr Alexandre
Ce ravissant hybride blanc vigoureusement marqué possède toutes les qualités de ses parents. Les grandes fleurs de 10 cm, apparaissant en début d'été et à l'automne, se détachent nettement sur le feuillage. Deux hampes florales sont parfois produites sur le pseudo-bulbe principal.

Miltoniopsis Jersey
Charmant hybride moderne rose et blanc, ce clone produit six grandes fleurs de 8 cm, souvent appelées orchidées pensées.

Miltoniopsis Marie Riopelle 'Portland Rose'
Cet hybride merveilleusement décoratif offre sur son labelle un ravissant dessin qui, associé au rose foncé du reste de la fleur, produit un effet charmant. Ces orchidées peuvent être cultivées à l'intérieur ou en serre froide, dans un endroit humide et ombragé. Elles fleurissent en fin de printemps et en début d'été.

Miltoniopsis Marie Riopelle 'Portland Rose'

Miltoniopsis Rozel

Miltoniopsis Red Knight 'Grail' AM/RHS
Produisant une grande fleur unique en fin de printemps et en début d'été, cet hybride paraît être revêtu de velours rouge foncé. Si les jeunes plantes ne produisent souvent qu'une fleur, les orchidées adultes en portent jusqu'à six.

Miltoniopsis Rozel
De nombreux hybrides similaires ont été croisés pour le motif en «averse» du labelle, caractéristique de ces variétés. Notez les «gouttelettes» sur les pétales. L'association des sépales rose foncé et du labelle bordé de rose, si joliment orné, est remarquable. Floraison en fin de printemps et en début d'été.

Miltoniopsis Saint Helier 'Pink Delight'
Une forme superbe et de riches teintes roses s'associent pour donner cet hybride de toute beauté. Le masque en forme de papillon cramoisi foncé, au centre de la fleur, met en valeur le veinage plus clair du labelle. Floraison bisannuelle, en fin de printemps et en début d'été.

Miltoniopsis Red Knight 'Grail' AM/RHS

Miltoniopsis Saint Helier 'Pink Delight'

ORCHIDÉES POPULAIRES   **197**

Miltoniopsis vexillaria

Miltoniopsis vexillaria 'Arctic Moon'

Miltoniopsis vexillaria
Venue de Colombie, cette forme rose tendre de l'espèce est aujourd'hui une perle rare de collection. Elle est à l'origine des hybrides actuels, qui ont retenu sa jolie forme et son port arqué. Floraison en fin de printemps et en début d'été.

Miltoniopsis vexillaria 'Arctic Moon'
Le centre de la fleur de cette forme pâle de l'espèce est souligné de rouge, mais il lui manque cependant la délicate teinte rose des sépales, des pétales et du labelle. Floraison en fin de printemps et en début d'été.

Miltoniopsis Zorro 'Yellow Delight'
Des croisements sélectifs ont donné cet hybride jaune qui fleurit en fin de printemps et en début d'été, bien que la couleur n'existe pas dans l'espèce. Elle vient de *Miltoniopsis roezlii*, que l'on retrouve aussi dans les marques rouges.

Miltoniopsis Zorro 'Yellow Delight'

ALLIANCE ODONTOGLOSSUM

Les odontoglossums constituent le sommet de cette alliance complexe, faite de plusieurs genres naturels étroitement apparentés, qui peuvent tous se croiser entre eux pour produire une gamme fantastique de types de fleurs.

Il existe environ soixante plantes persistantes épiphytes, originaires des Andes d'Amérique du Sud. Très convoitées depuis leur arrivée sur le marché, les fleurs d'un blanc virginal d'*Odontoglossum crispum* lui valurent le nom de « Reine des orchidées ». Elle était si prisée que l'espèce botanique faillit disparaître. On cultiva de nombreuses et superbes variétés qui n'existent aujourd'hui que dans les illustrations et descriptions des anciennes publications. Les espèces cultivées aujourd'hui, comparativement peu nombreuses, sont réservées aux collections spécialisées, mais elles ont été remplacées par des centaines d'hybrides qui, pour le jardinier amateur, constituent un meilleur choix. Les hybrides offrent en effet une gamme de couleurs et une vigueur qui n'existent pas dans les espèces.

Les odontoglossums et genres apparentés produisent des pseudo-bulbes verts avec une paire apicale de feuilles ovales étroites, vert moyen, et deux feuilles plus courtes à la base. Les plantes peuvent atteindre 30 à 45 cm de haut et les hampes florales le doublent. Les fleurs des hybrides *Odontoglossum* purs sont arrondies, avec des sépales et pétales de taille identique et un labelle net, souvent frangé. Toutes les couleurs sont possibles, avec des motifs intriqués que l'on trouve rarement en si grand nombre chez les autres orchidées. Les fleurs de 6 cm de large, qui sont parfois au nombre de douze, peuvent être unies ou très marquées. Elles durent de nombreuses semaines et apparaissent à tout moment de l'année.

Les hybrides intergénériques sont plus nombreux que les hybrides odontoglossums purs. Ils comprennent *Odontioda*, croisement d'*Odontoglossum* avec le genre plus petit et moins courant de *Cochlioda*, connu pour ses coloris rouge vif qu'il a donnés aux hybrides *Odontioda* et qui les distinguent des odontoglossums. Associé à *Oncidium*, genre dominé par des fleurs généralement jaunes, plus petites, à longues hampes, il en résulte *Odontocidium*, qui produit de très jolies fleurs. Il existe beaucoup d'autres combinaisons qui, toutes, contiennent le genre des odontoglossums et présentent les différentes caractéristiques appartenant aux autres « associés ».

Miltonidium **Pupukea Sunset**

Certains croisements ont été réalisés pour produire des plantes pour les climats frais ; ils comprennent *Vuylstekeara* (*Cochlioda* × *Miltonia* × *Odontoglossum*) et *Wilsonara* (*Cochlioda* × *Odontoglossum* × *Oncidium*). En introduisant les oncidiums chauds dans l'équation, on a pu obtenir des hybrides multigénériques tolérant la chaleur et pouvant être cultivés sous les tropiques, dont *Beallara* (*Brassia* × *Cochlioda* × *Miltonia* × *Odontoglossum*) et *Aliceara* (*Brassia* × *Miltonia* × *Oncidium*).

Les odontoglossums souffrent facilement de la chaleur ; s'il vous est difficile de

Odontioda Avranches

Odontioda La Couperon

leur trouver une place fraîche en été, essayez de les mettre dans le jardin, dans un endroit bien ombragé où ils peuvent rester humides. S'ils sont trop exposés à la lumière les feuilles vont prendre une teinte rougeâtre. Si elle n'est pas trop prononcée, cette coloration est acceptable et la feuille redeviendra verte quand le soleil perdra de sa force. Cependant, si l'exposition est excessive, toute la surface de la feuille peut devenir rouge foncé et elle risque de tomber. Un odontoglossum qui perd subitement trop de feuilles va décliner ; la plante doit alors être rempotée le plus tôt possible et les pseudo-bulbes non feuillus retirés afin de rétablir l'équilibre.

Les odontoglossums intergénériques sont de très jolies plantes à cultiver, mais vous devez vous assurer que les pseudo-bulbes restent rebondis toute l'année. Il peut arriver qu'une plante adulte produise une haute hampe trop fleurie pour ses forces. Quand les boutons s'apprêtent à s'ouvrir, la plante se fane soudain, ce qui montre que les fleurs l'épuisent et qu'elle ne peut à la fois les nourrir et continuer à vivre. Éliminez-la aussitôt. Vous pourrez profiter des fleurs en les mettant dans l'eau. Rempotez la plante si nécessaire et encouragez-la à produire une nouvelle pousse dès que possible, après quoi elle pourra lentement se rétablir.

Les odontoglossums sont originaires des Andes, en Amérique du Sud, jusqu'au Mexique. Une reclassification récente a créé de nouveaux genres, la seule espèce *Odontoglossum* authentique survivante se trouvant dans les Andes. En horticulture, beaucoup d'anciens noms génériques ont été conservés, les deux noms restant en usage, comme ici. Le genre *Rossioglossum* est une exception, où les espèces sont si distinctes que nous les avons réunies séparément sous le titre « Orchidées de spécialistes ».

Température : orchidées froides, en dessous de 24 °C en été.
Culture : poussent sur de l'écorce fine, en pots de 5 à 7 cm, racines à l'étroit. Fort ombrage en été mais beaucoup de lumière en hiver. Arrosez et fertilisez toute l'année, moins en hiver.
Hauteur : 30 à 45 cm.

Miltonidium Pupukea Sunset
Ce croisement inattendu entre la haute *Miltonia warscewiczii* et la minuscule *Oncidium cheirophorum* a donné cette primaire très plaisante, aux hampes florales qui atteignent 13 cm. Les fleurs, avec leurs teintes crème, rose et vert, apparaissent au printemps.

Odontioda Avranches
À l'origine, le genre artificiel *Odontioda* (*Odontoglossum* × *Cochlioda*) a été produit pour donner la coloration rouge du genre *Cochlioda* aux odontoglossums à teinte généralement pâle. Dans cet hybride à floraison surtout printanière, l'influence de *Cochlioda* a disparu pour revenir à la coloration blanche d'*Odontoglossum*.

Odontioda La Couperon
La teinte rose vif et le joli dessin rose sombre des fleurs portées sur une longue hampe arquée révèlent l'influence de *Cochlioda*, qui donne à la fleur de cet hybride spectaculaire son aspect éclatant. Les fleurs apparaissent à différentes époques, plus généralement au printemps.

Odontioda Les Plantons
Les couleurs et les motifs de cet hybride à floraison printanière sont typiques de la diversité obtenue dans ce genre par de simples croisements. Taches et points forment un kaléidoscope de couleurs changeantes, inégalées chez les autres orchidées.

Odontioda Mont Felard × St Aubin's Bay
Orchidée à pousse régulière qui, à des saisons diverses, produit des hampes de fleurs blanches tachées de rose foncé, avec un labelle à cœur jaune maculé de rose sur les bords. Les pétales sont frangés et frisés.

Odontioda Pontinfer
Avec ses fleurs aux remarquables proportions, tachées de rouge sanglant sur blanc, cette grande hampe souvent ramifiée montre l'influence de l'espèce *Odontoglossum pescatorei*. Les fleurs apparaissent à différentes époques.

Odontioda **Mont Felard × St Aubin's Bay**

Odontioda **Les Plantons**

Odontioda **Pontinfer**

ORCHIDÉES POPULAIRES **201**

Odontocidium Isler's Gold Dragon
Des associations de couleurs vives et une haute hampe florale caractérisent cette orchidée très populaire. Cultivez en situation froide avec une bonne lumière toute l'année. Les fleurs, qui s'épanouissent à différentes époques, durent plusieurs semaines.

Odontocidium La Moye
Ce robuste hybride fleurit abondamment. Cultivez dans une pièce fraîche et bien éclairée. Arrosez et fertilisez toute l'année. Les fleurs blanches à motif rose et jaune durent plusieurs semaines et apparaissent à diverses époques.

Odontocidium Russikon's Goldbaum
Cet hybride bigénérique a hérité le labelle jaune et les marques brunes des pétales de l'espèce *Oncidium tigrinum*, à laquelle il doit aussi le port dressé et ramifié de sa hampe. Les fleurs apparaissent à diverses époques, souvent au printemps.

Odontocidium Russikon's Goldbaum

Odontocidium Isler's Gold Dragon

Odontocidium La Moye

Odontoglossum cariniferum

Odontoglossum cordatum

Odontoglossum crocidipterum

Odontoglossum cariniferum
(syn. *Oncidium cariniferum*)
Cette charmante espèce salue le printemps de sa floraison abondante, avec une haute hampe ramifiée croulant sous les fleurs. Chaque fleur est brun chocolat foncé et les pétales s'incurvent vers l'intérieur pour accueillir l'insecte fécondateur.

Odontoglossum cordatum
(syn. *Lemboglossum cordatum*)
Cette espèce compacte porte au printemps d'élégantes fleurs pointues, maculées de brun, sur une hampe de 15 cm. Originaire du Honduras, elle est de culture facile, fleurit sans problème et réussit à l'intérieur ou en serre froide ombragée.

Odontoglossum crocidipterum
Beaucoup d'espèces *Odontoglossum* sont devenues rares, comme cette variété au délicat motif. Les marques jaunes et brunes sont typiques de plusieurs du genre que l'on trouve surtout en haute altitude dans les Andes. Floraison au printemps.

ORCHIDÉES POPULAIRES 203

Odontoglossum hallii

Odontoglossum laeve

Odontoglossum Jorisianum

Odontoglossum hallii
Avec ses fleurs parfumées curieusement enroulées et son labelle au bout pointu comme une aiguille, cette espèce de l'Équateur, à floraison estivale, a donné sa couleur jaune de base à de nombreux hybrides. Elle est rarement cultivée de nos jours.

Odontoglossum Jorisianum
Cet hybride classique a été créé au début du XXe siècle, quand l'hybridation étant encore balbutiante. Il a été obtenu par le croisement de deux excellentes espèces, *Odontoglossum purpureum* et *O. triumphans*, toutes deux fort rares aujourd'hui. Les fleurs jaunes marquées de rouge apparaissent au printemps.

Odontoglossum laeve
(syn. *Miltonioides laevis*)
Fortement parfumée, cette espèce porte ses fleurs jaunes et brunes avec leur labelle à cœur rose sur une hampe de 45 cm, au-dessus du feuillage. Floraison de longue durée, en fin d'été. Cette plante robuste est originaire du Honduras et du Mexique.

Odontoglossum oerstedii
(syn. *Ticoglossum oerstedii*)
Espèce originale et peu cultivée, cette orchidée a de petits pseudo-bulbes et des feuilles de 15 cm. Ses jolies fleurs blanches cireuses au labelle taché de jaune d'or sont portées sur de courtes hampes, juste au-dessus du feuillage. Originaire du Costa Rica et fleurissant au printemps, cette espèce apprécie la chaleur.

Vuylstekeara **Cambria 'Lensings Favorit'**
De la multitude de Cambria 'Plush' produites en série, vint ce « sport » aux couleurs somptueuses. Sa jolie forme est reconnaissable, avec ses sépales et ses pétales rouges maculés de rose et son labelle rose à marque centrale rouge. Elle convient pour l'intérieur ou la serre froide ou tempérée et fleurit à différents moments de l'année.

Vuylstekeara **Cambria 'Plush'** FCC/RHS
L'une des orchidées les plus populaires de tous les temps, cet hybride multigénérique, avec ses teintes rouges et blanches, est cultivé par milliers pour le marché de la fleur coupée. Les grandes fleurs de 7 cm, richement colorées apparaissent à différents moments de l'année.

Odontoglossum oerstedii

Vuylstekeara **Cambria 'Lensings Favorit'**

Vuylstekeara Cambria 'Plush' FCC/RHS

ALLIANCE ONCIDIUM

Parmi les quelque quatre cents espèces d'*Oncidium*, il existe des plantes extrêmement variées, qui vont des équitantes miniatures (petites plantes feuillues en éventail) aux joyaux à grands bulbes et longues hampes comme *Oncidium macranthum*, également connu sous le nom *Cyrtochilum macranthum*. Entre les deux, on trouve de nombreuses et charmantes plantes de taille modeste, aux fleurs brillamment colorées, à dominante jaune. En grande partie cultivées, ces espèces sont des plantes faciles qui fleurissent sans problème, très appréciées des débutants pour leur régularité. On peut leur ajouter une large gamme d'hybrides, qui pour la plupart résultent de croisements intergénériques avec des odontoglossums et autres genres apparentés ; ils donnent de nombreuses plantes intéressantes et séduisantes qui embelliront la plus petite collection d'orchidées.

Les oncidiums sont des plantes persistantes, aux pseudo-bulbes typiques verts et assez plats, portant deux étroites feuilles ovales. Les hampes florales sortant de la base du pseudo-bulbe principal arrivé à maturité peuvent apparaître à tout moment de l'année, le pic de la floraison se situant en automne. Les espèces sont originaires de l'Amérique tropicale et se trouvent dans divers habitats épiphytes. Plusieurs d'entre elles sont surnommées « oreilles de mules », en référence à leurs épaisses feuilles solitaires portées par un pseudo-bulbe souvent minuscule. Ces plantes, qui comprennent notamment *Oncidium luridum*, apprécient les environnements chauds et secs, différents de l'habitat brésilien de *O. flexuosum*, lequel ressemble à l'espèce typique *Odontoglossum*. Ce dernier produit des pseudo-bulbes bien espacés sur un rhizome dressé. Cultivée sur un morceau d'écorce et laissée sans contrainte, cette espèce produit une profusion de racines blanches aériennes, formant un rideau de 1 m de long environ.

Certains oncidiums sont plus souvent cultivés que d'autres. Les espèces les plus populaires sont des orchidées froides qui réussissent bien en compagnie des odontoglossums, avec lesquels elles coexistent dans le même environnement. Les types « oreilles de mules », et d'autres sortes originaires des régions plus tropicales d'Amérique, préfèrent la chaleur et prospèrent en serre chaude ou tempérée. Ces plantes demandent plus de lumière que leurs parentes froides. Dans l'hémisphère Nord, certaines d'entre elles, comme *Oncidium splendidum*, ont parfois du mal à fleurir à cause du manque d'ensoleillement.

Si vous manquez de place, recherchez les espèces ou hybrides de petit développement. Parmi ces orchidées, *Oncidium cheirophorum* présente des courtes hampes florales portant des bouquets denses de fleurs jaune vif, à la forme curieuse. De même taille, *O. ornithorhynchum* offre à profusion de jolies fleurs roses très parfumées. *O. flexuosum*, mentionné plus haut, produit de longues hampes florales qui se terminent par une averse d'innombrables fleurs jaune vif s'épanouissant pendant trois ou quatre semaines en automne.

Température : orchidées froides, certaines tempérées à chaudes.

Culture : poussent dans des pots de 5 à 10 cm, sur du substrat à base d'écorce. *O. flexuosum* peut aussi pousser sur de l'écorce. Ombragez les types froids en été, mais placez toute l'année en pleine lumière les types « oreilles de mules ». Arrosez et fertilisez les hybrides toute l'année, laissez sécher les espèces en hiver, quand se termine la période de croissance.

Hauteur : 15 à 30 cm.

Oncidium Boissiense
Cet hybride spectaculaire porte de grandes fleurs jaune vif, dont le labelle vient, entre autres, de l'espèce *Oncidium varicosum*. Cette robuste plante à floraison automnale pousse à l'intérieur ou en serre froide ou tempérée.

Oncidium obryzatum
Les grandes hampes florales de cette espèce aux fleurs jaunes produisent en hiver une profusion de minuscules fleurs qui dominent la plante de 20 cm. Cette espèce doit être cultivée en serre tempérée.

Oncidium Sharry Baby ' 'Sweet Fragrance'
Ce charmant hybride au parfum de chocolat produit une quantité de fleurs rouge cerise à labelle à pointe blanche. Cette orchidée froide fleurit à diverses époques. Les fleurs trahissent l'influence de l'espèce *Oncidium ornithorhynchum*, que l'on retrouve dans sa généalogie.

Oncidium **Boissiense**

Oncidium sphacelatum
L'une des plus grandes espèces *Oncidium*. Les hampes florales ramifiées peuvent atteindre 1 m, et portent de nombreuses fleurs sur les branches latérales. Cette plante originaire du Mexique demande une bonne lumière pour fleurir au printemps.

Oncidium **Sharry Baby 'Sweet Fragrance'**

Oncidium obryzatum

Oncidium sphacelatum

PAPHIOPEDILUM

Il y a fort longtemps, les paphiopedilums et autres orchidées sabots-de-Vénus quittèrent la voie normale de l'évolution pour emprunter leur propre chemin, lequel conduisit au « sabot » caractéristique qui définit ce genre et les genres apparentés. Le sabot est une modification du troisième pétale, ou labelle chez d'autres orchidées. Cette modification a entraîné celle des autres parties. Les deux sépales latéraux, par exemple, se sont largement soudés et sont en général cachés derrière le sabot. Ce dernier est conçu pour intercepter l'insecte fécondateur, qui est attiré sur le bord, où il perd son emprise sur la surface glissante et tombe dans la poche. Une fois à l'intérieur, une échelle de petits poils lui permet de sortir entre les deux côtés du sabot et la colonne. Au passage, il emporte le pollen.

Les paphiopedilums comprennent environ soixante-cinq espèces que l'on trouve en Extrême-Orient, en Inde, en Chine, en Asie du Sud-Est, aux Philippines, en Indonésie et en Nouvelle-Guinée. Ces plantes sans pseudo-bulbes sont persistantes, principalement terrestres, et produisent des rosettes de feuilles d'où part la hampe florale. La hampe peut porter une fleur solitaire ou produire de deux à douze fleurs. Les fleurs d'orchidées les plus spectaculaires sont sans doute celles de l'espèce de Bornéo, *Paphiopedilum rothschildianum*, dont les pétales latéraux rayés, devenus extrêmement longs et étroits, s'étalent horizontalement. Dressée sur une haute hampe, la fleur est d'une beauté à couper le souffle.

De nouvelles plantes venues de Chine et cultivées pendant les deux dernières décennies du XXe siècle ont révolutionné les nouvelles lignées d'hybrides. Des espèces comme le *Paphiopedilum armeniacum* jaune d'or et le délicieux *P. micranthum* rose, entre autres, ont donné de superbes hybrides, aux associations de couleurs uniques.

Les paphiopedilums sont connus pour leur longévité. Parmi les premières orchidées hybridées au XIXe siècle, il existe dans les collections des plantes qui aujourd'hui ont cent cinquante ans. Ces plantes remarquables sont devenues des classiques à part entière, joyaux des serres des grands collectionneurs.

Le charme des paphiopedilums est si grand que certaines collections leur sont entièrement consacrées. Pour le débutant comme pour le collectionneur, plusieurs sortes sont recommandées. Les hybrides complexes produisent des plantes au vigoureux feuillage vert, avec une seule grande fleur arrondie, allant du jaune au vert en passant par le rouge, le brun et le bronze. Les fleurs peuvent être unies ou lourdement mouchetées et nuancées d'autres couleurs. Toutes produisent une floraison brillante, principalement en hiver, les fleurs pouvant durer de nombreuses semaines.

Les types à feuilles tesselées donnent des plantes plus petites, dont la floraison très abondante couvre les nombreuses pousses. Les hampes florales sont plus hautes, jusqu'à 30 cm, avec une seule fleur. Ces fleurs moins lourdes peuvent être vertes ou rouges, la teinte la plus sombre étant le violet foncé, presque noir. Elles sont généralement rayées ou tachetées,

Paphiopedilum Clair de Lune

souvent avec des pétales dorsaux flammés. La période de floraison s'étend jusqu'à l'été, en prolongeant un autre groupe qui produit des hampes à fleurs multiples. Ces hybrides proviennent d'espèces telles que *Paphiopedilum sanderianum* aux très longs pétales, et *P. rothschildianum*, aux pétales horizontaux rigides. Ces orchidées, ainsi que *P. parishii*, aux longs pétales tordus, ont produit de ravissants hybrides qui ajoutent au genre une dimension spectaculaire.

Par rapport aux autres orchidées, les paphiopedilums ne produisent que de rares racines, lesquelles sont brunes et poilues. Le rempotage doit se faire annuellement, mais sans déranger le système radiculaire. Le pot doit être aussi petit que possible, et le plus souvent vous pouvez les remettre dans le même pot après avoir remplacé le substrat par du substrat frais.

Quand ils sont en fleurs, les paphiopedilums doivent être tuteurés. Maintenez la hampe droite à l'aide d'un petit tuteur en bambou fendu, et attendez que la fleur soit bien ouverte. À ce stade, attachez le tuteur à la base de la fleur pour qu'elle se trouve au niveau des yeux et qu'elle puisse être pleinement admirée.

Température : orchidées tempérées.
Culture : poussent en substrat à base d'écorce ou sur laine de roche, dans un pot qui doit maintenir les racines à l'étroit. Éloignez-les du soleil direct et gardez-les toujours humides. Donnez régulièrement de l'engrais. Bassinez légèrement ou pas du tout, afin d'éviter que l'eau pénètre au milieu des pousses, qui pourraient ensuite pourrir.
Hauteur : 15 à 30 cm.

Paphiopedilum Clair de Lune
Ancien hybride ayant subi avec succès l'épreuve du temps et toujours aussi populaire aujourd'hui qu'il y a cent ans. Les plantes aux belles feuilles tesselées produisent en hiver et au printemps d'élégantes fleurs vertes et blanches portées sur des tiges graciles.

Paphiopedilum Corbière 'La Tuilerie'

Paphiopedilum delenatii

Paphiopedilum haynaldianum

Paphiopedilum Corbière 'La Tuilerie'
Les lignes élégantes de cet hybride ancien à floraison printanière, associées à sa riche teinte rouge et à son pétale dorsal veiné de sombre, donnent une plante attrayante, au beau feuillage vert et aux tiges de 25 cm.

Paphiopedilum delenatii
Originaire du Vietnam, cette charmante espèce rose pâle, au labelle rose légèrement plus foncé, forme une jolie plante au feuillage tesselé. Les fleurs de cette espèce, à floraison printanière, ont donné leur délicate teinte rose à de nombreux hybrides plus récents.

Paphiopedilum haynaldianum
Originaire de l'Inde, cette plante à grand développement, l'une des plus belles espèces à fleurs multiples, larges de 13 cm, porte en hiver une ravissante floraison aux tons verts, bruns et roses sur une hampe de 60 cm.

Paphiopedilum insigne
Cette espèce autrefois très populaire était cultivée par millions pour le commerce de la fleur coupée. Aujourd'hui, elle forme une ravissante plante d'intérieur, aux teintes vertes et brunes. Elle réussit bien, loin du soleil, dans une pièce fraîche où elle fleurira abondamment en hiver.

Paphiopedilum insigne

Paphiopedilum Leeanum

Paphiopedilum Lady Isabel

Paphiopedilum Jersey Freckles
Cette association de brun chocolat, vert tilleul, crème et rose pâle est spectaculaire sur cet hybride à grosse fleur, qui aime les situations assez chaudes à condition que ses feuilles ne soient pas exposées au soleil direct. Floraison hivernale.

Paphiopedilum Lady Isabel
Descendant de *Paphiopedilum rothschildianum*. La hampe à fleurs multiples, sur une haute tige, produit en hiver et au printemps des fleurs crème rayées de brun, au labelle rouge pâle. Les longues feuilles vertes sont parfois très grandes.

Paphiopedilum Leeanum
Ce bel hybride ancien date de l'époque victorienne. Les fleurs aux sépales latéraux verts ont un sépale dorsal pointillé de rose et un sabot brun. Les fleurs hivernales s'épanouissent pendant trois mois.

Paphiopedilum Jersey Freckles

Paphiopedilum **Les Landes**
Les hybrides à feuilles vertes, comme cette grande variété brun-rouge, comprennent plusieurs fleurs très brillantes, dont les nuances vont du rouge foncé au bronze en passant par le vert et le jaune. Les fleurs printanières, généralement solitaires sur la tige, peuvent faire 10 cm.

Paphiopedilum micranthum
Cette espèce originaire de Chine offre des feuilles tesselées et des fleurs rose pâle, à grand sabot et aux pétales rayés de jaune. Les fleurs printanières sont solitaires sur des tiges moyennes. Elles présentent le sabot bulbeux plus généralement associé aux cypripediums.

Paphiopedilum **Quetivel Mill × Rod McLellan**
Hybride à haute tige et feuilles vertes pour culture en intérieur ou en serre tempérée ombragée. Les fleurs jaunes pointillées de rouge apparaissent surtout en hiver et durent de nombreuses semaines. Le pétale dorsal est ourlé de blanc.

Paphiopedilum Les Landes

Paphiopedilum micranthum

Paphiopedilum **Schillerianum**
Cet hybride primaire ancien, à floraison hivernale, a peut-être plus de deux cents ans, à moins qu'il ne soit un *remake* plus récent du même croisement. Le parent dominant est ici *Paphiopedilum rothschildianum* aux fins pétales. Les fleurs crème sont rayées et pointillées de violet foncé, avec un sabot bulbeux de la même couleur.

Paphiopedilum **Yellow Tiger**
Ce joli croisement multiflore entre l'espèce similaire à longs pétales *Paphiopedilum stonei* et *P. granduliferum* a été obtenu en Californie en 1984. Les fleurs blanc crème, hivernales, sont rayées de brun chocolat, avec un sabot rouge framboise. Les pétales vert pâle complètent ce tableau subtil.

Paphiopedilum Quetivel Mill × Rod McLellan

Paphiopedilum Yellow Tiger

Paphiopedilum Schillerianum

ALLIANCE PHALAENOPSIS

Ces orchidées sont extrêmement populaires parmi les pépiniéristes comme chez les débutants. Depuis quelques années, ce genre a probablement contribué plus que tout autre à la popularité des orchidées. Cette notoriété est due à l'hybridation massive pratiquée dans les régions du monde où ces orchidées peuvent être facilement cultivées, hybrides envoyés ensuite sur le marché de gros. L'hybridation s'est développée de façon considérable dans la seconde partie du XXe siècle ; les phalaenopsis furent alors produits pour la grande distribution, en nombre très supérieur à celui des autres orchidées, battant même les cymbidiums en popularité. Ils sont vendus chez les fleuristes comme dans les grandes surfaces, avec un excellent rapport qualité/prix.

Les phalaenopsis conviennent à tous, ils peuvent être cultivés en appartement où ils ne réclament qu'un minimum de soins pour fleurir abondamment pendant une longue période. Ils s'intègrent à merveille dans le décor de la maison, et leur popularité en tant que plante d'intérieur est bien établie. Ce sont des orchidées chaudes, aimant l'ombre, remarquablement adaptées aux conditions habituelles de la plupart des maisons, souvent plus appropriées que la serre, trop chauffée et trop lumineuse.

Les phalaenopsis se croisent également avec d'autres genres apparentés comme *Ascocenda* et *Doritaenopsis* et, par l'intermédiaire de *Rhynchostylis,* avec *Vanda*, avec pour résultat des genres artificiels surprenants et complexes.

Le genre botanique de *Phalaenopsis* est composé de près de cinquante espèces, originaires de l'Inde, du Sud-Est asiatique, de l'Indonésie et de certaines parties de l'Australie. La plupart sont des plantes persistantes épiphytes. La plus grande concentration et les espèces qui ont le plus influencé l'hybridation se trouvent aux Philippines. Parmi elles, on note *Phalaenopsis amabilis, P. stuartiana, P. sanderiana* et *P. schilleriana*, des variétés aux longues tiges et aux fleurs roses ou blanches. La plupart sont attrayantes, avec leurs larges feuilles charnues souvent marbrées de taches vert clair et vert foncé. Leur développement est monopodial, chaque feuille nouvelle partant d'un centre et les hampes florales sortant de la base des feuilles basses. Les phalaenopsis ne deviennent jamais trop grands, les feuilles tombant de la base à mesure que de nouvelles pousses apparaissent. Leurs racines sont particulièrement ravissantes et apparaissent souvent au-dessus du pot, en restant aériennes. Aplaties, blanc argenté à l'extrémité verte, elles ont tendance à adhérer à toute surface avec laquelle elles entrent en contact. En serre, elles se fixent souvent sur la tablette où sont posées les plantes. Les racines aériennes sont impossibles à remettre en place sans les casser. Laissez-les se promener à leur gré et, quand vous rempotez, mettez-les en dehors du pot. Toutes celles qui sont mortes ou desséchées seront retirées.

Outre les sortes à grandes fleurs et longues tiges, il existe beaucoup d'autres hybrides obtenus à partir d'espèces plus petites, jaunes ou brunes, qui ont donné une dimension supplémentaire à l'alliance du genre. De nombreuses et charmantes variétés miniatures sont aujourd'hui disponibles, dont la gamme de couleurs s'étend du blanc au rouge en passant par le jaune et le rose. Ces variétés comprennent les hybrides phalaenopsis et intergénériques purs.

Les phalaenopsis peuvent fleurir à toute époque, et il n'est pas inhabituel de les voir fleurir deux ou trois fois dans l'année et de rester en fleurs de nombreux mois. Toutefois, il est important que la plante continue à produire de nouvelles feuilles tout en fleurissant. Si elle perd trop de feuilles, vous devez supprimer toutes les hampes florales ; ainsi produira-t-elle trois ou quatre feuilles nouvelles avant de fleurir. Avec cinq ou six plantes cultivées en intérieur, vous pouvez obtenir une floraison continue.

Température : orchidées chaudes (18 °C minimum en hiver, avec une élévation de 6 °C dans la journée).

Culture : pots de 10 cm, écorce grossière ou Rockwool. Arrosez et fertilisez toute l'année, sans excès. Ces orchidées ne demandent pas beaucoup d'humidité, il suffit de les poser sur des galets dans des

Doritaenopsis **Kiska**

Phalaenopsis **Barbara Moler** × **Spitzberg**

ORCHIDÉES POPULAIRES 213

Phalaenopsis Brother Lancer

Phalaenopsis Claire de Valec

Phalaenopsis Catalina

Phalaenopsis Culiacan

plateaux contenant de l'eau. Essuyez le feuillage avec un chiffon humide pour retirer la poussière, mais ne laissez pas l'eau couler au cœur de la plante, cela pourrait la faire pourrir.
Hauteur : 15 cm.

Doritaenopsis Kiska
Cet hybride bigénérique, qui associe les genres *Phalaenopsis* et *Doritis*, est généralement de couleur foncée. Cette variété pâle est une nouveauté avec son labelle orange vif. Les fleurs apparaissent en toutes saisons.

Phalaenopsis Barbara Moler × Spitzberg
Nouvel hybride de ce genre très populaire qui s'adapte remarquablement à la culture en intérieur. Chaleur et humidité toute l'année, mais loin du soleil direct. Les fleurs jaune citron pâle, au labelle orange, sont produites en toutes saisons.

Phalaenopsis Brother Lancer
Hybride aux fleurs plus petites, portées sur une hampe plus courte et plus compacte, ce qui en fait une plante d'intérieur parfaite quand l'espace est limité. Les fleurs, qui se forment en toutes saisons, sont jaune pâle, rayées et pointillées de rose, avec un labelle orange vif.

Phalaenopsis Catalina
Beaucoup d'hybrides de *Phalaenopsis* sont blanc pur avec un labelle joliment marqué, qui peut varier ; ici le labelle est orange. Floraison en toutes saisons.

Phalaenopsis Claire de Valec
Cette robuste plante produit en toutes saisons de longs bouquets de fleurs rose pâle. Cette bonne plante à isoler a servi à plusieurs croisements.

Phalaenopsis Culiacan
Charmant hybride à fleurs blanches et au labelle jaune d'or. La plante adulte fleurit deux ou trois fois par an.

Phalaenopsis Fajan's Fireworks

Phalaenopsis Flare Spots

Phalaenopsis Follett

Phalaenopsis Golden Hat

Phalaenopsis Happy Girl

Phalaenopsis Fajan's Fireworks
Des rayures roses complexes se superposent au fond blanc de ce charmant hybride, souvent baptisé sucre d'orge. Les bouquets de fleurs de 7 cm apparaissent en toutes saisons et durent de nombreuses semaines.

Phalaenopsis Flare Spots
Cet hybride présente une hampe compacte où les fleurs se pressent l'une contre l'autre, sur une haute tige de 30 cm. Les fleurs blanches, de 8 cm de large, pointillées de violet, au labelle cramoisi, sont produites en toutes saisons.

Phalaenopsis Follett
Cet hybride à haute tige, aux grandes fleurs rayées de rose, qui fleurit en toutes saisons, est typique des plantes produites en grand nombre pour le commerce de la plante d'intérieur. Ces orchidées sont sans égales pour l'appartement.

Phalaenopsis Golden Hat
Quelques pointillés rouges au cœur de ces fleurs jaune pâle forment une intéressante association de couleurs. Cet hybride moderne produit en toutes saisons de nombreuses fleurs sur une hampe ramifiée.

Phalaenopsis Happy Girl
Cet hybride blanc aux jolis pétales arrondis et au labelle rouge cerise offre un parfait mélange de couleurs. Les fleurs, sur une hampe arquée, retombent en cascade et apparaissent en toutes saisons.

ORCHIDÉES POPULAIRES **215**

Phalaenopsis Hawaiian Darling

Phalaenopsis Lady Sakhara

Phalaenopsis Little Skipper

Phalaenopsis **Hawaiian Darling**
Cette fleur presque blanche est pointillée de rouge au centre, et le labelle est marqué de points rouges. Hybride parfait pour la culture en intérieur. Les hampes florales peuvent atteindre 45 cm. Floraison en toutes saisons.

Phalaenopsis **Lady Sakhara**
Toute l'année cette orchidée épiphyte spectaculaire produit des grappes de fleurs roses veinées de rose foncé. Le labelle est rouge cerise luisant, à cœur jaune.

Phalaenopsis **Little Skipper**
Les hybrides miniatures sont à la mode, comme cette variété populaire. En toutes saisons, les hampes ramifiées produisent de nombreuses petites fleurs rose pâle dont chacune ne dépasse pas 2,5 cm, créant un charmant tableau.

Phalaenopsis **Little Skipper 'Zuma Nova'**
Cultivée aux États-Unis pour donner de grands bouquets de petites fleurs roses, cette variété offre un net contraste avec les types à grandes fleurs. Les plantes sont plus compactes et occupent moins de place.

Phalaenopsis Little Skipper 'Zuma Nova'

Phalaenopsis Mad Milva

Phalaenopsis Purple Valley

Phalaenopsis Mystik Golden Leopard

Phalaenopsis Rendez-vous

Phalaenopsis Mad Milva
Plante parfaite comme élément central d'un arrangement d'orchidées, à condition de lui éviter le soleil direct. Les fleurs sont charmantes, avec leurs pétales et leurs sépales rouge cerise et leur labelle rose foncé. Les fleurs apparaissent en toutes saisons et durent plusieurs semaines.

Phalaenopsis Mystik Golden Leopard
Ce charmant hybride jaune a été obtenu à partir d'espèces comme *Phalaenopsis amboinensis*, pour donner une hampe à fleurs rapprochées, sur une petite plante. Le labelle rouge orangé forme un saisissant contraste avec la fleur jaune. Fleurit à tout moment de l'année.

Phalaenopsis Purple Valley
Les fleurs rouge cerise foncé de cet hybride sont un grand pas en avant dans la production de nouvelles variétés intéressantes de phalaenopsis. Les fleurs sont produites en toutes saisons sur une haute hampe et durent des mois.

Phalaenopsis Rendez-vous
Ce superbe hybride rose foncé, dont les pétales et les sépales sont veinés de rose encore plus foncé, offre un labelle d'un rouge généreux. Cette plante fleurit deux ou trois fois dans l'année.

Phalaenopsis Yellow Treasure

Phalaenopsis schilleriana
Espèce des Philippines qui a donné naissance à de nombreux hybrides modernes. Les fleurs rose pâle, qui apparaissent en toutes saisons, n'ont pas la forme arrondie des hybrides et sont plus élégantes. Le feuillage est joliment moucheté.

Phalaenopsis Silky Moon
Cette orchidée blanche à labelle rouge orangé offre de hautes hampes qui en font une plante très spectaculaire en toutes saisons. Quand elle est défleurie, gardez-la au chaud, loin du soleil direct.

Phalaenopsis Yellow Treasure
La teinte vert-jaune clair de cet hybride se rapproche de la couleur verte tant attendue par les créateurs. Cette orchidée, qui fleurit à tout moment de l'année, est la fleur de l'avenir.

Phalaenopsis schilleriana

Phalaenopsis Silky Moon

PHRAGMIPEDIUM

Les phragmipediums, comme les paphiopedilums, sont baptisés orchidées sabots. Cependant, il n'existe pas d'alliance orchidées sabots comme pour les autres grands groupes d'orchidées, les phragmipediums ne pouvant être hybridés avec des genres apparentés leur ressemblant. Cette caractéristique est surprenante quand on considère la similarité entre les fleurs, surtout chez les paphiopedilums à floraison multiple. Les plantes ressemblent au paphiopedilums, avec de grosses pousses en touffes.

Les phragmipediums sont principalement des plantes terrestres ou lithophytes, originaires d'Amérique du Sud, où il en existe à peine vingt espèces. Jusqu'à ces trente dernières années le genre ne fut guère cultivé, quand une découverte sensationnelle lui donna une nouvelle importance et fit oublier sa couleur assez terne. Ce nouveau venu était *Phragmipedium besseae*, aujourd'hui célèbre, une plante dont la fleur est d'un rouge si vif qu'il fit sensation. Son habitat naturel se trouvait sur les rochers nus des régions montagneuses inaccessibles du Pérou et de l'Équateur, bien caché à l'abri des hommes. Invisible du sol, il ne fut découvert que par un hélicoptère survolant la région, au cours d'une expédition organisée par des botanistes à la recherche de nouvelles plantes. À la fin du XXe siècle, la plupart des habitats de *P. besseae* ont été systématiquement dépouillés de ces plantes précieuses qui se répandirent dans le monde. Aujourd'hui, cette unique plante a donné au genre une valeur qu'il était loin de posséder. Il en est résulté de nombreux hybrides rouges, qui tiennent la première place parmi tous les hybrides de *Phragmipedium*. Le potentiel de cette espèce est encore à explorer.

Presque tous les hybrides obtenus avec *P. besseae* à fleur rouge ont donné, de façon prévisible, des fleurs de la gamme rouge à orange. Ces fleurs joliment équilibrées, à grands sabots et à pétales courts, contrastent avec l'espèce *Phragmipedium caudatum* et son ancien hybride *P.* Grande, dont les pétales en ruban, tordus et très longs, peuvent faire 30 cm ou plus. La fleur, tenue horizontalement par l'extrémité des pétales, atteint 60 cm, ce qui en fait la plus grande fleur d'orchidée du monde.

Les phragmipediums se développent considérablement, et certains hybrides modernes, obtenus à partir des espèces *Phragmipedium longifolium*, produisent de longues hampes florales presque toujours en fleurs qui se renouvellent pendant de nombreux mois et même des années, en produisant encore des fleurs à leur extrémité qui s'allongent sans cesse. Ces grandes plantes réclament beaucoup de place. Le système radiculaire est semblable à celui des paphiopedilums, mais il est plus robuste. Les plantes réussissent mieux si vous les laissez atteindre leur plein développement sans les diviser.

Phragmipedium Don Wimber

Donnez-leur la place qu'elles demandent et elles vous récompenseront par leur magnifique floraison.
Température : orchidées tempérées.
Culture : en pots de 15 à 20 cm, dans des copeaux d'écorce grossière ou du Rockwool. Arrosez abondamment toute l'année pour que les racines restent humides et donnez de l'engrais une fois sur deux. Laissez à l'ombre en été et donnez davantage de lumière en hiver.
Hauteur : 30 à 60 cm.

Phragmipedium besseae
La seule espèce connue de *Phragmipedium* à fleurs rouges, qui ne fut découverte qu'en 1981, au Pérou. Cette espèce, qui fleurit en été, a révolutionné le genre en ajoutant sa couleur rouge à une nouvelle génération d'hybrides.

Phragmipedium Don Wimber
Voici un exemple du résultat obtenu grâce au croisement avec l'espèce *Phragmipedium besseae*. L'autre parent est l'hybride *P.* Éric Young. Les fleurs orange sont teintées de jaune et apparaissent en hiver et au printemps sur des hampes pouvant atteindre 1 m.

Phragmipedium besseae

ORCHIDÉES POPULAIRES 219

Phragmipedium Grande

Phragmipedium Éric Young

Phragmipedium pearcei

Phragmipedium Éric Young
Ce superbe hybride primaire moderne, à floraison hivernale et printanière, est un croisement entre l'espèce *Phragmipedium besseae*, qui lui a donné sa couleur rouge, et l'espèce *Phragmipedium longifolium*, aux longs pétales.

Phragmipedium Grande
Cet ancien hybride produit en hiver et au printemps de grandes fleurs vertes à longs pétales, qui retombent de la hampe multiflore. Bien qu'il soit très apprécié, il lui manque la couleur des hybrides modernes.

Phragmipedium pearcei
Cette espèce naine d'Amérique centrale présente des pousses en touffes et des hampes florales de 15 cm. Les fleurs vert pâle longues de 10 cm, aux pétales typiques en rubans, apparaissent au printemps et en été.

PLEIONE

Les pleiones sont de charmantes orchidées miniatures dont le genre comprend environ seize espèces. Ce sont des plantes caduques, principalement terrestres, parfois lithophytes ou épiphytes, qui produisent des pseudo-bulbes arrondis ou en cône, avec une seule feuille ovale, étroite et nervurée. La hampe porte une seule fleur, parfois deux, sur une tige gracile qui sort de la nouvelle pousse quand celle-ci est très jeune. Les fleurs sont grandes pour la taille de la plante et peu variées. Elles ont d'étroits sépales et pétales de longueur égale et un grand labelle en trompette, à bord frangé. Les couleurs vont du blanc pur au rose luisant en passant par de délicates nuances de mauve. Le jaune est assez rare mais on le rencontre dans plusieurs hybrides dérivés de l'espèce à fleur jaune *Pleione forrestii*. Cette espèce est rarement cultivée, mais d'autres sont courantes et de culture facile, comme les grands hybrides richement colorés dont les fleurs peuvent atteindre 7 cm. Les pleiones fleurissent au printemps, sauf quelques espèces qui attendent l'automne, comme *Pleione humilus*. Les fleurs durent environ dix jours puis laissent la place aux nouvelles racines et la pousse se poursuit pendant l'été. Quand l'automne approche, les feuilles jaunissent et tombent.

Les pseudo-bulbes ne durent que deux ans ; vous devez donc rempoter au printemps ceux de la saison précédente et retirer les vieux bulbes morts et ratatinés.

Les pleiones aiment la fraîcheur, à l'abri des gelées en hiver. En été, pendant la croissance, laissez-les sur un appui de fenêtre frais ou, quand les fleurs sont finies, mettez-les dehors. Elles peuvent être plantées à l'extérieur dans les rocailles abritées, mais les souris ou les limaces, qui les dévorent, présentent un grand danger. Gardez toujours une petite place pour les pleiones dans votre collection d'orchidées.
Température : orchidées très froides.

Pleione formosana var. *alba*

Culture : poussent en groupes dans des récipients bas, dans du substrat pour orchidée terrestre ou dans un fin mélange de tourbe (ou substitut) et de perlite, avec un peu de charbon de bois. Ombrez légèrement en été et mettez en pleine lumière en hiver. Arrosez seulement en période de croissance, du printemps à l'automne, et fertilisez un arrosage sur deux. En hiver, gardez dans un endroit frais et sec.
Hauteur : jusqu'à 15 cm.

Pleione formosana var. *alba*
Forme blanche de l'espèce variable qui a beaucoup fait pour l'hybridation à l'intérieur de ce genre. Ces orchidées caduques demandent une période de repos hivernal très froide. Floraison au début du printemps.

Pleione speciosa
Cette jolie espèce de Chine fleurit au début du printemps, du centre de la nouvelle pousse. Les fleurs mauves, rayées de jaune au centre du labelle, font 5 cm de large et sont portées par une tige de moins de 15 cm. De nombreux hybrides ont été produits à partir de cette espèce.

Pleione speciosa

STANHOPEA

Ces orchidées font certainement partie des plus étranges, avec leurs hampes retombantes portant de grandes fleurs lourdes aux formes étonnantes et au parfum enivrant. Certains les trouvent irrésistibles, et elles sont dignes d'intérêt.

Il en existe vingt-cinq espèces environ, originaires d'Amérique centrale et du Sud où elles poussent en épiphytes. Les plantes sont persistantes et produisent de vigoureux pseudo-bulbes à grande feuille unique et semi-rigide. Elles sont cultivées dans des paniers suspendus qui permettent aux hampes florales de traverser le fond et d'apparaître dans le bas, en été, pendant la saison de floraison. Si elles sont bien soignées, elles produisent des racines aériennes qui forment une masse dense et protectrice autour de la base de la plante. Un bon nombre d'espèces sont cultivées, outre quelques hybrides qui ne parviennent pas à supplanter ces fantastiques espèces. Bien que les fleurs ne durent que quelques jours, les plantes cultivées comme spécimens produisent plusieurs hampes florales qui s'ouvrent l'une après l'autre et prolongent la période de floraison.

Stanhopea Boileau

Ces orchidées ont une période de repos bien définie pendant laquelle vous devez les laisser sécher. Ce peut être au cours de la floraison, en été, les nouvelles pousses apparaissant à l'automne et se développant en hiver.

Température : orchidées froides à tempérées.

Culture : cultivez dans des paniers suspendus, dans un substrat à base d'écorce, avec une bonne lumière toute l'année. Arrosez et fertilisez pendant la période de croissance. Bassinez en été, sauf pendant la floraison.

Hauteur : 30 cm.

Stanhopea Boileau
L'un des très rares hybrides de ce genre. Les fleurs ne durent que trois ou quatre jours, mais plusieurs floraisons se succèdent en été.

Stanhopea graveolens
Ne cultivez les stanhopeas que si vous pouvez donner tout l'espace voulu à leurs fleurs pendantes. Cette espèce très parfumée du Mexique et du Guatemala fleurit plusieurs fois au cours de l'été.

Stanhopea wardii
Ces orchidées sont à cultiver dans des paniers à claires-voies pour que leurs fleurs extraordinaires, produites sur des hampes verticales, puissent pendre sous la plante. Cette espèce très parfumée demande une serre froide où elle fleurira tout l'été. Les fleurs jaunes sont marquées d'orange.

Stanhopea graveolens

Stanhopea wardii

ALLIANCE VANDA

Les vandas sont un genre botanique de plus de trente espèces, originaires d'Extrême-Orient, d'Inde, du Sud-Est asiatique, d'Indonésie, des Philippines, de Nouvelle-Guinée et d'Australie. Elles sont à la tête d'une vaste alliance de formes hybrides intergénériques, qui inclut d'autres genres botaniques comme *Ascocentrum*, *Rhynchostylis*, *Renanthera*, *Arachnis* et bien d'autres, dont *Phlaenopsis* et *Doritis*. La plupart de ces plantes sont des orchidées chaudes, aimant la lumière et poussant mieux dans les régions tropicales, lesquelles ont vu se développer un programme de culture massive dont on peut constater les résultats chez les fleuristes, où la fleur coupée est très demandée.

Les vandas sont des plantes persistantes monopodiales qui poussent à l'extrémité d'un rhizome s'allongeant sans cesse. Quand de nouvelles feuilles apparaissent, les feuilles précédentes tombent. Après quelques années, les plantes deviennent « tout en jambes », avec une portion de tige dénudée au-dessus du pot. De fortes racines aériennes formées sur la tige de base sont une autre caractéristique. À ce stade, la plante peut être réduite en longueur ; il suffit pour cela de trancher le rhizome dénudé, sous les racines aériennes. La portion supérieure est rempotée, en laissant les racines hors du pot. De nouvelles racines vont se développer à l'intérieur du pot et la plante va continuer sa progression verticale. Les hampes florales apparaissent à la jonction avec les feuilles basses, à tout moment de l'année.

Certaines variétés fleurissent plus facilement que d'autres. Essayez les fantastiques hybrides bleus ou mauves, contenant les espèces *Vanda coerulea* et *V.* (syn. *Eulanthe*) *sanderiana*. Ce croisement a produit le délicieux *V*. Rothschildiana, qui a plus fait pour promouvoir le genre dans l'hémisphère Nord que toute autre orchidée. Cet hybride pousse très facilement et fleurit deux ou trois fois par an. Les plantes peuvent atteindre 1 m, en devenant de superbes spécimens. Les grandes fleurs rondes dépassent 7 cm et durent plusieurs semaines. Il existe d'autres vandas diversement colorées, ainsi que des hybrides intergénériques. Recherchez les ascocendas (*Vanda* × *Ascocentrum*) aux vives couleurs, souvent à petites fleurs. Ces hybrides sont souvent plus populaires que les vandas pures, pour leur aspect élégant et leurs hampes dressées, couronnées de belles fleurs symétriques, rouge feu, orange généreux et jaune sombre. Certaines vandas sont unies, d'autres offrent des pétales et des sépales tesselés et mouchetés.

Température : orchidées chaudes.

Culture : en paniers à claires-voies dans un substrat grossier de copeaux d'écorce avec quelques morceaux de charbon de bois horticole ou de pierre ponce. Laissez en pleine lumière toute l'année. Arrosez abondamment et fertilisez chaque semaine pendant l'été pour encourager les racines aériennes. Bassinez régulièrement le feuillage.

Hauteur : de 30 cm à 1 m.

Ascocenda **Crownfox Mystique**

Ascocenda Crownfox Gem

Trudelia cristata

Ascocenda David Peterson × *Rhynchostylis coelestis*

Ascocenda **Crownfox Gem**
La teinte brun-rouge de cette orchidée à floraison estivale est inhabituelle. Elle est due à plusieurs lignées de croisement impliquant les espèces *Ascocentrum* colorées et les hybrides *Vanda*.

Ascocenda **Crownfox Mystique**
La couleur riche de ce croisement bigénérique vient du parent *Ascocentrum*, qui a aussi réduit la taille des fleurs estivales.

Ascocenda **David Peterson**
× ***Rhynchostylis coelestis***
Ce genre trigénérique de la vaste alliance *Vanda* a produit des fleurs ressemblant aux vandas, bien rondes et tesselées sur une hampe dressée. Le parent *Rhynchostylis* a réduit la taille des fleurs, qui ressemblent beaucoup à la *Vanda* pure. Les fleurs bleu-violet, spectaculaires, apparaissent en abondants bouquets pendant tout l'été.

Trudelia cristata
Étroitement apparentée à *Vanda* où elle était placée auparavant, cette espèce à fleurs vertes et au labelle rayé de rouge forme une plante gracile qui peut atteindre 30 cm. Cette espèce populaire à floraison printanière vient de l'Inde.

Vanda coerulescens

Vanda **Fuchs Magic**

Vanda **Gordon Dillon 'Lea' AM/AOS**

Vanda coerulescens
Cette espèce à petit développement possède des feuilles qui poussent par paires, les hampes florales sortant de la jonction des feuilles. Les fleurs mauve pâle font 3 cm de large. Cette espèce très variable peut fleurir à différentes époques.

Vanda **Fuchs Magic**
Parmi les nombreux hybrides de ce genre, on trouve une multitude de variétés colorées où dominent les mauves et les violets généreux. Cette étonnante variété, à floraison estivale, offre des pétales et des sépales délicatement tesselés.

Vanda **Gordon Dillon 'Lea' AM/AOS**
Primé par l'American Orchid Society pour ses associations de couleurs originales et la qualité de ses fleurs, cet hybride spectaculaire parle de lui-même. La hampe florale est compacte, et les fleurs lourdes, texturées, portent des marques régulières. Floraison estivale.

Vanda Julia Sorenson

Les vandas, comme cet hybride, peuvent devenir très grandes, avec de nombreuses paires de feuilles. Les fleurs, de 10 cm, sont produites en été sur des hampes sortant de la jonction des feuilles.

Vanda Manuvadee 'Sky'

Le bleu est une couleur rare chez les orchidées autres que les vandas. Le bleu violet foncé de cet hybride étonnant vient de plusieurs espèces à fleurs bleues, dont *Vanda coerulea*. Fleurit en été.

Vanda Julia Sorenson

Vanda Manuvadee 'Sky'

ZYGOPETALUM

Teintes fortes, parfum et hampes florales dressées sont typiques de ce genre d'Amérique centrale et du Sud. Les plantes sont principalement épiphytes avec de gros pseudo-bulbes et des feuilles qui peuvent atteindre 30 cm de haut. Elles produisent un système radiculaire épais, ressemblant à celui des cymbidiums. Ainsi doit-on les rempoter régulièrement, afin d'éviter qu'elles sortent elles-mêmes du pot en s'appuyant sur leurs racines. Les hampes florales apparaissent au printemps à la base de nouvelles pousses quand elles sont encore jeunes. Les fleurs sont caractérisées par leurs teintes vigoureuses, les pétales et les sépales (de longueur égale) étant généralement brun-vert ou vert pointillé de brun, et le large labelle le plus souvent blanc, veiné, pointillé ou taché de mauve ou bleu indigo. Des quelque vingt espèces botaniques, très peu sont cultivées, dont la plus populaire est *Zygopetalum mackaii*.

Jusqu'à récemment, les croisements ont rarement été tentés avec ce genre, mais ces dernières années on a pu constater un nouvel intérêt pour les croisements d'hybrides intergénériques d'Australie. Des zygopetalums ont été croisés avec *Colax* pour produire *Zygocolax*, avec *Neogardneria* pour donner *Zygoneria*, et avec *Aganisia*, *Batemannia*, *Otostylis* et *Zygosepalum* qui ont créé l'hybride multigénérique *Hamelwellsara*. Ces nouveaux hybrides augmentent la gamme des orchidées de taille modeste, fleurissant abondamment et très parfumées, pour les serres froides et tempérées. Les plantes les plus courantes sur le marché sont les orchidées froides.

Si elles sont considérées comme « difficiles », ces orchidées valent néanmoins la peine d'être cultivées lorsque vous aurez acquis une certaine expérience avec des plantes moins délicates.

Température : orchidées froides à tempérées.

Culture : cultivez en pots ou en paniers à claires-voies dans du substrat à base d'écorce. Ces orchidées demandent une situation ombragée la plus grande partie de l'année. Arrosez plus souvent en été qu'en hiver. Apportez de l'engrais pendant la période de croissance. Le feuillage des zygopetalums se marquant facilement s'il reste trop longtemps mouillé, évitez les bassinages réguliers mais arrosez plutôt par les racines.

Hauteur : de 30 à 45 cm.

Zygopetalum Artur Elle 'Stonehurst'

Les couleurs vigoureuses des fleurs vert tilleul tachetées de violet foncé, au labelle violet, donnent une plante d'intérieur originale. L'orchidée fleurit à partir des nouvelles pousses au début du printemps. Conservez dans une pièce assez fraîche, avec une bonne lumière mais en évitant le soleil direct.

Zygopetalum Artur Elle 'Stonehurst'

ORCHIDÉES DE SPÉCIALISTES

Les orchidées décrites dans ces pages peuvent être cultivées avec la plupart de celles déjà mentionnées, pour ajouter de la variété aux collections. Ce sont toutes des plantes curieuses, que vous apprécierez quand vous les connaîtrez mieux.

ACINETA

Des quinze espèces d'*Acineta*, qui viennent toutes d'Amérique du Sud, seules quelques-unes sont cultivées. Ces orchidées épiphytes persistantes produisent de forts pseudo-bulbes coniques, avec en général deux larges feuilles semi-rigides, parfois plus. Les plantes ressemblent aux stanhopeas et sont de la même taille (environ 30 cm). Les hampes florales viennent de la base du pseudo-bulbe le plus récent et se développent par-dessus le bord du contenant, pour finir par retomber. Les fleurs, en bouquets sur la hampe, ont une texture cireuse et une teinte vigoureuse. Les plantes fleurissent généralement en été.
Température : orchidées tempérées, température hivernale nocturne minimale de 13 °C.
Culture : cultivez en paniers à claires-voies, dans du substrat grossier d'écorce, avec une bonne lumière toute l'année. Commencez les arrosages aussitôt après la nouvelle pousse, généralement au printemps. Arrosez en période de croissance et fertilisez un arrosage sur deux. Bassinez le feuillage et maintenez une bonne humidité. Laissez les plantes au repos pendant la période de dormance, en hiver.
Hauteur : 30 cm.

Acineta superba
Ces robustes orchidées d'Amérique du Sud doivent pousser en paniers afin que les hampes florales retombent librement. Les fleurs parfumées forment une coupe, les petits pétales étant rapprochés du labelle. Floraison printanière et estivale.

Acineta superba

AERANGIS

Il existe environ cinquante espèces de ce genre botanique d'orchidées monopodiales, toutes venant d'Afrique et de Madagascar. Les plantes produisent un éventail de feuilles semi-rigides à partir d'un rhizome central. La plupart des espèces ressemblent aux phalaenopsis par leur comportement, mais les feuilles sont plus épaisses. Les hampes retombantes, de 30 cm de long, portent une à plusieurs fleurs principalement blanches, avec un long éperon à l'arrière. Cet éperon est une extension de l'arrière du labelle qui permet d'assurer la fécondation par un papillon dont la langue a la même longueur. Les fleurs blanches attirent les papillons de nuit.

Quelques hybrides intergénériques ont été obtenus en croisant *Aerangis* avec *Angraecum (Angrangis)* et d'autres. Quand on admire la beauté naturelle de ces fleurs d'un blanc pur, il est difficile d'imaginer comment l'hybridation pourrait l'améliorer. Les espèces sont exquises, et si vous commencez à cultiver une orchidée de ce groupe, vous souhaiterez rapidement en avoir d'autres.

La serre est ce qui leur convient le mieux, et vous pourrez les suspendre du toit dans des paniers ouverts, pour permettre aux fleurs d'étaler tout leur charme.
Température : orchidées chaudes.
Culture : dans un fin substrat d'écorce, en paniers à claires-voies, avec une bonne lumière. Les petites espèces peuvent être montées sur écorce. Bassinez-les régulièrement pour qu'elles restent humides toute l'année. Apportez un peu d'engrais tous les deux arrosages. Ne dérangez pas les plantes, mais ajoutez de temps à autre un peu de substrat à la base. Si elles poussent sur écorce, ajoutez un tampon de fibres ou de mousse autour de la base.
Hauteur : à partir de 15 cm.

Aerangis luteo alba var. *rhodostricta*
Cette jolie espèce naine vient d'Afrique, où elle pousse sur des branchettes dans les régions sèches. Les fleurs blanches, hivernales, à colonne rouge vif originale, sont grandes par rapport à la plante qui ne fait que quelques centimètres.

Aerangis luteo alba var. *rhodostricta*

ANGRAECUM

Apparentés à *Aerangis,* plante de petit développement, les angraecums, superbes orchidées terrestres, lithophytes ou épiphytes, viennent de toute l'Afrique du Sud et de Madagascar. Les plantes monopodiales varient par leur taille, et nombre des deux cents espèces sont cultivées. Parmi les plus petites, on note *Angraecum distichum*, plante naine au feuillage tressé, dont les feuilles ovales recouvrent un rhizome incurvé qui excède rarement 15 cm. Les fleurs minuscules (5 mm de large) sont produites en solitaire sur toute la plante et ressemblent à des étoiles dans le ciel nocturne. Les géants du genre comprennent le magnifique *A. sesquipedale.* Entre ces deux extrêmes, on trouve des espèces attrayantes et quelques hybrides, dignes d'entrer dans une collection.

Ces orchidées persistantes forment de belles plantes à isoler, même quand elles ne sont pas fleuries. Les fleurs apparaissent surtout en hiver et au printemps, et durent plusieurs semaines.

Température : orchidées tempérées, température hivernale nocturne minimale de 13 °C.

Culture : cultivez les petits angraecums dans des demi-pots ou montés sur des morceaux d'écorce de liège. Les grandes plantes pousseront en pots garnis d'un substrat grossier et léger. Quand la température s'élève en été, augmentez l'humidité pour rétablir l'équilibre. Ces plantes préfèrent l'ombre, donc ombragez en été et tamisez la lumière en hiver. Arrosez toute l'année et fertilisez, mais en hiver donnez moins d'eau aux plantes en pot, plus longues à sécher.

Hauteur : de 15 cm à plus de 30 cm.

Angraecum sesquipedale

L'orchidée comète de Madagascar est ainsi nommée à cause de son très long éperon. La fleur cireuse blanc ivoire fait 15 cm de large et la plante peut atteindre plus de 30 cm. Une seule hampe porte plusieurs fleurs, qui apparaissent en hiver.

Angraecum sesquipedale

Bifrenaria harrisoniae

BIFRENARIA

Ce genre botanique est formé de trente espèces environ, plantes principalement épiphytes originaires du Brésil, du Pérou et, vers le nord, jusqu'à Panamá. Plusieurs espèces sont cultivées, dont la plus populaire est *Bifrenaria harrisoniae*, aux teintes spectaculaires. Cette espèce de culture assez facile et qui fleurit régulièrement en fin d'été est une orchidée idéale pour l'amateur, même peu expérimenté.

Les plantes typiques produisent des pseudo-bulbes coniques vert jaunâtre, avec une seule feuille large et nervurée. Les fleurs sont produites sur de courtes hampes qui se blottissent sous le feuillage et portent deux fleurs ou plus.

Ces orchidées réussissent bien dans une collection mixte, en compagnie d'autres plantes. Quand elles sont assez grandes, elles peuvent être divisées, à condition qu'il y ait une nouvelle pousse sur chaque section. De nouvelles plantes peuvent aussi être obtenues à partir de bulbes anciens dénudés, séparés de la plante principale au moment du rempotage.
Température : orchidées froides.
Culture : cultivez en pots de 10 cm, dans un fin substrat d'écorce, avec une bonne lumière. Arrosez et fertilisez régulièrement pendant la période de croissance, en été. Le feuillage peut être légèrement bassiné en été si les plantes ne sont pas fleuries. Laissez sécher en hiver, pendant la période de repos, et n'arrosez alors que si la plante se fane.
Hauteur : jusqu'à 30 cm.

Bifrenaria harrisoniae
Espèce très agréable pour la serre froide ou l'appartement. Les grandes fleurs cireuses de 8 cm sont blanc crème, avec un labelle poilu, mauve foncé. Elles fleurissent au début du printemps. Une ou deux fleurs sont produites sur une courte hampe, sous les feuilles.

BULBOPHYLLUM

Les bulbophyllums comprennent un vaste genre de plus de mille espèces, dont certaines fleurs sont spectaculaires. Les plantes sont très variables, allant du spécimen minuscule aux petits pseudo-bulbes ronds de la taille d'un pois (*Bulbophyllum roxburghii*) au géant comme *B. fletcherianum*, aux fleurs disgracieuses ressemblant au bec ouvert de l'oisillon et aux feuilles pendantes de plus de 30 cm. Entre les deux, on trouve des centaines d'espèces et quelques rares hybrides, qui tous présentent des fleurs extraordinaires. Certaines sont définitivement hideuses et émettent une forte odeur de charogne. D'autres sont remarquablement belles, d'autres encore produisent des tiges aplaties aux fleurs ressemblant à des scarabées, typiques d'un seul petit groupe parmi ce genre extrêmement divers. Toutes les plantes sont persistantes et épiphytes, certaines étant surnommées « épiphytes des brindilles » parce qu'elles s'accrochent à l'extrémité des plus petites branchettes.

Les bulbophyllums sont largement distribués dans tout le sud-est de l'Asie, en Afrique, en Australie et en Amérique tropicale. Ils sont considérés comme l'un des genres les plus réussis parmi les orchidées. Si vous ne pouvez reconnaître une orchidée dans une exposition florale, il y a de grandes chances que ce soit un bulbophyllum !

En appartement, essayez les petites plantes qui prospèrent en pot, en panier ou sur écorce. Ces espèces pousseront vigoureusement, en multipliant chaque année leurs pseudo-bulbes, jusqu'à donner un beau spécimen à isoler. Dans un panier suspendu, les plantes deviendront de grosses boules feuillues, entourant complètement leur contenant. Les nombreuses hampes florales couvriront la plante en formant un ravissant pôle d'attraction. Ces orchidées sont un plaisir à cultiver, mais attention aux odeurs désagréables ! Préférez des joyaux comme *Bulbophyllum lobbii*, ou des plantes à longs sépales comme *B. medusae*, ou encore les fleurs charmantes de *B. barbigerum*. Vous ne serez pas déçu.
Température : orchidées froides (certaines préfèrent les conditions tempérées).
Culture : sur écorce, en pots ou en paniers, avec du substrat d'écorce. Arrosez généreusement en été et moins en hiver. Ne laissez pas les pseudo-bulbes se ratatiner. Fertilisez un arrosage sur deux. Quand les plantes sont établies, donnez beaucoup de lumière, mais évitez le soleil direct. En hiver, donnez un maximum de lumière.
Hauteur : de 7 à 30 cm.

Bulbophyllum barbigerum
Ces ravissantes fleurs rouge foncé ont un labelle articulé, orné de poils hirsutes. Le plus petit mouvement les agite, probablement pour attirer les insectes fécondateurs. La plante reste en fleur pendant des mois.

Bulbophyllum barbigerum

Bulbophyllum dayanum

Bulbophyllum dayanum

Cette petite plante de moins de 15 cm produit en été ses modestes fleurs en bouquets autour de la base. La fleur, de 5 mm, présente des poils courts sur le bord des sépales et des pétales, avec un labelle rouge sang, comme une blessure ouverte sur la peau d'un animal.

Bulbophyllum purpureoachis

Certains bulbophyllums ont des fleurs extrêmement étranges. Cette curieuse espèce africaine porte sur les deux côtés d'une haute tige aplatie des petites fleurs semblables à des scarabées.

Bulbophyllum purpureoachis

CALANTHE

Ce genre contient environ cent cinquante espèces terrestres réparties dans différentes régions de l'Asie. Seuls quelques espèces et hybrides sont cultivés.

Le genre peut être divisé en deux groupes distincts. Le premier, plus largement cultivé, contient des plantes caduques aux grands pseudo-bulbes argentés et aux larges feuilles étalées et nervurées, qui ont une courte durée de vie et meurent dans leur seconde année. Les fleurs, principalement roses et blanches, s'étendent sur une haute hampe arquée qui émerge de la base du vieux pseudo-bulbe sans feuilles, en automne et en hiver pendant la période de repos de la plante. L'hybridation moderne pratiquée dans ce groupe a donné quelques très beaux clones rouges. Les tiges veloutées et poilues portent des fleurs délicates.

Le second groupe comprend les types persistants, surtout originaires de Chine et du Japon, très appréciés des Japonais qui les cultivent à la perfection et créent de nouveaux hybrides. Ce groupe produit de petits pseudo-bulbes aux larges feuilles étalées. Les hampes sortent de la base et portent de nombreuses fleurs colorées; les

Calanthe Baron Schroder

Calanthe Corbiere

Calanthe Gorey × Grouville

jaunes, les roses, les blanches et les vertes sont les plus populaires.

La calanthe a une courte période de croissance et un développement rapide, ce qui en fait une plante intéressante à cultiver. Toutefois, elle demande beaucoup de place quand elle est en feuilles. Rempotez chaque printemps quand les nouvelles pousses apparaissent. Si le plus vieux pseudo-bulbe est mort et ratatiné, retirez-le ; s'il est encore ferme, rempotez-le séparément pour obtenir une nouvelle plante à la saison suivante.

Température : orchidées tempérées, avec une température nocturne minimale de 16 °C.

Culture : poussent en pots dans du substrat pour orchidées terrestres contenant tourbe et perlite. Commencez les arrosages et les engrais dès l'apparition des nouvelles pousses au printemps. Ombragez bien en période de croissance. Une trop grande humidité causée par le bassinage peut tacher les feuilles, ce qui n'est guère un problème, celles-ci tombant en automne, après jaunissement. Réduisez alors les arrosages, puis supprimez-les en hiver, tant que la hampe s'allonge et que dure la floraison. Après la floraison, remettez les plantes en pleine lumière, mais éloignez-les dès qu'apparaît la nouvelle pousse de l'année suivante.

Hauteur : jusqu'à 1 m, en feuilles.

Calanthe Baron Schroder

L'un des plus anciens hybrides du genre, obtenu en 1894, cette plante produit ses fleurs roses et blanches pendant de nombreux mois, en hiver et au printemps. Les pseudo-bulbes argentés peuvent atteindre 15 cm. En été, les plantes sont en feuilles et demandent beaucoup de place en serre chaude.

Calanthe Corbiere

Cet hybride d'un blanc de lait vient du groupe des calanthes caduques, obtenu à partir de *Calanthe* Harrisii. Ces plantes fleurissent en hiver et au printemps pendant la dormance.

Calanthe Gorey × Grouville

De nombreuses fleurs sont produites pendant une longue période en hiver. Larges de 3 cm, elles sont portées sur une très haute hampe qui peut atteindre 1 m au cours de son développement.

CIRRHOPETALUM

Si certaines autorités considèrent tous les cirrhopetalums comme appartenant au vaste genre étroitement apparenté *Bulbophyllum*, d'autres en font un genre distinct. Les plantes présentent des ressemblances évidentes et sont difficiles à distinguer quand elles sont défleuries, mais les fleurs sont reconnaissables par leurs sépales effilés, extrêmement longs dans la majorité des espèces. Nous les considérons ici comme un genre séparé, tout d'abord parce que l'ancien nom est d'usage courant, ensuite afin de permettre au lecteur de les distinguer. Pour l'homologation des hybrides, les deux genres *Bulbophyllum* et *Cirrhopetalum* sont reconnus, quatre hybrides bigénériques ayant été enregistrés sous le nom de *Cirrhopetalum* en 1965.

Les cirrhopetalums réclament les mêmes conditions de culture que les bulbophyllums. Les espèces offrent leurs fleurs virevoltantes en ombelles à l'extrémité de hampes graciles. L'effet est spectaculaire avec leurs pétales courts qui se touchent et leurs longs sépales pointus retombant en averse. Les couleurs peuvent être fortes, le rouge dominant. Le petit labelle souvent luisant attire les mouches en quête de viande crue.

Température : orchidées froides (certaines préfèrent les conditions tempérées).
Culture : sur écorce, en pots ou en paniers, dans un substrat d'écorce. Arrosez bien en été et moins en hiver. Ne laissez pas se dessécher les espèces à petits pseudobulbes. Apportez de l'engrais tous les deux arrosages. Une fois établies, donnez beaucoup de lumière (surtout en hiver), en évitant le soleil direct.
Hauteur : 15 cm.

Cirrhopetalum Elizabeth Ann 'Bucklebury' AM/RHS
L'un des quelques rares hybrides intéressants du genre. Les fleurs, qui apparaissent à diverses époques, étendent leurs longs sépales effilés sur plusieurs centimètres, et les dorsaux sont ornés de petites touffes de poils.

Cirrhopetalum guttulatum
En hiver et au printemps, des petites fleurs de 1 cm ornent cette jolie espèce, de culture et de floraison faciles, qui réussit bien à l'intérieur ou en serre froide. Les hampes n'atteignent pas 15 cm.

Cirrhopetalum umbellatum
Robuste espèce dont les plantes font 15 cm, cette orchidée offre des hampes retombantes terminées par des ombelles de grandes fleurs, dont les sépales agrandis forment le bord, pétales et labelle restant très petits. Fleurit au printemps.

Cirrhopetalum guttulatum

Cirrhopetalum umbellatum

Cirrhopetalum Elizabeth Ann 'Bucklebury' AM/RHS

CYRTOCHILUM

Ce genre contient environ cent cinquante espèces épiphytes persistantes, originaires d'Amérique centrale et du Sud, souvent à haute altitude dans les Andes. Les plantes faisaient autrefois partie du genre *Oncidium* mais sont aujourd'hui considérées comme un genre distinct, bien que ce dernier nom persiste dans le milieu des pépiniéristes. Très peu d'espèces du genre sont cultivées, ni aucun hybride. Les espèces, rares pour la plupart, sont précieusement conservées. La principale différence entre *Cyrtochilum* et *Oncidium* est la taille du labelle qui, si souvent exagéré chez les oncidiums, est très réduit chez les cyrtochilums, au profit de larges sépales étalés.

Les plantes, qui peuvent dépasser 30 cm, produisent de robustes pseudobulbes aux feuilles ovales étroites. Les hampes florales typiques sont extrêmement longues, atteignant souvent 4 à 5 m. Les fleurs apparaissent en petits bouquets sur presque toute la longueur. Ces longues hampes peuvent être conduites en arceaux, ce qui les rend plus faciles à manipuler et met davantage les fleurs en valeur.

Les cyrtochilums sont des plantes qui réussissent bien en compagnie d'autres membres de l'alliance *Odontoglossum*. Certaines espèces produisent leurs nouveaux pseudo-bulbes sur un rhizome dressé, séparés par de longs intervalles. Vous pouvez enfoncer un piquet recouvert de mousse dans un pot lourd et permettre ainsi à la plante de grimper. Les racines aériennes deviendront bientôt un attrait supplémentaire.

Température : orchidées froides.

Culture : en pots de 10 cm, dans un substrat d'écorce grossière, ou faire grimper l'orchidée sur un piquet recouvert de mousse enfoncé dans le pot. Donnez de l'ombre en été et davantage de lumière en hiver. Arrosez toute l'année, moins en hiver. Fertilisez pendant l'été, tous les deux arrosages.

Hauteur : 60 cm.

Cyrtochilum annulares
Des bouquets de fleurs brun chocolat bordées de jaune sont produits en été à intervalles espacés sur une tige extrêmement longue, qu'il vaut mieux tuteurer en arceau.

Cyrtochilum annulares

DENDROCHILUM

Les dendrochilums sont des orchidées épiphytes persistantes originaires du continent asiatique, mais que l'on trouve aussi aux Phillipines et en Nouvelle-Guinée. Sur les quelque cent vingt espèces, très peu sont cultivées, et il n'existe apparemment aucun hybride. Cette rareté reflète celle de la plante dans la nature, et il est possible que ces orchidées n'aient jamais été très abondantes.

Les plantes sont élégantes, avec des pseudo-bulbes persistants et une seule feuille ovale étroite, atteignant rarement plus de 25 cm. Les hampes florales sortent de la base des nouvelles pousses et fleurissent pour la plupart en automne. Quand on les laisse atteindre leur plein développement, ces orchidées forment des plantes spectaculaires par leurs jolies fleurs et leur délicieux parfum.

N'essayez pas de les diviser, à moins que cela soit absolument nécessaire, la plante étant beaucoup plus belle quand elle est bien développée.

Le nom commun de ces ravissantes orchidées est orchidée-chaîne, en référence à la hampe florale gracile, où se presse une masse de petites fleurs jaunes ou blanches, disposées en deux rangées distinctes sur presque toute sa longueur.

Température : orchidées froides.
Culture : en pots ou en paniers suspendus, dans du substrat d'écorce fine.

Dendrochilum cobbianum

Dendrochilum glumaceum

Ombrez en période de croissance, mais donnez beaucoup de lumière en hiver. Arrosez toute l'année, beaucoup moins en hiver pendant la période de repos. Fertilisez seulement en été, tous les deux arrosages.
Hauteur : 23 cm.

Dendrochilum cobbianum
Cette orchidée froide, parfumée, originaire des Philippines, peut atteindre 30 cm ; elle porte des centaines de petites fleurs blanches sur des hampes retombantes. Elle fleurit en début d'été et convient pour la culture en intérieur ou en serre.

Dendrochilum glumaceum
Espèce de culture facile qui fleurit abondamment au début de l'été, avec des cascades de petites fleurs blanches à labelle orange, serrées en chevrons tout au long de la hampe florale. Les fleurs sont très fortement et délicieusement parfumées.

EULOPHIA

Plus de deux cents espèces d'*Eulophia* sont distribuées sur tout le continent africain. Ces orchidées terrestres produisent de gros pseudo-bulbes à partir d'un fort rhizome aux larges feuilles étalées. Les hampes florales sortent de la base du pseudo-bulbe arrivé à maturité. Bien que le genre soit très varié et que l'on trouve des plantes de différentes tailles, fort peu sont cultivées. À l'état naturel, ces orchidées poussent dans les marais gorgés d'eau comme sur les pentes des montagnes arides. Leurs exigences de culture sont peut-être l'une des raisons de leur manque de popularité. Néanmoins, ce sont d'excellentes plantes à cultiver, et beaucoup occupent peu de place.

La forme originale de la fleur est l'une des caractéristiques de l'espèce, les pétales se tournant à plat, offrant ainsi une rampe d'atterrissage pour les insectes.

Ces orchidées ont des exigences qui nécessitent les soins d'un spécialiste.
Température : orchidées froides ou tempérées, selon les espèces.
Culture : en pots, dans un substrat d'écorce grossière et de tourbe avec un peu de perlite. Arrosez et fertilisez en période de croissance. Arrosez ou non pendant l'hiver, selon leur habitat (n'arrosez qu'en période de croissance).
Hauteur : 30 cm.

Eulophia euglossa
Espèce terrestre africaine originale qui produit de minces pseudo-bulbes feuillus et, en été, des fleurs spectaculaires sur une hampe dressée. Les fleurs, pointues, sont vert pomme, à labelle blanc.

Eulophia euglossa

GONGORA

Gongora est un petit genre botanique de vingt-cinq espèces environ, dont plusieurs sont cultivées, la plupart par des pépiniéristes spécialisés, fascinés par ces petites fleurs aux formes curieuses. Une plante en fleur évoque des images d'oiseaux en plein vol ou d'insectes fourmillants. Il n'existe pas d'hybrides, sans doute parce que les espèces offrent tout ce que l'on peut désirer de ce type d'orchidée.

Étroitement apparentées aux stanhopeas, les gongoras sont principalement des petites plantes, aux pseudo-bulbes verts, coniques et nervurés, portant une paire de feuilles ovales, étroites ou larges. Les hampes florales sortent de la base des pseudo-bulbes arrivés à maturité, en début d'été, et certaines sont très parfumées. Les hampes retombent autour du bord du contenant, souvent en masse. Ces espèces épiphytes persistantes sont surtout originaires du Brésil, et certaines viennent du Pérou et du Mexique.

Des essais fantaisistes pour tenter de décrire les fleurs ont donné naissance au nom d'orchidée Guignol : en effet, si vous tournez une fleur sur le côté, vous verrez deux silhouettes se donnant des coups de bâton !

Bien qu'elles ne soient pas très cultivées, ces orchidées sont intéressantes dans une collection, mais vous ne les trouverez que chez les pépiniéristes spécialisés.
Température : orchidées froides à tempérées.
Culture : en pots ou en paniers suspendus, dans du substrat d'écorce fine. Ombrez en été, mettez en pleine lumière en hiver. Arrosez et fertilisez en été. Arrosez parcimonieusement en hiver pour que les pseudo-bulbes restent charnus.

Gongora maculata
Cette espèce d'Amérique tropicale, dont la fleur est l'une des plus étranges de toutes les orchidées, projette en été, de la base du pseudo-bulbe, une cascade de fleurs de 4 cm, qui semblent des oiseaux en plein vol. Elle est légèrement parfumée.

Gongora maculata

Jumellia sagittata

JUMELLIA

Venant principalement de Madagascar, ces plantes épiphytes monopodiales, persistantes et formant des touffes, ressemblent aux angraecums par leurs pousses robustes, aux longues feuilles charnues.

Des quelque quarante espèces, seules de très rares orchidées sont cultivées, en petit nombre, et le genre n'a produit aucun hybride, excepté quelques intergénériques, avec des genres apparentés tels que *Angraecum* et *Aeranthes* (syn. *Angranthellea*).

Les fleurs, assez décevantes par leur petite taille par rapport à celle de la plante, produites sur des hampes graciles, sont uniquement blanches, et les sépales, les pétales et le labelle ont les mêmes proportions. Cette structure, ainsi que la présence d'un long éperon, indique une fécondation par des papillons de nuit, les couleurs et même le parfum s'avérant ainsi inutiles.

Température : orchidées chaudes.
Culture : en pots ou en paniers de 15 cm, contenant un substrat grossier pour permettre aux longues racines d'errer à leur gré. Donnez de l'ombre et une grande humidité ambiante, comme pour *Phalaenopsis*. Arrosez et fertilisez toute l'année, un peu moins en hiver.
Hauteur : 45 cm.

Jumellia sagittata

Espèce robuste de Madagascar, cette orchidée pousse comme *Vanda*. Les fleurs, de 4 cm, sont portées en solitaire sur des hampes filiformes, plus courtes que la hauteur de la plante. Une profusion de fleurs se presse autour de la base en hiver.

LOCKHARTIA

Les lockhartias ne sont guère courantes, et des quelque trente espèces épiphytes persistantes originaires du Mexique, très peu sont cultivées. Les plantes sont néanmoins intéressantes, avec leur feuillage distinctif, en deux rangées sur toute la longueur des tiges érigées. Les petites fleurs jaunes ressemblent à *Oncidium*, elles apparaissent en groupes entre les feuilles, espacées le long de la tige.

Ces orchidées ont un système radiculaire qui adhère à toute écorce si l'humidité est suffisante. Elles ne semblent pas avoir de période de dormance, mais elles ralentissent leur croissance en hiver.
Température : orchidées tempérées.
Culture : en petits pots dans du substrat d'écorce fine ou monté sur écorce. Bassinez régulièrement en été pour empêcher le feuillage de sécher. Arrosez toute l'année et donnez un peu d'engrais en été.
Hauteur : jusqu'à 30 cm.

Lockhartia oerstedii
Cette espèce produit des tiges feuillues pouvant atteindre 30 cm. Les petites feuilles qui se recouvrent ont généralement un aspect tressé. Les petites fleurs jaune vif s'épanouissent en été pendant plusieurs semaines.

Lockhartia oerstedii

Ludisia discolor

LUDISIA

Les espèces de ce genre d'orchidées terrestres, originaires de Chine, sont connues sous le nom d'orchidées bijoux. C'est l'un des très rares genres cultivés pour son feuillage et non pour ses fleurs. Les feuilles sont en effet exquises, vert foncé velouté, rayé d'argent et d'or en lignes complexes sur toute la surface. La nuit, dirigez une torche électrique sur les feuilles et vous les verrez scintiller ; vous obtiendrez le même effet en laissant le soleil les atteindre. Ce sont cependant des plantes d'ombre, terrestres ou lithophytes, poussant sur les berges des cours d'eau où la lumière est rare. Dans leur habitat naturel, en Inde et en Chine, elles poussent sur des rochers moussus près de l'eau, mais elles réussissent souvent à l'intérieur, où l'atmosphère plus sèche leur convient.

Les plantes produisent des rosettes de feuilles espacées le long d'un rhizome rampant. Peu après l'apparition des nouvelles pousses, les racines se forment autour de la base et vont pénétrer dans le substrat. Les fleurs sortent du centre des pousses arrivées à maturité, sur une hampe dressée. Ces jolies fleurs blanches ont un labelle taché de jaune. Une plante qui a atteint son plein développement produit de multiples pousses et de nombreuses hampes florales qui s'ouvrent toutes en même temps.
Température : orchidées chaudes.
Culture : en contenants bas, dans un substrat grossier pour orchidées terrestres. Les plantes doivent rester à l'ombre toute l'année. Elles aiment l'humidité, mais si elles sont trop mouillées elles pourrissent rapidement. Arrosez peu en été et avec parcimonie en hiver. Donnez un peu d'engrais tous les trois arrosages.
Hauteur : 15 cm.

Ludisia discolor
Cette espèce est cultivée pour son beau feuillage velouté, vert foncé orné de rayures. C'est une plante terrestre qui fleurit du centre de la pousse, en produisant des hampes de 30 cm, couvertes de fleurs blanches. Floraison en été.

MEXICOA

Ce genre ne contient qu'une seule espèce, venue d'*Oncidium*, à laquelle a été donné le statut monotypique. *Mexicoa ghiesbrechtiana* est une petite plante, avec des pseudo-bulbes ovales et une paire de feuilles ovales étroites. Comme son nom l'indique, elle est originaire du Mexique et pousse en épiphyte. Elle dépasse rarement 15 cm de haut, même en fleur, ainsi est-elle parfaite pour une collection d'orchidées miniatures. Elle réussit bien en compagnie des autres espèces de l'alliance *Odontoglossum*. Ses jolies fleurs jaunes aux pétales et sépales ombrés de brun sont portées par de courtes hampes. Le grand labelle rappelle *Oncidium*. La floraison se produit essentiellement en été et dure quelques semaines.

Température : orchidées froides.
Culture : en pots, dans du substrat d'écorce fine ou monté sur écorce. Ombrage en été mais davantage de lumière en hiver. Arrosez toute l'année, un peu moins en hiver. En été, donnez un peu d'engrais tous les trois arrosages et bassinez légèrement le feuillage.
Hauteur : jusqu'à 15 cm.

Mexicoa ghiesbrechtiana

Délicieuse espèce miniature mexicaine qui demande une situation froide. Les plantes ne dépassent pas 15 cm et les jolies fleurs jaunes et brunes sont portées par des hampes arquées. Le labelle est large et évasé. Fleurit principalement en été.

Mexicoa ghiesbrechtiana

MILTONIA

Il existe environ dix espèces de *Miltonia* et très peu d'hybrides purs. Le genre *Miltoniopsis* (l'orchidée pensée) a été divisé pour donner *Miltonia*, la différence essentielle étant l'absence de grand labelle plat et la distribution des plantes. Les miltonias sont originaires du Brésil, les miltoniopsis de Colombie. Une certaine confusion peut se produire, car le nom *Miltonia* est utilisé pour les miltoniopsis dans l'enregistrement des hybrides.

Les miltonias sont des épiphytes persistants aux pseudo-bulbes verts, souvent produits sur un rhizome rampant. Les fleurs viennent de la base de la nouvelle pousse et s'étalent le long d'une hampe arquée ou dressée. Les fleurs sont variables, et les plus spectaculaires ont été hybridées avec d'autres membres apparentés de l'alliance *Odontoglossum*.
Température : orchidées chaudes.

Culture : cultivez les plantes qui produisent des pseudo-bulbes espacés sur un rhizome, dans des demi-pots ou des paniers qui se prêtent à leur port allongé, dans un substrat à base d'écorce. Ombragez bien en été, mais donnez plus de lumière en hiver. Apportez de l'engrais tous les deux arrosages en été et maintenez une bonne humidité ambiante.
Hauteur : 23 cm.

Miltonia confusa
(syn. *Miltonioides confusa*)
Cette charmante espèce du Costa Rica produit ses fleurs rouges et vertes en hiver et au printemps. Les fleurs durent longtemps.

Miltonia flavescens
Adaptée aux conditions chaudes, cette espèce a de minces pseudo-bulbes et de nombreuses fleurs de couleur pâle sur une hampe. Les fleurs durent plusieurs semaines en été.

Miltonia confusa

Miltonia warscewiczii
(syn. *Miltonioides warscewiczii*)
Cette espèce chaude est originale par la « fenêtre » de tissu presque translucide au milieu du labelle. Les fleurs rouge cerise apparaissent au début de l'été. Quelques beaux hybrides ont été obtenus à partir de cette espèce.

Miltonia warscewiczii var. *alba*
(syn. *Miltonioides warscewiczii* var. *alba*)
La forme albinos de cette espèce assez rare qui vient d'Amérique du Sud produit des fleurs blanc crème au début de l'été. Elle porte moins de fleurs sur la hampe que le type. Cette plante réussit bien en serre chaude.

Miltonia warscewiczii

Miltonia flavescens

NEOFINETA

Neofineta est le genre d'une seule espèce, qui a connu de nombreuses appellations depuis sa découverte en 1784. Cette petite espèce japonaise, monopodiale et persistante, compte beaucoup d'adeptes qui la cultivent pour son feuillage panaché, considéré au Japon comme extrêmement décoratif. La plante atteint rarement plus de 10 cm et produit des feuilles charnues, semi-rigides. Les fleurs, généralement au nombre de deux ou trois sur une courte tige, sont blanches avec un long éperon incurvé.

Miltonia warscewiczii var. *alba*

Température : orchidées froides.
Culture : dans un petit contenant avec un substrat d'écorce fine, ou monté sur écorce. Maintenez une bonne lumière et beaucoup d'humidité, en bassinant régulièrement le feuillage. Gardez humide toute l'année et donnez de l'engrais en été.
Hauteur : jusqu'à 10 cm.

Neofineta falcata
Jolie plante monopodiale de taille modeste, aux hampes de fleurs d'un blanc pur, dont chacune porte un long éperon. Cultivez avec une bonne lumière, en serre froide. Floraison à différentes époques.

Neofineta falcata

PLEUROTHALLIS

Pleurothallis est un genre botanique parmi plusieurs d'une vaste alliance d'orchidées miniatures, l'alliance *Pleurothallidinae*. Ces ravissantes orchidées, souvent minuscules, comptent de nombreux et fervents adeptes, et des sociétés d'orchidophilie se consacrent entièrement à la promotion de ce groupe. On y trouve certaines des plus petites orchidées du monde, une loupe étant nécessaire pour étudier leurs fleurs minuscules mais complexes.

On pense qu'il existe neuf cents espèces réparties en Amérique centrale et du Sud. Certaines ont été transférées dans des genres séparés, mais apparaissent souvent en culture sous leur ancien nom. Beaucoup sont cultivées, mais l'hybridation a rarement été tentée.

Les différentes parties du genre sont caractérisées par les habitudes de la plante. Certaines plantes à courtes tiges graciles supportent une seule large feuille. Les fleurs « s'installent » sur la surface de la feuille et ressemblent à un petit scarabée, comme chez *Pleurothallis matuadina*. D'autres lâchent une explosion de fleurs minuscules à la jonction de la feuille, tel *P. octomerioides*. D'autres encore produisent des tiges feuillues, et des hampes minces comme des fils portant plusieurs fleurs miniatures. Les plus petites, comme *P. grobyi*, n'ont rien à envier aux géants du genre, comme *P. roezlii* aux sombres fleurs retombantes.

Les pleurothallis sont des plantes de culture très faciles, permettant d'obtenir de grands spécimens en quelques années. Elles fleurissent abondamment, certaines d'entre elles produisant des fleurs en succession pendant des mois.

Température : orchidées froides.
Culture : en pots dans un substrat d'écorce fine. Ombragez en été et placez en pleine lumière en hiver. Arrosez toute l'année, un peu moins en hiver. Donnez un peu d'engrais tous les trois arrosages.
Hauteur : de 5 à 23 cm.

Pleurothallis peduncularis
Cette petite plante est issue d'un vaste genre d'orchidées souvent minuscules. Les fleurs miniatures blanc cassé explosent à la base de la feuille en début d'automne.

ROSSIOGLOSSUM

Autrefois groupé avec les odontoglossums, ce genre magnifique s'est vu accorder un statut à part. Les plantes épiphytes persistantes viennent d'Amérique centrale où six espèces ont été identifiées. Toutes sont intéressantes mais elles sont peu cultivées. Bien qu'ils soient définis comme membres de l'alliance *Odontoglossum*, les rossioglossums ne peuvent être croisés avec d'autres genres et sont en fait extrêmement difficiles à hybrider dans leur genre propre. En conséquence il n'existe que très peu d'hybrides.

Les plantes produisent des pseudobulbes vert foncé et une paire de feuilles ovales vert foncé pointillées de brun dans leur jeunesse. Cette caractéristique inhabituelle fait souvent croire à une invasion d'insectes. Les hampes florales sortent de la base des nouvelles pousses en automne et produisent sur une tige plusieurs grandes fleurs aux couleurs vigoureuses, jaune et brun-rouge. Les plantes démarrent leur croissance en fin d'année et il faut souvent attendre le début de l'été pour que les pousses apparaissent.

Rossioglossum Rawdon Jester

Pleurothallis peduncularis

Température : orchidées froides.
Culture : en pots de 10 cm, dans un substrat à base d'écorce. Ombragez en été, mais laissez en pleine lumière en hiver. Arrosez pendant la période de croissance, en réduisant peu à peu les arrosages quand les pseudo-bulbes arrivent à maturité. Tant qu'aucune pousse n'est visible, laissez les plantes au sec, sans cependant que le pseudo-bulbe se ratatine. Fertilisez en été tous les deux arrosages.
Hauteur : 23 cm.

Rossioglossum Rawdon Jester

Seul hybride réussi dans un genre qui accepte difficilement de produire des graines ou de se laisser hybrider. Les grandes fleurs spectaculaires, de 12 cm de large, sont colorées de brun et de jaune. Floraison en automne et en hiver. Cet hybride pousse à l'intérieur ou en serre froide.

SARCOCHILUS

Petit genre monopodial de plantes de taille modeste, originaire d'Australie. Des quelque quinze espèces, très peu sont cultivées. Celles-ci, et un seul hybride, poussent assez facilement, et il en existe de très beaux spécimens en culture, témoins de leur bonne volonté. Ces plantes principalement épiphytes produisent des paires de feuilles semi-rigides sur des tiges de taille moyenne. Les nouvelles pousses sortent de la base pour former une plante touffue qui fleurira généreusement pendant l'hiver. Portées par des hampes dressées, les fleurs sont blanches, ornées au centre d'un cercle de pointillés rouges.

Température : orchidées tempérées.
Culture : en pots de 5 à 20 cm, dans un substrat d'écorce fine. Ombragez en été, mais donnez plus de lumière en hiver. Arrosez toute l'année, et fertilisez en été tous les deux arrosages.
Hauteur : 15 cm.

Sarcochilus Fitzhart

Bel hybride primaire entre deux espèces australiennes, *Sarcochilus fitzgeraldii* et *S. hartmannii*, La plante forme des touffes et fleurit généreusement au printemps, sur des hampes dressées au-dessus du feuillage. Les petites fleurs rondes sont blanches avec une marque centrale rouge.

Sarcochilus Fitzhart

Thunia Gattonense

THUNIA

Ce petit genre originaire des Indes est composé de quelques espèces de belles orchidées qui, avec un seul et très ancien hybride, forment en été de superbes plantes aux longues tiges charnues, feuillues sur toute leur longueur. À maturité, ces plantes peuvent atteindre 60 cm ou plus. Les fleurs froissées tombent en cascade mousseuse de l'extrémité de la tige et durent environ trois semaines en été. Elles sont généralement blanches, à labelle jaune ou rouge rosé.

Les thunias sont des plantes intéressantes à cultiver. Dès que sortent les nouvelles pousses au début du printemps, elles se développent avec une grande rapidité et atteignent leur maturité au début de l'été, les hampes florales commençant alors à apparaître.

Les cannes ont une durée de vie assez courte ; elles se ratatinent et meurent au bout d'une année. En automne, les feuilles tombent, en passant du vert au jaune d'or. Quand elles sont tombées, retirez les cannes dénudées et mettez-les dans un bac à semis en pleine lumière. Laissez-les complètement sécher pendant l'hiver. Au printemps, retirez celles qui sont mortes et rempotez les cannes encore charnues quand vous apercevez les nouvelles pousses.
Température : orchidées froides à tempérées (si vous les cultivez au chaud, les thunias fleuriront plus tôt dans l'année).
Culture : en pots de 10 cm dans un substrat à base d'écorce, ou dans du Rockwool. Arrosez généreusement quand les racines sont sorties, puis fertilisez, mais ne bassinez pas le feuillage afin d'éviter les taches. Cessez les arrosages en hiver. Ombragez en été, mais placez en pleine lumière en hiver.
Hauteur : jusqu'à 60 cm ou plus.

Thunia Gattonense

Ce vieil hybride classique obtenu il y a cent ans est une charmante plante au beau feuillage et aux grandes fleurs légères, larges de 10 cm, apparaissant en été.

TRICHOPILIA

Des quelque trente espèces de ce genre épiphyte persistant, originaire d'Amérique centrale et du Sud, seules quelques-unes se voient parfois en culture. Il n'existe pas d'hybrides du genre, ce qui est dommage car les espèces cultivées sont intéressantes et l'hybridation pourrait associer leurs qualités propres.

Les plantes sont de taille modeste et se glissent aisément dans une collection mixte en appartement ou en serre froide. La plupart n'excèdent pas 15 cm, et les hampes florales, parfois retombantes, se trouvent sous le feuillage. Les pétales et les sépales de *Trichopilia tortilis* sont longs et étroits et se tordent en hélice sur toute leur longueur, ce qui a donné naissance au nom d'orchidée tire-bouchon. Cette jolie espèce et d'autres espèces en culture poussent et fleurissent sans problème. La floraison a lieu en fin d'été ou en automne et dure quelques semaines. Les plantes sont plus belles si vous les laissez se développer, mais vous pouvez les diviser pour les maintenir à la taille désirée.
Température : orchidées froides.
Culture : la plupart réussissent en pots sur un substrat de fine écorce, mais vous pouvez aussi les monter sur de l'écorce ou autres bases appropriées. Arrosez toute l'année, un peu moins en hiver pendant la période de repos. Ombragez en été et donnez davantage de lumière en hiver. Apportez un peu d'engrais en été.
Hauteur : jusqu'à 15 cm.

Trichopilia tortilis

Cette orchidée tire-bouchon présente des pétales et des sépales distinctifs, longs, étroits et tordus. Le grand labelle blanc, évasé, est teinté de rose au centre. Les fleurs sont portées solitairement sur des hampes retombantes, en été.

Trichopilia tortilis

ORCHIDÉES TERRESTRES TEMPÉRÉES

On trouve parfois en fleurs dans les jardineries de plantes vivaces les orchidées terrestres suivantes, qui peuvent être reproduites artificiellement par semis. Il en existe de nombreuses autres espèces botaniques qui sont toutes protégées.

ANACAMPTIS

Bien que ce genre d'orchidées terrestres européennes se compose de deux espèces, une seule se trouve sur le marché. Il s'agit de l'orchis pyramidal *(Anacamptis pyramidalis)*, qui pousse en abondance dans différentes parties de Grande-Bretagne, généralement sur les pentes sèches des collines et dans les régions proches de la mer. Son nom vient de la forme de son inflorescence, pyramide serrée de jolies fleurs rose pâle.

La plante, qui pousse également en Afrique, fleurit en début d'été, puis elle meurt, en laissant un bouquet de capsules de graines.

Température : de 1 à 50 °C.

Culture : en pots, dans un mélange de terreau de feuilles et de graviers, en serre froide hors gel ou châssis froid. Arrosez en période de croissance. Supprimez les arrosages en hiver. Vous pouvez aussi la planter dans des plates-bandes bien drainées. Si elle n'est pas dérangée, l'orchidée colonisera le terrain.

Hauteur : 10 cm.

DACTYLORHIZA

Ce genre étroitement apparenté au genre *Orchis* comprend environ quarante espèces répandues dans toute l'Europe, l'Asie et ailleurs. Il est très commun en Grande-Bretagne où il recouvre de grandes surfaces des régions marécageuses. *Dactylorhiza foliosa*, originaire d'Afrique, est l'une des plus grandes espèces, que l'on voit en colonies dans les jardins botaniques. Vous pouvez la cultiver à l'extérieur à condition de ne pas la déranger.

Les plantes produisent des tiges feuillues qui se terminent dans la hampe florale. Les dactylorhizas s'hybridant souvent dans les colonies, il devient difficile de déterminer l'espèce pure, parfois très variable, allant du blanc au mauve foncé en passant par le rose pâle.

Température : de 1 à 5 °C.

Culture : en pots, dans un mélange de terreau de feuilles et de graviers, en serre froide hors gel ou châssis froid. Arrosez en période de croissance et arrêtez en hiver. La plante supporte aussi des plates-bandes bien drainées. Si elle n'est pas dérangée, elle colonisera le terrain.

Hauteur : 10 cm ou plus.

Dactylorhiza foliosa

Anacamptis pyramidalis

Ophrys apifera

Orchis mascula

OPHRYS

De toutes les orchidées terrestres originaires d'Europe, les ophrys sont peut-être les plus étranges par la forme de leurs fleurs et leur ressemblance avec les insectes qui les fécondent. L'ophrys mouche (*Ophrys insectifera*), l'ophrys araignée (*O. sphegodes*) et l'ophrys abeille (*O. apifera*) donnent une idée de l'adaptation du labelle pour parfaire la ressemblance avec l'insecte mâle fécondateur qui, trompé, essaye de s'accoupler avec la fleur, en la fécondant. Sur les quelque trente espèces identifiées, de nombreuses sous-espèces, variétés et variantes de couleurs peuvent rendre l'identification difficile.

La plupart des espèces se trouvent dans la région méditerranéenne, mais on peut en voir quelques-unes en Grande-Bretagne, en particulier dans les régions côtières et les prairies. Ces orchidées ont récemment été cultivées en pots.
Température : de 1 à 5 °C.
Culture : en pots, dans un mélange de terreau de feuilles et de graviers, en serre froide hors gel ou châssis froid. Arrosez en période de croissance. Supprimez les arrosages en hiver. Vous pouvez également mettre la plante dans des plates-bandes bien drainées. L'orchidée colonisera le terrain si vous ne la dérangez pas.
Hauteur : 5 cm.

ORCHIS

Ce genre d'orchidées terrestres européennes compte environ trente espèces répandues dans toute l'Europe, en Afrique du Nord et en Asie occidentale. En Grande-Bretagne, l'orchidée pourpre précoce, ou orchis mâle (*Orchis mascula*), est la première des orchidées indigènes à fleurir, à la fin du printemps. Dans ce genre, on trouve quelques noms communs remarquablement appropriés, comme l'orchis militaire (*O. militaris*), ainsi nommé pour sa ressemblance avec un soldat coiffé d'un « casque » de sépales et de pétales, et l'orchis singe (*O. simia*), dont le labelle extraordinaire a vraiment la forme d'un singe. Ces espèces, rares en Grande-Bretagne, sont courantes dans d'autres parties de l'Europe. Espèces botaniques protégées, elles ne sont pas cultivées dans les jardins.

Ces orchidées dépendent totalement de l'association mycorhizale avec leur champignon spécifique, et l'importance de leurs colonies peut varier d'une année à l'autre. Le feuillage apparaît au printemps et forme une rosace de feuilles d'où part la hampe florale. La plupart des orchis aiment les prairies sèches ou les landes de bruyère.
Température : de 1 à 5 °C.
Culture : en pots, dans un mélange de terreau de feuilles et de graviers, en serre froide hors gel ou châssis froid. En période de croissance, il faut arroser et cesser les arrosages en hiver. Vous pouvez aussi la planter dans des plates-bandes bien drainées. Si elle n'est pas dérangée, l'orchidée colonisera le terrain.
Hauteur : 16 cm ou plus.

PLATANTHERA

Il existe environ cent espèces de cette orchidée largement distribuée, naturalisée en Europe, en Amérique du Nord et ailleurs. Les plantes aux feuilles étalées produisent leurs fleurs sur une haute hampe dressée. Ces fleurs, généralement blanches, au long éperon, sont fécondées par des papillons de nuit. Avec la disparition de leur habitat naturel de prairies ou de terres non cultivées, ces orchidées autrefois très courantes sont beaucoup moins nombreuses. La grande platanthère à fleurs vertes (*Platanthera chlorantha*) produit en début d'été des fleurs blanc verdâtre de 30 cm de haut, sur des hampes qui sortent de deux feuilles vertes et rondes.
Température : de 1 à 5 °C.
Culture : en pots, dans un mélange de terreau de feuilles et de graviers, en serre froide hors gel ou châssis froid. Arrosez en période de croissance et supprimez les arrosages en hiver. Vous pouvez aussi planter l'orchidée dans des plates-bandes bien drainées, où, si elle n'est pas dérangée, elle colonisera le terrain.
Hauteur : 15 cm ou plus.

Platanthera chlorantha

GLOSSAIRE

Alliance
Terme appliqué à des genres d'orchidées étroitement apparentés.

Anthère
Partie de l'étamine qui contient le sac pollinique.

Apicale
Tige florale qui sort de l'extrémité de la tige ou du pseudo-bulbe.

Basale
Tige florale qui sort de la base de la tige du pseudo-bulbe.

Bifolié
Terme utilisé pour décrire les plantes de l'alliance *Cattleya* qui ont deux feuilles.

Bigénérique
Hybride obtenu artificiellement et contenant deux genres apparentés.

Bulbe antérieur
Sur une plante, vieux pseudo-bulbes qui ont perdu leurs feuilles.

Bulbilles
Pousses adventives qui apparaissent en particulier sur les pleiones et sont trop petites pour produire des fleurs.

Canne
Pseudo-bulbe allongé, comme sur les thunias.

Capsule de graines
Capsule qui se développe à partir de la tige, derrière la fleur, et porte les graines jusqu'à leur maturité.

Zygopetalum Artur Elle 'Stonehurst' AM/RHS

Clone
Plante individuelle dont tous les descendants seront identiques.

Colchicine
Méthode de traitement chimique des chromosomes destinée à améliorer le développement et les fleurs.

Colonne
Structure unique en forme de doigt, au centre de la fleur d'orchidée, qui contient les organes reproducteurs mâle et femelle.

Diploïde
Se réfère au nombre de chromosomes, dans ce cas 40 (2N), qui indique que la plante est fertile.

Disque adhésif
Disque adhésif fixé aux sacs

polliniques, ou pollinies, qui adhère au corps ou à la tête de l'insecte pollinisateur, et qui participe au processus de la fécondation.

Épiphyte
Plante qui pousse sur un arbre, en plante « aérienne ».

Équitante
Plante dont les feuilles sont emboîtées l'une dans l'autre, en éventail, comme l'iris.

Étamines
Partie mâle de la fleur qui porte le pollen.

Floraison successive
S'applique à des plantes qui ne produisent pas toutes leurs fleurs en même temps.

Gélose
Base de culture contenant des nutriments pour la germination des graines *in vitro*.

Germe
Embryon contenant de la chlorophylle, qui se forme à partir de la graine d'une orchidée avant que les feuilles ou les racines soient capables de se développer.

Glissement
Rempoter une plante dans un pot plus grand, en la faisant simplement glisser, sans déranger les racines.

Intergénérique
Identique à bigénérique, mais impliquant plus de deux genres.

Keikis
Petites pousses racinées sur les hampes florales, produites naturellement ou par des moyens artificiels.

Lèvre
Autre terme pour le labelle ou troisième pétale.

Lithophyte
Plante qui pousse sur des rochers moussus ou des surfaces rocheuses.

Monopodiale
Plante qui pousse continuellement à partir de son extrémité ou bourgeon terminal.

Monotype ou monotypique
Genre qui ne comprend qu'une espèce.

Miltonia confusa

Mousse horticole
Matériau spongieux à base de caoutchouc manufacturé pour les besoins de l'horticulture.

Multigénérique
Genre hybride obtenu artificiellement et contenant plusieurs genres séparés.

Multiplication méristématique (ou *in vitro*)
Méthode de multiplication d'une plante ou clone, produisant des plantes identiques.

Mycélium
Champignon microscopique dont la présence est indispensable à la germination des graines de l'orchidée.

Mycorhize
Relation symbiotique qui existe entre les racines de l'orchidée et ses micro-champignons.

Nœud
Renflement de la tige au point d'insertion d'une feuille, qui produit des feuilles ou des bourgeons.

Ombelle
Inflorescence aplatie dans laquelle tous les pédoncules partent du même point.

Parent fécondateur
Dans un croisement, le parent dont on a pris le pollen.

Pélorié
Indique une formation anormale des pétales qui ressemblent au labelle.

Perlag
Roche volcanique broyée (pouzzolane) utilisée dans le compost des orchidées.

Perlite
Même matériau que le perlag, mais plus fin.

Pétale
La fleur d'orchidée a trois pétales, deux pétales latéraux et le labelle.

Plante mère
Dans un croisement, le parent qui a été fécondé et qui va porter la capsule de graines jusqu'à ce que ces dernières soient mûres et prêtes à être semées.

Plantes *in vitro*
Plantes obtenues par multiplication méristématique.

Pollinies
Masses polliniques qui se trouvent sous l'anthère.

Pousses adventives
Se dit des racines ou des pousses se développant sur la tige ou à l'aisselle des feuilles.

Cymbidium Bethlehem 'Ridgeway'

GLOSSAIRE

Pseudo-bulbe
Partie de tige élargie dont les tissus sont gorgés d'eau.

Rockwool
Laine de roche, matériau artificiel obtenu à partir de roche volcanique et utilisé comme substrat. La plupart des orchidées achetées chez les fleuristes poussent dans du Rockwool.

Saprophyte
Plante qui vit sur les arbres morts.

Sépale dorsal
Le sépale opposé au labelle, généralement dans le haut de la fleur.

Sépales
Pièces florales qui entourent les pétales.

Soucoupes
Soucoupes rondes ou bacs rectangulaires permettant d'humidifier une atmosphère trop sèche.

Stigmate
Partie de la plante qui reçoit les grains de pollen pour permettre la fécondation. Se trouve sous la colonne.

Substrat d'écorce
Compost organique composé d'écorce de pin hachée plus ou moins menu.

Symbiose
Moyen naturel qui relie les orchidées à leur champignon mycorhize.

Sympodiale
Croissance dans laquelle les nouvelles pousses se développent de la base des pousses précédentes ou des pseudo-bulbes.

Taxonomiste
Expert en botanique responsable de la dénomination et de la classification des plantes.

Tépale
Se réfère aux pétales et aux sépales.

Terrestre
Orchidée qui pousse dans la terre ou dans un terreau de feuilles, en produisant généralement des tubercules ou des racines soudées.

Tesselé
Décrit un effet moucheté en damier sur les fleurs ou les feuilles.

Trigénérique
Hybride obtenu artificiellement associant trois genres séparés.

Unifolié
Terme utilisé pour décrire les membres de l'alliance *Cattleya* qui portent une seule feuille sur chaque pseudo-bulbe.

Velum ou voile
Couche extérieure absorbante qui recouvre les racines.

Phalaenopsis Mount Kaala *(à gauche)*; *Phalaenopsis* Hakalau Queen *(au centre)*; *Phalaenopsis* Silky Moon *(à droite)*

ADRESSES UTILES

EUROPE

Organisations
FRANCE
SFO (Société française d'orchidophilie)
84, rue de Grenelle
75007 Paris

GRANDE-BRETAGNE
British Orchid Grower's Association
38 Florence Road, College Town
Sandhurst, Berkshire GU47 0QD
Tél. : 01 276 32947 (Mrs Janet Plested)

Orchid Society of Great Britain
10 Willoughby Close, Helpringham
Sleasford, Lincolnshire NG34 0RX
Tél. : 01 529 421521
(Mrs Mary Smallman)

Pépinières
FRANCE
Côté Nature
RN 19
94440 Santeny
Tél. : 01 43 86 50 60

Francilienne sortie 42
91240 Saint-Michel-sur-Orge
Tél. : 01 64 49 58 85

Delbard
16, quai de la Mégisserie
75001 Paris
Tél./Fax : 01 40 26 36 25

Exofleur
Chemin de Faudouas
31700 Cornebarrieu
Tél. : 05 61 85 27 25
Fax : 05 61 85 82 28

France Pépinière Distribution
76, avenue des Champs-Élysées
75008 Paris
Tél. : 01 42 56 00 95
Fax : 01 42 56 00 98

Jardinerie Truffaut
105, rue de Tolbiac
75013 Paris
Tél./Fax : 01 53 61 29 18

41, avenue de l'Europe
78140 Vélizy-Villacoublay
Tél. : 01 30 70 88 33

Route de Saint-Cyr-en-Val
45650 Saint-Jean-le-Blanc
Tél. : 02 38 22 69 70

Moreux Horticulture
RD 307
78590 Noisy-le-Roi
Tél. : 01 30 80 14 15
Fax : 01 34 62 50 40

Plantes exotiques et tropicales
Tropicaflore Le Bois Piget
77130 Dormelles
Tél./Fax : 01 60 73 47 47
E-mail : www.tropicaflore.com.

Lycaste deppei

Lecoufle
30, rue de Valenton
94470 Boissy-Saint-Léger
Tél. : 01 45 69 10 42
Fax : 01 45 98 30 14

Grande-Bretagne
Burnham Nurseries Ltd.
Forches Cross
Newton Abbot
Devon TQ 12 6PZ
Tél. : 01 626 352233
Fax : 01 626 362167
E-mail : burnhamorchids@eclipse.co.uk

David Stead Orchids
Greenscapes Horticultural Centre
Brandon Crescent
Shadwell
Leeds LS17 6JH
Tél./Fax : 0113 2893933

Allemagne
Kenntner Orchideenzucht
D-89555 Steinheim-Sontheim/St.
Birkelweg 12
Tél. : 073 29/55 88
Fax : 073 29/1576

Serres
Atwick Serres en cèdre rouge
« Canadian Western Red Cedar »
7, rue Boris-Vian
95310 Saint-Ouen-l'Aumône
Tél. : 01 34 40 11 40
Fax : 01 34 40 11 41

Garden Serre
23, rue des Chênes
78470 Saint-Rémy-les-Chevreuse
Tél./Fax : 01 30 52 61 05

Serres et Ferronneries d'Antan
BP 3
94440 Villecresnes
Tél. : 01 45 69 37 23
Fax : 01 45 95 18 54

Serres Jard'in
32, chemin des Danses
42170 Saint-Just-Saint-Rambert
Tél. : 04 77 52 10 79
Fax : 04 77 52 07 55

ÉTATS-UNIS

Organisations
The American Orchid Society
6000 South Olive Avenue
West Palm Beach, FL 33405
Tél. : (561) 585-8666
Fax : (561) 585-0654
E-mail : TheAOS@compuserve.com
www.orchidweb.org

Pépinières
Cal-Orchid, Inc.
1251 Orchid Drive
Santa Barbara, CA 93111
Tél. : (805) 967-1312
Fax : (805) 967-6882

Dendrobium spectabile

Carter and Holmes Orchids
629 Mendenhall Road
PO Box 668
Newberry, SC 29108
Tél. : (803) 276-0579
Fax : (803) 276-0588
E-mail :
orchids@carterandholmes.com

Orchids by Hausermann Inc.
2N134 Addison Road
Villa Park
Illinois 60181-1191
Tél. : (630) 543-6855
Fax : (630) 543-9842
E-mail : hausermann@compuserve.com
www.orchidsbyhausermann.com

INDEX

Les numéros de pages en italique renvoient aux illustrations

A

Aceras anthropophorum 31, *31*
Acineta 19, 226, *226*
Aerangis 227, *227*
aération 80-81
Anacampits 246, *246*
    A. pyramidalis 15
Angraecum 15, 228
    A. sesquipedale 32, 32, 51, 228, *228*
Anguloa 115
Ansellia 45
    A. africana 45
arrosage 122-123
Ascocenda 223, *223*

B

bassinage 84-85
Bateman, James 35
Bernard, Noël, 36, *37*
Bifrenaria 229
Bletia 19
botanique de la fleur 46-49
boutures 109
Brassavola
    B. cuculata 62
    B. nodosa 15, 102
Brassia 146-147, *146-147*
Brassolaeliocattleya 51, 148-149, *148-149*
Bulbophyllum 14, 15, 47, 71, 130, 229-230, *229-230*
    B. blepharistes 24
    B. frostii 72

C

Calanthe 125, 230-231, *230-231*
    à l'extérieur 66
    C. Dominyi 36
Catasetum 18, 111
Cattleya 37, 51, 77, 148-153, *148-153*
    à l'extérieur 66, 70
    à l'intérieur 54
    C. Hybrida 38
    C. skinneri 35, 150, *150*
    feuilles 42
    multiplication 106
    température 126
Caularthon bicornutum 41
Cavendish, Earl Spencer 35
champignon 14, 43
chauffage 78-79
Chilochista 43
Cirrhopetalum 232-233, *232-233*
Coelogyne 154-159, *154-159*
    à l'extérieur 66
    C. fimbriata 130, *130,* 131
    C. cristata 131, *156-157,* 157
    C. Intermedia 52, 56, 158, *158*
    C. massangeana 127
    C. mooreana 13, *159,* 159
    C. nitida 23
    C. pandurata 53
    dormance 124, 125
couleurs 62, 64-65
Cymbidium 9, 30, 37, 38, 50, 69, 160-167, *160-167*
    C. aloifolium 22
    C. Embers 'Yowie Bay' *98,* 162, *162*
    C. erythrostylum 9, *163,* 163
    C. Isobel Saunders *126*
    C. Jocelyn *54,* 163, *163*
    C. Mini Ice 'Antarctic' *93, 111,* 165, *165*
    C. Sarah Jean 'Icicle' *100,* 166, *166*
    C. Bethlehem 'Ridgeway' *66, 87, 129,* 160, *161*
    dormance 124
    extérieur 66, 67, 68, 69, 72
    feuilles 42
    graines *114,* 115
    taille 131
    température 126
Cynoches, 111
Cypripedium 28
    C. calceolus 18, *20,* 28, 69
    C. reginae 69
Cyrtochilum 234, *234*
Cytopodium andersoniae 21

D

Dactylorhiza 18, 28, 246, *246*
    à l'extérieur 69
    D. fuchsii 6, 52
    D. praetermissa 28, *29*
Darwin, Charles 32

Dendrobium 51, 168-173, *168-173*
    à l'extérieur 66
    à l'intérieur 54
    D. infundibulum 43, *170,* 170
    D. loddigesii 35
    D. moniliforme 30
    D. nobile 67
    D. primulinum 25
    D. pulchellum 25
    D. schroderianum 33
    D. senile 43
    D. trigonopus 24
    dormance 124
    multiplication 106-107
    pseudo-bulbes 40-41, *41*
Dendrochilum 235, *235*
    D. glumaceum 56, 99, 235, *235*
division 96-99, 131
Dominy, John, 36, *38*
dormance 124-125

E

écorce 102-103
Encyclia 174-176, *174-176*
    à l'extérieur 66
    E. alata 68
    E. brassavolae, 68, 174, *175*
    E. oncidioides 71
    E. radiata 44, 68, 176, *176*
    E. cochleata 56, 58, 68, 175, *175*
engrais 73, 120-121
Epidendrum 177-179
    E. aquaticum 19
    graines *115*
    multiplication 107-108
épiphytes 11, 14, 16-18, 19, 22
Eria albidotomentosa 23
Eulophia 236, *236*
évolution 12-15

F

fécondation 15, 16, 20, 28, 32, 48, 50, 110-113
feuilles 42-43
flacons stériles 10-11

Miltonia spectabilis var. moreliana

G
glissement 95, 96
Gongora 14, 236, *236*
   G. bufonia 18
   G. maculata 96, 236, *236*
   racines 45
graines 110-117
Grammatophyllum speciosum 16, 41

H
habitats tempérés 26-29
habitats tropicaux 70-71
Harris, John 36, *36*
Hartwegia purpurea 102
Hexisea bidentata 15
hybrides 12, 36-9, 50-51

J-K
Jumellia 237, *237*
keikis 107
Knudsen, L. 36

L
Laelia 117, 180-183, *180-183*
   L. gouldiana 50
Laeliocattleya 51, 72, 150-152, *150-152*
Liparis unata 13
lithophytes 21
Lockhartia 238, *238*
Loddiges, Conrad 34
Ludisia 238
   L. discolor 94, 238, *238*
lumière 54, 128-129
Lycaste 24, 43, 66, 124, 184-187, *184-187*

M-N
Maclellanara 86
maladies 140-143
Masdevallia 66, 188-190, *188-190*
   M. infracta 70
Maxillaria 191-193, *191-193*
   M. tenuifolia 102, 193, *193*
Mexicoa 239, *239*
Miltonia 240, *240*
   M. confusa 94, 99, 240, *240*
Miltonidium 94, *199*
Miltoniopsis 9, 110, 112, 194-197, *194-197*
   M. Faldouet 9

   M. roezlii 38
Morel, Georges 111
multiplication 104-119
   division 96-99, 131
multiplication méristémique 111
Noefineta 241, *241*
   N. falcata 30, 241, *241*

O
Odiontoda 199-200, *199-200*
Odontocidium 201, *201*
   O. Isler's Gold Dragon 144, 201, *201*
   O. Tiger Brew 11
Odontoglossum 51, 198-205, *198-205*
   à l'extérieur 66, 68
   multiplication 105
   O. harryanum 34
   O. Violetta von Holm 50
   ombrage 24, 82
   température 126
ombrage 82-83
Oncidium 50, 206-207, *206-207*
   à l'extérieur 66
   O. blanchetii 20
   O. flexuosum 15, 102
   O. incurvum var. *variegatum* 42
   O. longipes 71
Ophrys 20, 28, 247
   O. apifera 15, 26-27, 246, 247
Orchis 18, 20, 28, 247
   O. mascula 27, 247, *247*
outils 88-89

P
paniers suspendus 100-101
Paphiopedilum 11, 12, 208-211, *208-211*
   à l'extérieur 67
   à l'intérieur 54, 61
   feuilles 42, *42*
   hybrides 50
   lithophytes 21
   lumière 128, 129
   multiplication 106
   P. armeniacum 12
   P. Eustacenum 46
   P. gratrixianum 20
   P. Harrisianum 36

Zygopetalum maxillare

   P. insigne 55, 59, 209, *209*
   P. micranthum 12, 211, *211*
   P. spicerianum 11
   température 126
parfum 62
Paxton, Joseph 35
Phaius 18
   P. maculatus 43
Phalaenopsis 8, 37, *113*, 212-217, *212-217*
   à l'extérieur 67, 73
   à l'intérieur 54, 55, 61
   feuilles 42-43
   lumière 128
   multiplication 108
   ombrage 24
   P. Barbara Moler x Spitzberg 63, 118, 212, 213
   P. Brother Wild Thing 51
   P. Culiacan 6, 213, *213*
   P. Flare Spots 33, 214, *214*
   P. Little Skipper 'Zuma Nova' 57, 144, 215, *215*
   P. Mad Milva 62, 98, 145, 216, *216*
   P. San Luca 127
   P. sanderiana 33

   P. schilleriana 62, 217, *217*
   P. Silky Moon 108, 217, *217*
   P. Sweet Sunrise 8
   P. Yalta 73
   racines 45, *45*
   taille 130
   température 127
Phragmipedium 50, 218-219, *218-219*
   feuilles 42
   multiplication 106
   P. besseae 21, 218, *218*
Platanthera 247
   P. chlorantha 26, 247, *247*
Pleione 19, 21, 124, 220, *220*
Pleurothallis 242, *242*
prédateurs 72, 134-139, 143
Promenaea xanthina 70
pseudo-bulbes 17, 19, 22, 40-41, 104-105
Psygmorchis pusilla 16

R
racines 44-45
régions tempérées 66-69, 246-247
régions tropicales 70-71

256 INDEX

rempotage 94-97, 119, 131
Rhizanthella 43
Robbelin 33
Rodriguezia bractiata 17, 21
Rossioglossum 242-243, 242-243
Rothschild, Hon. Walter 33

S
Sander, Frederick 33, 34-35
Sarcochilus 243, 243
Schoenorchis pachyrachis 14
Schromburgkia tibicinis 41, 41
Schroeder, baron 33
Scuticaria hadwenii 17, 19
Seidenfadenia mitrata 22
serres 32, 74-85, 128
Sophrolaeliocattleya 121, 152, 153
Sophronitis coccines 17
soucoupes humides 58-59
Stanhopea 44, 110, 115, 221, 221
   à l'extérieur 68
   dormance 124
   S. tigrina 11
Stenoglottis fimbriata 21
substrats 90-93, 130-131
symbiose 14, 43

T
température 78-79, 126-127
Thunia 125, 244, 245
T. marshalliana 49
Trichopilia 245, 245
Trichotosia ferox 43
Trudelia cristata 223, 223

V
Vanda 51, 122, 130, 222-225, 222-225
   à l'extérieur 68, 71, 73
   feuilles 42, 43
   multiplication 108-109
   racines 44-45
   V. coerula 24
   V. pumila 24
Vanilla 30, 31
   V. planifolia var. *variegata* 128
Veitch, Harry 34
vérandas 56-57, 79, 128
Vuylsteke, Charles 39
Vuylstekeara
   V. Cambria 'Lensings Favorit' 7, 60, 204, 204
   V. Cambria 'Plush' 204, 205
   V. Cambria 'Yellow' 39

Z
Zygopetalum 117, 225, 225
   Z. crinitum 18
   Z. intermedium 47
   Z. maxillare 62

Dendrochilum glumaceum

CRÉDITS PHOTOGRAPHIQUES

Les photographies de ce livre ont été fournies par Derek Cranch, à l'exception des suivantes :

Peter Anderson : pp. 9h ; 20bg ; 30 ; 141 (toutes) ; 167hg et hd ; 191 ; 200h ; 215hc.

Jonathan Buckley : pp. 79hg et hd ; 83hg ; 126hd.

Helen Fickling : pp. 1 ; 2 ; 4 ; 6 ; 7 ; 52h ; 54 (toutes) ; 56 ; 57 ; 58h ; 59 (toutes) ; 60h ; 62 (toutes) ; 63 ; 64hd et bg ; 65h et bg ; 66 ; 86h ; 87 ; 93 ; 94 ; 98 (toutes) ; 99 (toutes) ; 100 ; 108 ; 111 ; 118 ; 129h ; 144 (toutes) ; 145 (toutes) ; 158bg ; 160 ; 162b ; 163b ; 165h ; 166bd ; 201bg et bd ; 209b ; 210hg et b ; 212d ; 213bd ; 215bd ; 216h et c ; 217bd ; 248 ; 249 ; 250 ; 251 ; 256.

Les éditeurs désirent remercier les personnes et les agences de photographies suivantes pour avoir permis la reproduction de leurs photographies :

Ancient Art & Architecture Collection : p. 32g

A-Z Botanical Collection : pp. 6hg ; 28d ; 31

Ed. Gabriel : p. 12 (toutes)

The Garden Picture Library : p. 52b (Vaughan Fleming)

Sarah Rittershausen : pp. 16 ; 17 (toutes) ; 18 (toutes) ; 19 (toutes) ; 21 (toutes) ; 67 ; 70 (toutes) ; 71 (toutes)

Tim Sheperd : pp. 14bg et bd ; 15 (toutes) ; 20bd

Simply Control : pp. 76 ; 78 (toutes) ; 79b ; 81hg et bd ; 82 (toutes)

CH Whitehouse & Co : p. 74

Peter Williams : pp. 22 (toutes) ; 23 (toutes) ; 24 (toutes) ; 25 (toutes)

(Légende : h = haut, b = bas, c = centre, d = droite, g = gauche)

La grande majorité des orchidées de ce livre ont été photographiées à Burnham Nurseries Ltd., Forches Cross, Newton Abbot, TQ12 6PZ, en Angleterre, et sur place en Thaïlande et au Brésil.

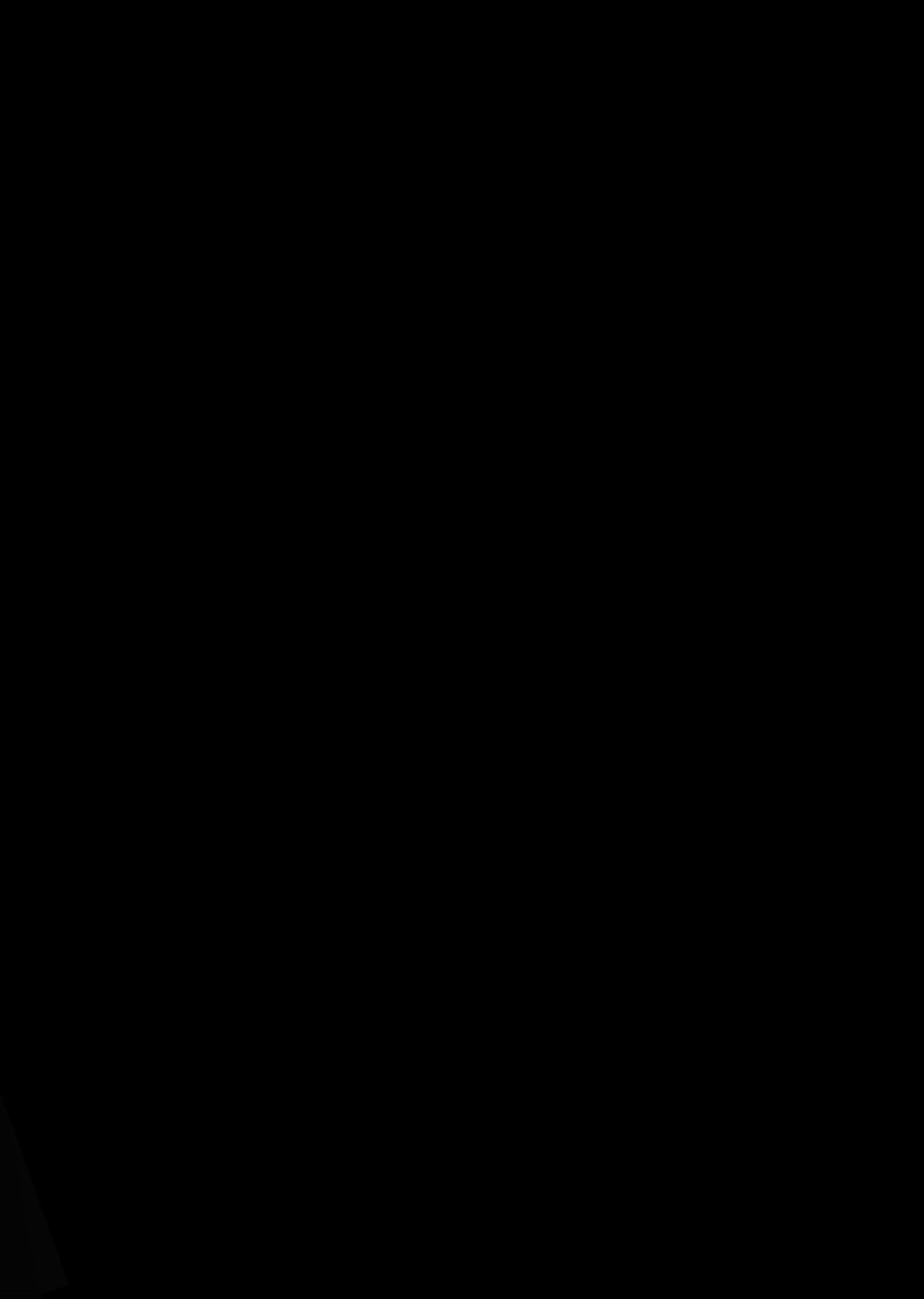